ORTWIN BEISBART
ULF ABRAHAM

# Einige werden bleiben.
# Und mit ihnen das Vermächtnis.

Ortwin Beisbart/Ulf Abraham (Hrsg.)

# Einige werden bleiben. Und mit ihnen das Vermächtnis.

Der Beitrag jüdischer Schriftsteller zur deutschsprachigen Literatur des 20. Jahrhunderts

BVB Bayerische Verlagsanstalt Bamberg

**CIP-Titelaufnahme der Deutschen Bibliothek**

**Einige werden bleiben – und mit ihnen das Vermächtnis :** der Beitrag jüdischer Schriftsteller zur deutschsprachigen Literatur des 20. Jahrhunderts / Ortwin Beisbart ; Ulf Abraham (Hrsg.). – Bamberg : Bayerische Verl.-Anst., 1992
ISBN 3-87052-852-4
NE: Beisbart, Ortwin [Hrsg.]

1. Auflage 1992

Umschlag: Klaus Borowietz
Umschlaglitho: Litho-Anstalt Pisinger & Schwarzmeier, Bamberg
Satz: Loibl, Neuburg/Donau
Druck und Verarbeitung: SOV Graphische Betriebe, Bamberg
Printed in Germany
ISBN 3-87052-852-4

# Inhalt

# Vorwort

Im Wintersemester 1990/91 fand unter dem Titel „Einige werden bleiben. Und mit Ihnen das Vermächtnis“ in Bamberg und Nürnberg eine Veranstaltungsreihe statt, die an ausgewählten Beispielen das umfassende Thema „Der Beitrag jüdischer Schriftsteller zur deutschsprachigen Literatur des 20. Jahrhunderts“ zu erschließen versuchte.

Geboren wurde die Idee im Gespräch mit dem Vorsitzenden der Gesellschaft für christlich-jüdische Zusammenarbeit in Bamberg, Dekan Johannes Seiß, und sie fand Unterstützung durch die Israelitische Kultusgemeinde Bamberg, vertreten durch ihren Vorsitzenden Heinrich Olmer. Finanziert von der Gesellschaft für christlich-jüdische Zusammenarbeit in Franken, mit Interesse begleitet durch deren Vorsitzenden, Pfarrer Franz Müller (Nürnberg), konnte die Reihe der literaturwissenschaftlichen Vorträge, die Lesung Jurek Beckers und die Ausstellung zur Kinder- und Jugendliteratur zusammen mit der Bamberger Fakultät Sprach- und Literaturwissenschaften dem Publikum angeboten werden.

Das Interesse übertraf alle Erwartungen. Es gelang, nicht nur innerhalb der Universität, sondern auch darüber hinaus literarisch Interessierte aufmerksam zu machen, in welchem Maße jüdische Autoren die deutsche Literatur bereichert haben — ob sie nun als deutschsprachige Schriftsteller auch Juden sein wollten, oder ob sie im Widerstreit ihrer Zeit sich auf ihre Herkunft zu beziehen gezwungen wurden, oder ob sie schließlich vom Judentum Impulse für das eigene Schreiben bekamen, ohne unbedingt gläubige Juden zu sein.

Heinrich Olmer hat in seiner Begrüßung in der Bamberger Synagoge in einem optimistisch-kühnen Blick auf die Geschichte die Hoffnung geäußert, daß trotz der Pogrome und Vertreibungen der frühen Neuzeit, denen eine Blüte deutsch-jüdischer Kulturbereicherung zwischen 1750 und 1933 gefolgt war, auch trotz des Holocausts ein Neuanfang möglich sei. Zu wissen, was verloren ging und in den Texten weiterlebt; zu wissen, was gewesen ist und in der Kinder- und Jugendliteratur thematisiert den nachwachsenden Generationen ebenso gezeigt werden muß, wie sie die Literatur deutschsprachiger Schriftsteller jüdischer Abstammung als unverlierbaren Bestandteil unserer Kulturgeschichte immer wieder neu begreifen lernen müssen: Dies bleibt in jedem Fall Verpflichtung. Dazu soll dieses Buch beitragen.

Danken möchten wir neben den schon genannten Institutionen und Persönlichkeiten auch Professor Dr. Wulf Segebrecht, der im Rahmen seiner Reihe „Literatur in der Universität“ die ersten Fäden zu Jurek Becker spann, dem Leiter der Akademie C.-Pirckheimer-Haus in Nürnberg, Dr. Heimo Ertl, allen Vortragenden und Beiträgern des Buches, die so bereitwillig auf das Thema eingegangen sind, und nicht zuletzt dem Lektor der Bayerischen Verlagsanstalt, Daniel Frank, der die Herausgabe des Buches engagiert zu seiner Aufgabe gemacht hat.

Bamberg, im Oktober 1991

Ulf Abraham
Ortwin Beisbart

ORTWIN BEISBART

# Einführung

Das Vermächtnis

*Aber nicht nur ihnen, den*
*Mördern wächst die Kraft unserer*
*ermordeten Freunde zu. Sondern auch uns, den*
*zufällig noch Ueberdauernden.*
*Furchtbar füllt sich der Saal der Toten. (Keiner*
*trat selbst durchs Tor. Sie werden*
*über die Schwelle geschoben.) Aber in*
*uns, den spärlich Gewordenen und täglich*
*spärlicher Werdenden, sammelt sich*
*täglich dichter das*
*Vermächtnis der Toten.*
*Niemand kann vorhersagen, ob*
*du oder ich als nächster verschwinden. Aber*
*Einige werden bleiben, Einige*
*zufällig doch bleiben.*
*Wer ist gleich.*
*Und mit ihnen das Vermächtnis.*

Günther Anders[1]

Günther Anders schrieb diese Verse am 18. Oktober 1940, nachdem er die Nachricht vom Tode des Philosophen, Schriftstellers, Literaturwissenschaftlers und -kritikers Walter Benjamin erhalten hatte, der auf der Flucht vor seinen deutschen Verfolgern am 26. September in den Tod gegangen war.

Wir haben zwei Zeilen aus diesem Gedicht als Leitthema über dieses Buch gesetzt.

Die Aussage ist eindeutig: Das Vermächtnis der Toten sammelt sich bei den Überlebenden. Und in welcher Weise Überlebende des Holocaust dieses Vermächtnis weitergetragen haben, wird Thema eines Teils der Beiträge sein.

Wir, soweit wir keine Juden sind, bleiben ausgeschlossen. Und doch wagen wir zu behaupten, daß auch die Ausgeschlossenen herausgefordert sind, Erinnerung auf sich zu nehmen, Abschied zu nehmen von der naiven Unbetroffenheit wie von unbelehrbarer Vereinnahmung für eigene Zwecke. Es geht also nicht um Erinnerungsrituale, die abwechselnd Begeisterung oder Entrüstung auslösen sollen, sondern um ernsthaftes Arbeiten: Was es denn heißen könnte, das „Vermächtnis" zu übernehmen.

Es läßt sich nur andeuten:

Das Vermächtnis übernehmen — das ist die aktive und sich kundig machende Erinnerung an mehr als zwei Jahrhunderte Anfragen, Anklopfen und Bemühen jüdischer Dichter, Schriftsteller, Philosophen, Intellektueller, die wußten, daß sie Juden waren, die Juden sein wollten oder es auch nicht (mehr) sein wollten — aber sich eben bemühten, ihren Teil, ihren eigenen Beitrag zu deutscher, zu europäischer Kultur zu leisten;

das Vermächtnis übernehmen — das ist zugleich die Erinnerung an mehr als zwei Jahrhunderte Abgrenzung von dem, was man „jüdische Geistigkeit" genannt — oder auch infam geschmäht hat;

das Vermächtnis übernehmen, das ist die Herausforderung zu erkennen, was der deutschen Literatur und Kultur fehlen würde — und was ihr heute fehlt, zunehmend fehlt, weil es das jüdische Element in ihr kaum mehr gibt, das davor bewahren könnte, ins Provinzielle abzustürzen, im Beschaulichen steckenzubleiben: Aufklärung — und die Erkenntnis ihrer Dialektik — das wäre ein wichtiger Teil dieses Vermächtnisses.

Vermächtnis — das ist nicht ein Erbe, das man also dankbar annimmt; für das man möglichst nicht bezahlen will, dessen man sich aber ansonsten zugehörig weiß oder schlichter: von dem man glaubt, daß es zu einem gehöre, daß man es rechtmäßig besitze. Selbst „den Mördern wächst die Kraft unserer ermordeten Freunde zu", so antwortet darauf Günther Anders. Nein, Vermächtnis — das bedeutet Herausforderung, Infragestellung,

Verunsicherung. Und die zieht sich durch die Beiträge an Beispielen, an wichtigen jüdischen Autoren unseres Jahrhunderts und ihren Texten, die allen Lesern zur eigenen Lektüre ausdrücklich empfohlen sind, Jakob Wassermann und Walter Benjamin, Franz Kafka, Elias Canetti, Paul Celan, Erich Fried und Jurek Becker. Diese Herausforderung soll auch ausgehen von Texten, mit denen Kindern und Jugendlichen die Aufgabe der Erinnerung weitergegeben wird, seien sie von jüdischen Autoren geschrieben oder nicht. Die Liste derer, die genannt werden müßten, ist weit größer, erschreckend größer angesichts der eigenen beschränkten Fassungskraft[2]. Aber es gilt, einfach einmal anzufangen. Auch wenn man zuerst auf den resignativen Satz Jakob Wassermanns stößt: „Es ist mir, als wäre nur bei den Toten Gerechtigkeit zu finden . . ."[3]

**Anmerkungen**

1) Günther Anders (*1907). In: *Aufbau* (New York), 18. 10. 1940 (Vol. 6, No. 42). Wiederabgedruckt in: *Walter Benjamin, 1892—1940.* Eine Ausstellung des Theodor W. Adorno Archivs Frankfurt am Main in Verbindung mit dem Deutschen Literaturarchiv Marbach am Neckar, bearb. von Rolf Tiedemann, Christoph Gödde, Henri Lonitz. Marbacher Magazin 55/1990, S. 317.
2) Es ist nicht die Aufgabe dieses Buches, eine umfassende Bibliographie zum Thema zu geben. Auf folgende Titel sei jedoch der Leser ausdrücklich hingewiesen, der mehr lesen will und zugleich einen Beleg sucht, daß die Thematik von bohrender Aktualität ist:
Hans Otto Horch (Hrsg.): *Judentum, Antisemitismus und europäische Kultur,* Tübingen: Francke, 1988.
Hans Otto Horch: *Heimat und Fremde.* Jüdische Schriftsteller und deutsche Literatur oder Probleme einer deutsch-jüdischen Literaturgeschichte. In: Julius H. Schoeps (Hrsg.): *Juden als Träger bürgerlicher Kultur in Deutschland.* Sachsenheim: Burg, 1989, S. 41—65.
Hans Mayer: *Außenseiter.* Frankfurt: Suhrkamp, 1975.
*Menora.* Jahrbuch für deutsch-jüdische Geschichte. Bd. 1/1990 München: Piper (SP 1221).
Stéphane Mosès/Albrecht Schöne (Hrsg.): *Juden in der deutschen Literatur.* Ein deutsch-israelisches Symposium (1983). Frankfurt: Suhrkamp, 1986 (stm 2063).

Marcel Reich-Ranicki: *Über Ruhestörer.* Juden in der deutschen Literatur. München: Piper, 1973 Reinbek: Rowohlt, 1977 (rororo 3335).
Julius H. Schoeps (Hrsg.): *Juden als Träger bürgerlicher Kultur in Deutschland.* Sachsenheim: Burg, 1989 (Studien zur Geistesgeschichte Bd. 11).
Julius H. Schoeps: *Leiden an Deutschland.* Vom antisemitischen Wahn und der Last der Erinnerung. München: Piper, 1990.
Hans J. Schütz: „*Daß ich in dieser Sprache schreibe*". Jüdische Schriftsteller und deutsche Literatur. 11 Kapitel. In: Börsenblatt des deutschen Buchhandels, 1991, Heft 3—61. München: Piper, 1992.
Desider Stern: „*Werke von Autoren jüdischer Herkunft in deutscher Sprache*". Eine Bio-Bibliographie. Wien: Selbstverlag, 1970, 3. A.
Herbert A. Strauss/Chr. Hoffmann: *Juden und Judentum in der Literatur.* München: dtv, 1985 (10513).
Harry Zohn: „*. . . ich bin ein Sohn der deutschen Sprache nur . . .*". Jüdisches Erbe in der österreichischen Literatur. Darstellungen und Dokumentationen. Wien: Amalthea 1986.

3) Fortsetzung: „*Denn was die (. ... Lebenden) tun, ist ganz und gar unerträglich*:" („Mein Weg als Deutscher und Jude" 1920, S. 128.)

WULF SEGEBRECHT

# Jakob Wassermanns fränkische Erzählungen oder: Sein Weg als Franke und Jude

„Denkt euch drei Jahrhunderte zurück und in das Herz deutschen Landes, wo die Bischofsstadt Würzburg an den Mainstrom geschmiegt ist wie ein schönes Juwel an schimmernd gewordenes Band; denkt euch rebentragende Hügel und edle Ziergärten; das Gewimmel kleiner und großer, roter und grüner Dächer, aufsteigend aus den Abgründen düsterer Gassen und Gäßchen; gegen Norden die rauhe Rhön und gegen Süden Odenwald und blühenden Taubergrund, so habt ihr den Rahmen und habt auch das Bild.

Aber denkt nicht, daß es eine allzu veränderte Welt sei, Menschen- und Sachenwelt; nehmt sie genau wie eure heutige. Es soll hier den Dingen und Gesichtern kein künstliches Kolorit weit zurückliegender Historie aufgemalt werden, und wenn auch die Ereignisse einiges zu enthalten scheinen, was unvereinbar ist mit den Lebensformen gegenwärtiger Zeit, so fließt doch aber Schicksal aus der nämlichen Quelle, Schmerz hat die nämlichen Züge, Fanatismus und Leidenschaft die gleiche tödliche Gewalt. Verändertes Kostüm, veränderte Sitte, was sollten sie an der Bewegung und am Bau der Seelen ändern? So wenig wie sie die Struktur der Landschaft und die chemische Zusammensetzung der Erdstoffe zu ändern vermögen".[1]

Das ist der ursprüngliche Beginn von Jakob Wassermanns fränkischer Erzählung *„Der Aufruhr um den Junker Ernst"* aus dem Jahr 1924. Das Buch erschien dann 1926. Es ist eine Geschichte über den Zauber und die Wirkungskraft, die das Geschichtenerzählen haben kann. Sie spielt im 17. Jahrhundert zur Zeit der Hexenprozesse unter dem Würzburger Bischof Philipp Adolph; und gegen diese inquisitorischen Hexenprozesse wird von dem Junker Ernst gleichsam anerzählt. Er ist ein begnadeter und bestrickender Erzähler, der die Menschen bezaubert, vor allem die Kinder, aber auch den Bischof, und der ihnen Befreiung verschafft aus ihrer elenden Welt, in der sie nur noch die Verfolgten oder die Verfolger sind. Die Hexenverfolgungen besitzen insofern die gleiche Struktur wie die Judenverfolgungen. Unter solchen Umständen wird das Erzählen zu einem Akt des Widerstands, und die Phantasie des Erzählers wird zu seinem Stigma: Der Junker Ernst wird selbst verhaftet und zum Tode verurteilt. Es sind bezeichnenderweise die Kinder, die besten seiner früheren Zuhörer, die in einem revolutionären Akt die Gefangenen befreien und so dafür sorgen, daß der Geschichtenerzähler überleben kann. An die Stelle der freien, ungebundenen Phantasie tritt von nun an bei ihm ein verbindliches Erzählen. Belehrt durch den Jesuitenpater Friedrich Spe, den Beichtvater vieler Verurteilter und Verfasser der *„Cautio Criminalis"*, der berühmten Kampfschrift gegen die Hexenprozesse aus dem Jahr 1631, beginnt der Junker Ernst nun seine eigene, die reale und darum wahre Geschichte zu erzählen.

Franken erscheint also in der Geschichte vom *„Aufruhr um den Junker Ernst"* einerseits als das „Herz deutschen Landes" und andererseits als das Land der Hexenverfolgungen. Die landschaftliche Idylle und die Grausamkeiten der „tödlichen Gewalt" – das sind im Sinne Wassermanns keine einmaligen, isolierbaren historischen Phänomene, sondern übergeschichtliche Konstanten, die das Geschichtenerzählen immer wieder notwendig machen.

Im Mai 1933 verteilte die Studentenschaft der Universität

Würzburg Handzettel an die Studenten und Bürger dieser fränkischen Stadt. Darin hieß es: „Pflegt deutsche Kultur und zerstört minderwertiges und zersetzendes Schrifttum undeutscher Schriftsteller. Die Studentenschaft veranstaltet in diesen Tagen einen Feldzug gegen jedes undeutsche Schrifttum. Es ist die Pflicht jedes Deutschen, diesen Kampf zu unterstützen. Reinigt Euere Büchereien", so fährt der Text des Flugblattes fort, „Schreiberlinge wie Mann Heinrich, [. . .] Tucholsky, [. . .] Doeblin, Edschmid, Feuchtwanger, [. . .] Remarque, Schnitzler, Wassermann Jakob [. . .] u. a. dürfen in ihr keinen Platz finden." Die Bürger und Studenten werden aufgefordert, Bücher dieser Autoren im Studentenhaus, Zimmer 70, abzugeben. „Die Bücher", heißt es, „werden später feierlich verbrannt".[2] Bücher von Jakob Wassermann wurden seit dem Mai 1933 nicht nur in Würzburg, sondern vielerorts auf schwarze Listen gesetzt, aus den öffentlichen Bibliotheken entfernt und verbrannt.[3] Ihr Autor, bis dahin einer der angesehensten Schriftsteller der Weimarer Republik, der mit einigen seiner Bücher, beispielsweise mit dem Roman *„Der Fall Maurizius"*, Weltruhm genoß[4], sah sich auch persönlichen Anfeindungen und Verfolgungen ausgesetzt. Er gehörte zu den ersten Mitgliedern der 1926 gegründeten Sektion für Dichtkunst der Preußischen Akademie der Künste, für die er schon 1928 eine Festrede *„Über das Wesen der Akademie"* hielt[5], wie er überhaupt rege an den Problemen und Fragen Anteil nahm, die die Akademie beschäftigten. Dabei ging es zunehmend um die Frage nach dem Selbstverständnis des Schriftstellers und seiner gesellschaftlichen Position. Im Meinungsstreit über die Frage, ob die Bezeichnung „Sektion für Dichtkunst" einer repräsentativen Schriftstellervereinigung im 20. Jahrhundert noch entspreche, führte Wassermann gegen Kolbenheyer, der diese Bezeichnung verteidigte (weil in ihr das feierliche Amt des Schriftstellers zum Ausdruck komme), gemeinsam mit Döblin und Thomas Mann an, es sei geradezu notwendig, jeden Anspruch auf Feierlichkeit aufzugeben in einer Epoche, „wo keine noch so große Lauterkeit des Charakters, keine noch so heiße Bemühung, kein von den wenigen Unbefangenen noch so anerkanntes Werk genügt, den ‚Dichter', wenn er politisch mißliebig ist oder rassenmäßig verfemt, vor den ungeheuerlichsten Anpöbelungen zu schützen".[6] Daß die Akademie am wenigsten bereit sein würde, ihren Mitgliedern diesen Schutz zu bieten, war damals noch nicht abzusehen. Aber bereits am 13. März 1933 wurde beschlossen, allen Mitgliedern die folgende Frage vorzulegen: „Sind Sie bereit, unter Anerkennung der veränderten geschichtlichen Lage weiter Ihre Person der Preußischen Akademie zur Verfügung zu stellen? Eine Bejahung dieser Frage schließt die öffentliche politische Betätigung gegen die Regierung aus und verpflichtet Sie zu einer loyalen Mitarbeit an den satzungsmäßig der Akademie zufallenden kulturellen Aufgaben im Sinne der veränderten geschichtlichen Lage".[7] Mit dieser Zumutung an die Mitglieder, sich dem neuen Staat bedingungslos zu unterwerfen, versetzte sich die Sektion für Dichtkunst der Preußischen Akademie selbst den Todesstoß. Wie Thomas Mann und Alfred Döblin unterschrieb Jakob Wassermann diesen Ergebenheitsrevers nicht. Allerdings – und dieser Vorbehalt ist höchst bezeichnend für Wassermann – fragt der Autor zunächst an, „ob mich die der Akademie vorgesetzte Behörde als Juden überhaupt annehmen" würde. „Sonst", so fährt er fort, „habe ich ja zu ge[gen]wärtigen, daß man mir nach Abgabe der Erklärung trotzdem den Stuhl vor die Türe setzen wird".[8] Ähnlich hatte auch Döblin zunächst noch einmal zurückgefragt, jedoch seinen Platz in der Akademie noch vor einer Antwort von sich aus zur Verfügung gestellt, in der Einsicht, „daß ich als Mann jüdischer Abstammung unter den heutigen Verhältnissen eine zu schwere Belastung der Akademie wäre"[9], während Wassermann am 18. April 1933 ein offizielles Schreiben der Akademie erhielt, in dem ihm mitgeteilt wurde, daß „Ihr im März-Heft der ‚Neuen Rundschau' erschienener Artikel ‚Selbstschau am Ende des sechsten Jahrzehnts' durch seine scharfen Ausführungen über das Schicksal der Juden in Deutschland außerordentlich großes Aufsehen erregt hat. Namentlich der präzise und eindeutige Satz ‚Und der Herd der Umtriebe, das Zentrum der Infektion, ist nach wie vor Deutschland', der sich doch auf das ganze Deutschland, auch der früheren Zeit, bezieht, wird in künstlerischen wie in politischen Kreisen als ungemein ungerecht empfunden. Auch die Mitglieder der Abteilung für Dichtung vermögen für Ihre Auffassung kein Verständnis aufzubringen und sehen deshalb keine Möglichkeit, Sie weiter zu den Mitgliedern der Abteilung zu rechnen".[10] Der zitierte Satz, an dem man angeblich Anstoß genommen hatte, steht keineswegs exponiert in dieser Schrift; wenigstens von heute aus wirkt die ebenso schreckliche wie hellsichtige Vision weitaus bestürzender, die Wassermann anläßlich eines Besuchs der Straßen von Bronx in New York mit ihrem jüdischen Massenelend wiedergibt: „Dieses Riesenghetto hat eine Bevölkerung von eindreiviertel Millionen Seelen; in jedem Jahr wandern davon etwa tausend zu Wohlhabenheit und hundert zu Reichtum ab; diese Minorität bildet den Zündstoff für den Ofen des Antisemitismus, die Millionen werden ohnehin drin verbrannt. Verbrannt wird auf alle Fälle." So steht es in den *„Selbstbetrachtungen"* von 1933.[11]

Wassermanns Position in Deutschland wird nach solchen Äußerungen lebensgefährlich. Seit 1908 in Österreich lebend, zunächst in Wien, seit 1919 mit seiner zweiten Frau, Marta Kahlweis, in Altaussee im steirischen Salzkammergut, ist er vorläufig zwar noch nicht unmittelbar bedroht, aber Besuche im „Reich" sind nicht eben zu empfehlen. Eine Vortragsreise, die ihn 1933 u. a. nach Köln, Berlin und Frankfurt am Main führen sollte, sagte er denn auch ab, aus politischen und gesundheitlichen Gründen. Daß die gesundheitlichen Gründe nicht vorgeschoben waren, sollte sich bald herausstellen: Im November 1933 erlitt er einen schweren Herzanfall, der sich in der Silvesternacht des Jahres 1933/1934 wiederholte. In dieser Nacht ist Jakob Wassermann gestorben. Sein Tod zu diesem Zeitpunkt hat geradezu symbolische Bedeutung; denn man muß sagen: Er ist am Verlust seiner Heimat, er ist an Deutschland gestorben, das ihm, den es noch vor wenigen Jahren zu einem seiner erfolgreichsten Schriftsteller gemacht hatte, nun keine Träne mehr nachweinte. In der „Berliner Börsen-Zeitung" stand der folgende Nachruf: „Wassermann war einer der angesehen[d]sten Schriftsteller der November-Republik. Mit der deutschen Literatur hatte er so gut wie nichts zu tun. Seine Menschen waren passive Dulder, Gehetzte, Verfolgte und seelisch Entwurzelte. Das Schicksal seines jüdischen Volkes war ihm naturgemäß Weltbild. Bis vor kurzem glaubten weite Kreise des deutschen Volkes noch an eine absolute Literatur. Erst der Nationalsozialismus hat das deutsche Volk wieder gelehrt, daß es keine absolute Literatur, sondern nur Literatur der Völker gibt. Wassermann hatte nichts mit solchen gefährlichen Zersetzern wie Feuchtwanger und Toller gemeinsam, aber er täuschte sich und uns doch die Möglichkeit einer abstrakten konstruierten Kultur vor und er analysierte in seinen Romanen ein Seelenleben, das niemals deutsches Seelenleben war. Darum mußten wir seine Romane leidenschaftlich ablehnen".[12]

Der Vortrag, mit dem er nach Deutschland reisen wollte und den er in Wien und in Prag noch gehalten hat, handelte über *„Meine Landschaft, äußere und innere"*. Diesen Vortrag veröffentlichte er anschließend demonstrativ im ersten Heft der von Klaus Mann redigierten Exilzeitschrift „Die Sammlung" im September 1933. Damit zeigte Wassermann unmißverständlich, auf welche Seite er sich stellte.[13] Auch seinen letzten Roman, *„Joseph Kerkhovens dritte Existenz"*, brachte er nicht mehr zu S. Fischer, wo er zu diesem Zeitpunkt wohl noch hätte erscheinen können, sondern zum Amsterdamer Exilverlag Querido. Wohin Jakob Wassermann gehörte, stand also unzweifelhaft fest; und es waren nicht erst die abweisenden Gesten nationalsozialistischer Funktionäre, die ihn aus der Literatur Deutschlands vertrieben, des Landes, an das er existentiell gekoppelt war. Schon zu Ende des Jahres 1931 hatte Wassermann eine Umfrage der damals sehr beliebten Zeitschrift „Uhu" nach dem, was deutsche Schriftsteller gegenwärtig am meisten belaste, u. a. mit folgender Auskunft beantwortet: ihn quäle am meisten die Sorge, „daß das wunderbare deutsche Volk in Gefahr ist, den Lockungen der Hetzer und den Lügen der Demagogen zur Beute zu werden, und daß dies der größte, der unheilbare Schmerz eines Schriftstellers ist, dessen Wohl und Wehe unabänderlich an dieses Volk geknüpft ist".[14]

Obwohl in dieser Äußerung weder von Franken noch von Judentum die Rede ist, scheint mir Jakob Wassermanns Selbstverständnis als Franke und als Jude in der hier formulierten Erkenntnis enthalten zu sein, wonach sein Schicksal als Schriftsteller unlösbar an das Schicksal des ebenso wunderbaren wie gefährdeten und gefährlichen deutschen Volkes gebunden ist. Die Frage nach der Art dieser unlösbaren Bindung, die „Zugehörigkeitsfrage"[15] (wie Wassermann selbst sie genannt hat) ist von Beginn seiner schriftstellerischen Laufbahn an der entscheidende und dann der bleibende Anstoß zu seiner Arbeit gewesen. Er wollte dazugehören und wünschte, beispielsweise in seiner Schrift *„Mein Weg als Deutscher und Jude"* aus dem Jahr 1921, „nicht Gast zu sein, nicht als Gast betrachtet zu werden. Als gerufener nicht, als aus Mitleid und Gutmütigkeit geduldeter noch weniger, als einer, der aufgenommen wird, weil man seine

Art und Herkunft zu ignorieren sich entschließt, erst recht nicht. [. . .] Da aber dies Verlangen nicht nur nicht gestillt, sondern mit zunehmenden Jahren der Riß immer klaffender wurde zwischen meiner ungestümen Forderung und ihrer Gewährung, so hätte ich mich verlieren, schließlich mich selbst aufgeben müssen, wenn nicht zwei Phänomene rettend in mein Leben getreten wären: die Landschaft und das Wort"[16], konkret gesagt also: die fränkische Landschaft und die deutsche Sprache.

Wassermanns Bemühung um Anerkennung seines Zugehörigkeitsanspruchs zum deutschen Kulturraum ist gelegentlich mit dem Begriff der „Assimilation" beschrieben und bewertet worden. Gemeint ist damit das Programm einer Angleichung der jüdischen Menschen an die deutschen Gegebenheiten im Anschluß an die offiziell vollzogene rechtliche und bürgerliche Gleichstellung der Juden, also an ihre sogenannte Emanzipation. Als paradigmatischer Vertreter dieses Assimilationsprogramms im 19. Jahrhundert wird häufig der Schriftsteller Berthold Auerbach genannt, der sein Zugehörigkeitsgefühl einmal in die Formulierung faßte: „Ich bin ein Deutscher und was Anderes könnte ich nicht sein, ich bin ein Schwab' und was Anderes möchte ich nicht sein, ich bin ein Jude und das hat die richtige Mischung gegeben".[17] Der Begriff der Assimilation ist jedoch dann mißverständlich, wenn er im Sinne einer Forderung an die deutschen Juden gerichtet wird, ihre Eigenart und Identität aufzugeben, sich zu unterwerfen oder sich seiner Majorität unkritisch anzuschließen.[18] Eine solche Forderung kann immer nur demjenigen gegenüber erhoben werden, der sich seiner Andersartigkeit bewußt ist. Dagegen muß das Programm einer Assimilation dann auf Unverständnis und Irritation stoßen, wenn der Betroffene seinem Selbstverständnis zufolge einer solchen Assimilation gar nicht mehr bedarf, weil er meint, ohnedies bereits in jedem relevanten Sinne den Anspruch auf Zugehörigkeit erheben zu dürfen. Ihm wird durch die Forderung nach Assimilation überhaupt erst bewußt gemacht, daß er von anderen als andersartig betrachtet wird. Das ist genau der Fall Wassermanns. „Es ist offenkundig", heißt es in einer neueren Studie, „daß Jakob Wassermann erst in der Auseinandersetzung mit einer judenfeindlichen Umwelt sein Selbstbewußtsein als Jude entwickelte".[19] Dem ist sicher zuzustimmen. Doch kann man bei Wassermann die Parallelität dieser Entwicklung des Selbstbewußtseins als Jude zu der Entwicklung als Schriftsteller beobachten. In beiden Fällen steht die Entdeckung des eigenen Andersseins, das Außenseitertum, am Anfang. Die kleine fränkische Erzählung *„Schläfst du, Mutter?"* aus dem Jahre 1896 beginnt mit den Hänseleien, die der neunjährige Peter Vogelsang aus Fürth, ein Träumer, von seinen Schulkameraden über sich ergehen lassen muß. „Peter Vogelsang / Geht auf Grillenfang, / Hat eine lange Nase / Und Ohren wie ein Hase".[20] Und sie endet mit dem Entschluß des kleinen Jungen, seiner todkranken Mutter, die sich so sehr gewünscht hatte, daß ein lebenstüchtiger Mensch aus ihm werden möge, zuzusichern, „daß er kein Träumer mehr sei und kein Kopfhänger, daß er froh sein werde und gut und gegen alle Menschen freundlich".[21] Sie kann dieses Versprechen jedoch nicht mehr entgegennehmen, weil sie, als er an ihr Bett tritt, bereits entschlafen ist. Ob er das Versprechen hätte einhalten können, muß aber ohnehin bezweifelt werden. Denn als ein Hin- und Hergerissener, ein Schwankender, dessen Außenseitertum gerade darin zu sehen ist, daß er zwischen allen Positionen steht, ist er von der psychologisierenden Erzählung deutlich exponiert: Zwischen Kindheit und Erwachsensein, zwischen weit ausgreifenden Träumereien und der Suche nach der ganz gewöhnlichen Wirklichkeit, zwischen Fernweh und Sehnsucht nach Nähe, zwischen männlichen Herrschaftsphantasien und dem kindlich-erotischen Bedürfnis nach liebevoller Zuwendung. Darin besteht seine Eigenartigkeit, seine Andersartigkeit, sein Außenseitertum, was nicht durch einen bloßen Willensentschluß seiner Mutter gegenüber, mit der ihn ein deutlich ödipales Verhältnis verbindet, abgestellt werden kann. Das Fränkische und das Jüdische ist in dieser Geschichte eines Heranwachsenden auf den ersten Blick nur in Andeutungen enthalten. Daß es sich um ein jüdisches Kind handelt, wird nirgends ausdrücklich gesagt, wenn man nicht die Spottverse seiner Kameraden über seine Nase und seine Ohren darauf beziehen will. Erst Wassermanns eigene Erinnerung an vergleichbare Erfahrungen macht die autobiographischen Züge dieser kleinen Erzählung sichtbar: „Die meinem Judentum geltenden Anfeindungen", schreibt Wassermann, „die ich in der Kindheit und ersten Jugend erfuhr, gingen mir [. . .] nicht besonders nahe, da ich herausfühlte, daß sie weniger die Person als die Gemeinschaft trafen. Ein höhnischer Zuruf von Gassenjungen, ein giftiger Blick, abschätzige

Miene, gewisse wiederkehrende Verächtlichkeit, das war alltäglich. [...] Ich hatte eine gerade Nase und war still und bescheiden. Das klingt als Argument primitiv, aber der diesen Erfahrungen Fernstehende kann schwerlich ermessen, wie primitiv Nicht-Juden in der Beurteilung dessen sind, was jüdisch ist, und was sie für jüdisch halten".[22] Und so wie das Jüdische scheint auch das Fränkische, topographisch-landschaftlich gesehen, zunächst in dieser Erzählung als Handlungshintergrund nur schwach skizziert zu sein. Fürth, Wassermanns Geburtsort, wird von dem Knaben mit seinen „baufälligen Häusern" als eine „häßliche Stadt" empfunden, aus der er sich heraussehnt in „schöne Städte: Babylon, Bagdad oder Palmyra".[23] „Sein Geist", heißt es, „flüchtete ängstlich in die alten Zeiten"[24], aber bei Nacht empfindet er denn doch den Zauber seiner gegenwärtigen fränkischen Heimatstadt: „Schon betrat er die Straßen der Stadt [...]. Keine Laterne brannte. Zauberhaft nahm es sich aus, wenn so die Straße in Licht und Finsternis geteilt schien, auf der einen Seite der Mondschein, der die nüchternen Bauten verschönte und alles Häßliche an ihnen versteckte. Die scharfgeschnittenen Schatten, die es überall gab, und dann der tiefgrüne Nachthimmel mit ein paar schüchternen Sternen, die nur wie hingehaucht erschienen [...]. Über all dem schwebte dieser leise, leichte, duftige Frühlingsnebel, unbeweglich und traumhaft".[25] Auch die Beziehung zur fränkischen Heimat ist also geprägt von Widersprüchlichkeiten, von der Gleichzeitigkeit des Angezogen- und des Abgestoßenseins, vom Dazwischenstehen. Eine idyllische Geborgenheit, eine zweifelsfreie Rückzugsmöglichkeit bietet diese Heimat dem Außenseiter nicht.

Das gilt für Peter Vogelsang genauso wie für Jakob Wassermann, wenn man seiner gewiß stilisierten Selbstdarstellung glauben will, in der nicht Fürth allein, sondern stets Fürth im Kontrast zu Nürnberg als das eigentliche heimatliche „Seelenschicksal" verstanden wird. Gerade die „Verschwisterung von Urtümlichkeit und Spätgeborenheit, von Kunst und Industrie, von Romantik und Fabrik, von Form und Auflösung, von Gestalt und Ungestalt" sei es gewesen, so heißt es in *„Meine Landschaft, äußere und innere"*, die er schon als Kind als „Landschaft von [...] ausgeprägter Gegensätzlichkeit" erfahren habe.[26] „Ich lebte gewissermaßen in zwei abgetrennten Kontinenten", schreibt er, die Erfahrungen des Kontrastes der fränkischen Stadt- und Naturlandschaft resümierend, auch in *„Mein Weg als Deutscher und Jude“*.[27] In diesem Erlebnis der Heimatlosigkeit in der Heimat, der Zerrissenheit zwischen Sehnsucht nach Nähe und Sehnsucht nach Ferne zugleich, zwischen Fremdheit und Vertrautheit, zwischen dem Zugehörigkeitsgefühl und der Nichtzugehörigkeitserfahrung ist das Selbstverständnis des Schriftstellers Wassermann als Franke und als Jude zu sehen. Daß dies zugleich die Lebenserfahrung ist, in der sich fortan die literarische Moderne artikuliert, wird man wohl festhalten dürfen.

In diesem Sinne hat Wassermann das Fränkische und das Jüdische geradezu programmatisch zusammengebunden in seinem ersten großen Roman, dessen Titel diese Verbindung bereits zu erkennen gibt: *„Die Juden von Zirndorf“* (1897). In einer überarbeiteten und gekürzten Fassung[28] hat er diesen Roman 1925 in die Sammlung *„Fränkische Erzählungen“* übernommen, wobei das „Vorspiel“ zu diesem Roman unter dem Titel *Sabbatai Zewi* auch als selbständige Erzählung behandelt wird.[29] Es ist die Geschichte der Fürther Juden, die im 17. Jahrhundert von ekstatisch-messianischem Fieber ergriffen wurden, als sich ihnen der neue Erlöser Sabbatai Zewi ankündigte; die sich dann entschlossen, nach Jerusalem zu ziehen; und die schließlich, tief enttäuscht über die Apostasie des angeblichen Messias, im Elend bzw. im Exil ihr Zionsdorf im heimatlichen Frankenland, Zirndorf also, gründeten. Gerade durch diese Gründungslegende von Zirndorf (die Historiker rücken die Herleitung des Namens von Zion allerdings in das Reich der Legende) wird aber diese jüdische zugleich zu einer fränkischen Geschichte. Hier immerhin lassen sich die Juden nieder, hier verbinden sie sich mit jüdischen Flüchtlingen aus Österreich und mit jungen Leuten aus Fürth zu einer neuen Gemeinde. Der Auszug der Juden nach Zion kommt nicht zustande; stattdessen siedeln sie sich in Franken an. Man kann in dieser Konstellation durchaus mehr sehen als eine bloße erzählerische Rekapitulation von Geschichte; ein Jahr vor dem Erscheinen des Romans *„Die Juden von Zirndorf“* war Theodor Herzls spektakuläre Schrift *„Der Judenstaat“* (1896) erschienen, die Programmschrift des Zionismus, die auf eine nationalstaatliche Zusammenführung der Juden aus aller Welt hinarbeitete. Wassermann hatte wie alle Vertreter einer Assimilation oder Akkulturation[30] der Juden mit dieser damals vieldiskutierten zionistischen Bewegung nichts im Sinn, und es ist deshalb auch nicht ganz von der Hand zu weisen, daß er mit der Figur des Zacharias Naar, der im Roman *„Die Juden von Zirndorf“* die Fürther Juden zur Rückkehr nach Jerusalem aufruft, ein kritisch gemeintes Herzl-Porträt gezeichnet hat.[31] „Es schien leicht, alles hinter sich zu werfen“, heißt es im Roman im Anschluß an den Aufruf zur Rückkehr nach Jerusalem, „wenn im Osten die Triften der ererbten Wohnsitze lockten, wenn ein königlicher Prophet sie zum unverbrüchlichen Bunde rief. Hier [und das heißt: in Franken] war kein Vaterland für sie und konnte es niemals werden, wie sich auch die Zeiten wandeln mochten“.[32] Diese Auffassung wird im Verlauf der Erzählung korrigiert: Den fränkischen Juden wird es aufgegeben, ihr Vaterland eben doch in Franken und nicht in einem „Judenstaat“ zu suchen, nachdem sich die messianische Botschaft einer Rückkehr nach Jerusalem im Roman als Irrtum, wenn nicht gar als Scharlatanerie erwiesen hat. In einem Brief aus dem Jahre 1901 an den dänischen Literaturkritiker Georg Brandes, der die damals jüngsten Literaturströmungen in Deutschland mit besonderer Aufmerksamkeit verfolgte, hat Wassermann unumwunden bekannt: „ich bin ganz und gar kein Zionist und stehe diesem thörichten Treiben vollständig, persönlich und geistig, fern“.[33] Ähnlich im darauffolgenden Brief an den gleichen Adressaten: „Dass ich Zionist bin, ist ebenso unmöglich, wie dass meine Bücher in hebräischer Sprache hätten geschrieben werden können.“[34] Wassermann entscheidet also in dieser Frage letztlich wiederum unter dem Aspekt seines Zugehörigkeitsgefühls, und es sollte nicht als ein Bekenntnis zum Zionismus mißverstanden werden, wenn er, ebenfalls im Jahre 1901, seinen Vortrag *„Das Los der Juden“* im Wiener Zionistischen Frauen-Verein „zugunsten der Erbauung eines Waisenhauses in Palästina für die hinterbliebenen Kinder der in Russland gemordeten Juden“ gehalten hat.[35] Denn bei diesem Vortrag handelt es sich um eine Darstellung des unendlichen Leidensweges der Juden, nicht um ein Plädoyer für ihren Rückzug oder Aufbruch nach Jerusalem. Wassermann beantwortet die Eingangsfragen seines Vortrags – „Was ist ein Jude? was ist jüdisch? was ist Judentum?“ – mit Hinweisen auf die Geschichte des Umgangs mit den Juden, die von Vorurteilen und Vernichtungen, Instinkten und gelegentlichen, angeblich großzügigen Toleranzangeboten der sogenannten „Wirtsvölker" geprägt ist. Die Juden sind Produkte dieser Geschichte, sie sind das, was man aus ihnen im Verlaufe dieser Geschichte gemacht hat und was sie selbst, auf diese Geschichte reagierend, aus sich gemacht haben. Und in dieser Hinsicht sieht Wassermann neben der schonungslosen Kritik am Umgang mit den Juden auch Veranlassung zur Kritik am Verhalten der Juden selbst: „In einem Teil der Juden", so sagt er im gleichen Vortrag, „herrscht noch der Geist des entlaufenen Sklaven. Man möchte sagen: die Fesselzeichen sind noch sichtbar, oder: sie fühlen sich innerlich noch gebrandmarkt. Ein Dämon scheint ihr Wesen verwundet und vergiftet zu haben; derselbe Dämon zwingt sie zu tun, was sie nicht sollten; sie wollen etwas scheinen, was sie nicht sind, und was zu sein sie sich gar nicht bemühen, nämlich freie Menschen; dadurch wirken sie teils lächerlich, teils aufreizend. Sie sind entweder anmaßend und überhebend oder demütig und zur Selbstgeißelung geneigt, oder beides. Alle Vorzüge des Juden sind zu Lastern geworden und diese Laster haben bei ihm etwas seltsam Penetrantes: der echte Jude ist feinfühlig und zurückhaltend, sie sind frech und aufdringlich; der echte Jude ist stolz und schamhaft, sie sind knechtisch und schamlos. In ihnen ward Scharfsinn zur Klügelei, Urteil zu Respektlosigkeit. Es sind Schwächlinge, die sich stark stellen. [. . .] Unter ihnen trifft man die unversöhnlichsten Hasser des Judentums, denn ihr Ehrgeiz treibt sie in eine Richtung, bei der ihnen die Abstammung zum Hindernis wird. [. . .] Sie sind der Abfall. Sie sind die Verräter am Geiste, an der Idee. Ihre Seele ist nicht gereinigt worden durch die Leiden der Ahnen, sondern beschmutzt. Sie sind am weitesten von der Geschichte, den Kämpfen, den Zukunftshoffnungen des Judentums entfernt, und doch formuliert gerade aus ihnen die Welt ihre Antipathie gegen das Judentum."[36] Die Sprache der Intoleranz, ja der Inhumanität, die Wassermann hier führt, ist erschreckend – bei allem verständlichen Zorn auf diejenigen, die durch ihr Verhalten dem Antisemitismus auch nur den Anschein einer Berechtigung geben. Äußerungen dieser Art stehen in Wassermanns Werk allerdings nicht vereinzelt da. Seit seinem Aufenthalt in Wien hatte er eine ausgeprägte Aversion gegen polnische und galizische Juden entwickelt, die ihm in Wien allgegenwärtig zu sein schienen: „Ich erkannte [. . .] bald, daß die ganze Öffentlichkeit von Juden beherrscht wurde. Die

Banken, die Presse, das Theater, die Literatur, die gesellschaftlichen Veranstaltungen, alles war in den Händen der Juden. [. . .] Ich schämte mich ihrer Manieren, ich schämte mich ihrer Haltung. [. . .] Die Scham steigerte sich manchmal bis zur Verzweiflung und bis zum Ekel. Anlaß war das Geringe wie das Bedeutende; das Idiom; schnelle Vertraulichkeit; Mißtrauen, das das unlängst verlassene Ghetto verriet; apodiktische Meinung; müßige Grübelei um Einfaches; spitzfindiges Wortefechten, wo nichts weiter nötig war als Schauen; Unterwürfigkeit, wo Stolz am Platze war; prahlerisches Sichbehaupten, wo es galt, sich zu bescheiden; Mangel an Würde, Mangel an Gebundenheit; Mangel an metaphysischer Befähigung".[37] Man hat diese Kritik mehrfach mit dem sogenannten „jüdischen Selbsthaß" in Verbindung gebracht, von dem Stefan Zweig[38], Theodor Lessing[39] und andere[40] gesprochen haben. Aber es sind ihm ganz und gar fremde (nicht insgeheim die eigenen) Charakterzüge, die Wassermann hier kritisiert, allerdings solche, mit denen er auch über das Vorurteil anderer nicht in Verbindung gebracht werden wollte. „Der fränkisch-jüdische Volksschlag", schreibt er schon zu Beginn des Jahres 1902 an Georg Brandes, „ist ja auch etwas ganz anderes als etwa der galizische oder polnische und ich bin im Innern deutscher als ich selber will".[41]

Gelegentlich hat man daher auch behauptet, letztlich sei es Wassermann denn doch mehr darum gegangen, Deutscher zu sein als Jude.[42] Diese These berücksichtigt aber die historischen Bedingungen zu wenig, unter denen Wassermanns Zugehörigkeitsbekenntnisse zustandekommen: Niemand hätte und hat auch nur entfernt daran gedacht, ihm sein Bekenntnis zum Judentum streitig zu machen; dagegen mußte er mit Widerspruch rechnen, wenn er beanspruchte, als Deutscher anerkannt zu werden. Das ist der Grund dafür, daß Wassermann mit größerem Nachdruck und in größerer Anzahl Argumente und Beweismittel für seine Zugehörigkeit zum Deutschtum beibringt, während er seine Bindungen zum Judentum, die ihm ohnehin von niemandem bestritten werden, als seit jeher relativ gelockert bezeichnen kann. Für seine Zugehörigkeit zum Deutschtum führt er dabei vor allem an, 1. seine „Vorfahren (seien) nachweisbar seit mindestens fünfhundert Jahren im fränkischen Land" ansässig[43]; 2. er „atme in der (deutschen) Sprache. [. . .] Ihr Wort und Rhythmus machen mein innerstes Dasein aus"[44]; und

3. die „Beziehung zu Boden, Klima und Volk" sei den familiären „Generationen, die durch dreißig oder vierzig Jahrzehnte hier hausten, in Fleisch und Bein übergegangen".[45] Die drei gewichtigsten Gründe, mit denen Wassermann seinen Anspruch auf Zugehörigkeit zum Deutschtum zu untermauern sucht, sind demnach die Teilhabe an der gemeinsamen Geschichte, an der gemeinsamen Sprache und an der gemeinsamen heimatlichen fränkischen Landschaft.

Die *„Fränkischen Erzählungen"* sind in diesem Argumentationszusammenhang gleichsam die erzählerischen Nachweise dafür, daß Wassermanns Anspruch auf Zugehörigkeit zum Deutschtum begründet ist. Das fränkische Geschichts-, Sprach- und Lokalkolorit in den Romanen und in den Erzählungen Wassermanns dient der Beglaubigung und Selbstvergewisserung dieses Zugehörigkeitsanspruchs.

In den *„Juden von Zirndorf"*, ja sogar schon in dessen „Vorspiel", der fränkischen Erzählung *„Sabbatai Zewi"*, werden alle erwähnten Probleme und Positionen jüdischen Selbst- und Fremdverständnisses in Franken angesprochen, zum Teil ausführlich thematisiert, von der Verfolgung und der Assimilation der Juden über den Zionismus bis hin zur Frage nach dem „jüdischen Selbsthaß". Der Roman des damals 24jährigen Schriftstellers ist daher sicherlich in gleichem Maße als Medium der eigenen Orientierung Wassermanns anzusprechen wie als „eine radikale Sezierung der mentalen Erkrankungen der aktuellen Gesellschaft", wie es Fritz Martini formuliert hat.[46] Der Roman ist darüber hinaus aber auch ein Plädoyer für die Integration der jüdischen in die fränkische Geschichte.

Je weniger Franken in seinen Erzählungen bloß äußerlich abgeschildert und reproduziert wird, als desto gelungener will sie dem Autor selbst erscheinen. Er habe, so führt er in dem Vortrag *„Meine Landschaft, äußere und innere"* an, die fränkische „Bauernnovelle [. . .] *Adam Urbas*" nicht weniger als „neunzehnmal geschrieben"[47]: „In die ersten Fassungen hatte ich viel von der fränkischen Landschaft hineingenommen. Dadurch wurde das Bild sozusagen doppelt, und alles Doppelte ist störend für die Phantasie. Nachdem ich auf die direkte Landschaftsmalerei einfach verzichtet hatte, zeigte sich's, daß viel mehr Landschaft darin war als vorher".[48] Der „aus Aha, einem Dorf des südlichen Frankens zwischen Altmühl und Hahnenkamm"[49], stammende Bauer Adam Urbas bezichtigt sich in dieser Erzählung des Mordes an seinem Sohn Simon. Der mit der Untersuchung dieses Falles beauftragte Amtsrichter Diesterweg in Ansbach bringt den zunächst völlig Schweigsamen allmählich zum Sprechen und fördert durch psychologisches Einfühlungsvermögen den wahren Sachverhalt zutage. Die Ehe des aus uraltem fränkischen Bauerngeschlecht stammenden Adam war zwölf Jahre lang kinderlos geblieben, was der mit seinem Grund und Boden, mit Saat und Ernte, mit Haus und Hof fest verwurzelte Bauer als unbegreifliche Schmach empfunden hatte, die er nie hatte akzeptieren können. Der dann endlich doch geborene Simon schlug jedoch ganz und gar aus der Art: Er war hinterlistig, frech und gewalttätig und entzog sich auf diese Weise dem ausgeprägten Besitzdenken des Vaters, das sich dem Untersuchungsrichter folgendermaßen darstellt: „Er fühlte sich als Bauer, das heißt, er fühlte sich als König. Die Erde war seine Erde. Der Knecht war sein Knecht. Wetter wurde für ihn gemacht und für den Acker und für die Ernte. Er war Herr über das Land; sein Auge grenzte es ab bis zu dem Stein, der von altersher unverrückt stand; kein Halm, der nicht in seinem Namen aufschoß. Eigentum war das Heiligste von allem, und Eigentum war des Herrn bedürftig, daß er es wachsam und unerbittlich verwalte, bis auf den Pfennig, bis auf das Saatkorn. Der Sohn übernahm es vom Vater, der Vater gab es dem Sohn, durch alle Zeiten hindurch; so war die Ordnung der Dinge, anders war die Welt nicht zu verstehn".[50] Mit diesem Besitzdenken legitimiert er auch den Tod des Sohnes bzw. den Mord an ihm, den er sich zuschreibt: „Den einer gemacht hat, den darf er auch wieder vertilgen"[51], wie man ein Unkraut vertilgt, das ist seine Auffassung. Diese Art der Verwurzelung des fränkischen Bauern Adam Urbas im Grund und Boden seiner Heimat ist im höchsten Grade ignorant und unmenschlich. Adam leitet daraus nur herrische Besitzansprüche ab und nimmt seine Frau und seinen Sohn als Personen überhaupt nicht wahr. Es fehlt ihm die Sprache als Medium menschlicher Zuwendung. Seine „Natürlichkeit" ist die eines Baumes, nicht die eines Menschen. Daraus leitet er zunächst das Recht ab, seinen Sohn zu töten, dann aber auch die Schuld an dessen Tod. Denn er hat seinen Sohn, wie der Untersuchungsrichter schließlich herausfindet, nicht tatsächlich getötet, sondern wollte ihm im Gegenteil die Mittel geben, die es ihm ermöglicht hätten, andernorts ein neues Leben zu beginnen. Die Einsicht, daß er dennoch mitverantwortlich ist für den Selbstmord seines Sohnes (denn darum handelt es sich), veranlaßt ihn, sich als „Mörder“ zu bezeichnen und sich selbst, da das Gericht es nicht tun würde, das Todesurteil zu sprechen. So vollendet er schließlich die Selbstvernichtung seines Stammes, die er mit seiner Mitschuld am Tod seines Sohnes begonnen hatte. In der Gefängniszelle erhängt er sich.

Wassermanns Auffassung, wonach in dieser Geschichte mehr fränkische Landschaft enthalten sei als jede Landschaftsmalerei erreichen könnte, bestätigt diese Erzählung Satz für Satz und Szene für Szene. Und zwar nicht in dem Sinne, daß sich „der Franke“ in seiner Eigenart hier porträtiert sehen dürfte oder müßte, sondern dadurch, daß hier am Beispiel des fränkischen Bauern, der zugleich den Namen des ersten Menschen trägt, die Grenzen des Anspruchs auf Autonomie gezogen werden. Wenn dieser Anspruch lediglich aus dumpfer Heimatverbundenheit, triebhaft-„natürlicher“ Bodenständigkeit und unbegründetem Geschichtsstolz hergeleitet wird, nicht aus persönlicher menschlicher Lebensbewältigung (durch Auseinandersetzung mit der Geschichte, der Landschaft und den Menschen), dann besitzt er keine Berechtigung.

‚Landschaft‘ wird also von Wassermann nicht als eine malende Wiedergabe von landschaftlich-topographischen Gegebenheiten verstanden[52], sondern als der die Figuren prägende Faktor aus Geschichte, Sprache und Landschaft, der sie zu ihrer je eigenen widerspruchsvollen, ja fragwürdigen Identität führt. Die Darstellung dieses prägenden Faktors muß um so glaubwürdiger wirken, je unauffälliger und selbstverständlicher er erscheint, und um so äußerlicher, je nachdrücklicher und penetranter er auftritt. Und da er zugleich, wie ich meine, Wassermanns eigenen Zugehörigkeitsanspruch zu beglaubigen hat, besteht alle Veranlassung, höchste künstlerische Grundsätze auf die Gestaltung dieser Art von „Landschaft“ zu verwenden. Mit Wassermanns Worten: „Die Bedeutung dieses Begriffs [‚innere Landschaft‘] fasse ich viel weiter. Ich verstehe nicht bloß darunter die Landschaft, die in der Figur als ihr Geborgenes liegt, also bei dem Bauern Urbas das südliche Franken, oder im *„Caspar Hauser“* die Dämmererinnerungen an einen fürstlichen Hof, oder im *‚Sturreganz‘* die ansbachische Welt des 18. Jahrhunderts, sondern in viel höherem Grad meine eigene innere Seelenlage, durch welche die der Gestalt entsprechende Landschaft produziert wird, ja noch mehr, durch die die Gestalt selbst, das ganze Gefüge der Gestalten zustande kommt".[53]

Diese „Seelenlage" ist im *„Adam Urbas"* die kritische, analytische Sicht (daher die Figur des psychologisierenden Untersuchungsrichters) auf den ignoranten Besitz- und Autonomieanspruch des mit dem fränkischen Boden verwurzelten Bauern. In der Erzählung *„Sturreganz"*, die Wassermann gleichzeitig erwähnt, ist es die Frage nach der Möglichkeit des Eingreifens der Kunst in die (in diesem Fall fränkische) Geschichte, dargestellt am Schicksal des Schauspielers Ludwig Taube, der ein Opfer der feudalen Mißwirtschaft des Markgrafen Alexander von Ansbach und Bayreuth gegen Ende des 18. Jahrhunderts wird: Er wird als Soldat verkauft, wobei er seine kleine Tochter in Ansbach zurücklassen muß, und kehrt nach einigen Jahren als Schauspieler Sturreganz dorthin zurück, um mit Hilfe seiner hinreißenden mimischen Kunst die Stadt Ansbach gleichsam wiederzuerobern, seine Tochter zu sich zu nehmen und seine Rache an dem Marchese Pescanelli zu vollziehen, der seinerzeit für den Soldatenverkauf zuständig gewesen war. Alles das gelingt ihm; das in Trübsinnigkeit versunkene Ansbach wird durch seine Schauspielkunst geradezu umgewandelt in einen Ort der lebenszugewandten Fröhlichkeit. Trotzdem wird die Frage, ob die Kunst Geschichte verändern könne, zuletzt im Gespräch zwischen dem Schauspieler Sturreganz und dem in Ansbach lebenden Dichter Johann Peter Uz negativ beantwortet: Kunst kann, dieses Resümee zieht Sturreganz aus seiner eigenen Geschichte, den Menschen nicht moralisch bessern, sondern sie kann ihm immer nur den Anschein, die Vorstellung von einer Veränderung vermitteln, die sich auf die Geschichte nicht auswirken muß. Als passives Objekt von Geschichte, als Betroffener erfährt der Schauspieler Ludwig Taube nur die willkürliche Inkonsequenz und Sinnlosigkeit von Geschichte. Als aktiver Künstler dagegen vermittelt er den Menschen wenigstens den Anschein einer Veränderung, indem er sie aus der Depression in eine heitere Geselligkeit führt. Nicht der Versuch, Geschichte praktisch zu beeinflussen, sondern die Bemühung um ihre Deutung wird als Aufgabe des Künstlers angesehen.

Wassermanns Bestimmung der „inneren Landschaft" umgreift auch solche grundsätzlichen poetologischen Auffassungen. Die „innere Landschaft“ ist für ihn zwar auch ein künstlerisches Gestaltungsprinzip, sie ist aber darüber hinaus die Erfahrung einer Übereinstimmung zwischen dem Künstler und der von ihm gestalteten Welt, sie ist Teilhabe am kollektiven Gedächtnis eines Volkes und sie ist, wie Wassermann im Bestreben, verstanden zu werden, sogar in der zeitgenössischen Sprache seiner Todfeinde sagt, „Blutserlebnis“.[54] Das Vorhandensein einer solchen „inneren Landschaft“ wird damit zum entscheidenden Kriterium, zur letzten Instanz bei der Frage nach der künstlerischen Leistung des Dichters.

Einem solchen Selbstverständnis steht die vulgäre Behauptung gegenüber, dem jüdischen Künstler sei der Zugang zur Landschaft, sei es zur äußeren oder zu inneren, prinzipiell gar nicht möglich, und damit sei ihm auch jeder Zugehörigkeitsnachweis von vornherein verwehrt. Sich gegen Behauptungen dieser Art überhaupt zu „verteidigen“, sei bereits zutiefst unwürdig, antwortet Wassermann, weil es „wider den Geist, wider die Kunst und wider die Wahrheit“[55] sei, sich mit poetischen Werken denen gegenüber rechtfertigen zu wollen, die eben diesen Werken ihre künstlerische Substanz absprechen: „Die mir die Mitgewachsenheit bestreiten, die das Blut in mir [. . .] zum Vorwand nehmen, um mich in eine minderwertige Kategorie der menschlichen Wesen zu versetzen, die glauben mir auch die Landschaft nicht, aus der ich komme und in der ich wirke und für deren Legitimität ich keine anderen Beweise habe als mich und mein lebendiges Gefühl. Ist es wahrhaftes Leben, was ich hervorgebracht habe, so ist jede Zeugenschaft entbehrlich, ist es das nicht, so kann es keine Advokatenkunst und keine Kampfhandlung dazu machen. [. . .] Nehmen Sie dies als ein Bekenntnis. Bin ich doch von Grund und Uranfang auf dem verhaftet, was ich forme und was als Erbgut der Geschichte, Stammesgeschichte, Landschaftsgeschichte, Seelengeschichte schicksalsmäßig mit meinem Wesen verwoben ist [. . .]. Und mich dünkt, dies ist nicht mehr ein geistiges Bekenntnis, es ist ein religiöses. Wenn anders Religion die demütige Verfallenheit an eine unbekannte obere Macht ist, die wir für heilig erklären, weil sie den irdischen Maßstäben und Bindungen entrückt ist. So und nur so bin ich Jude, bin ich Deutscher, bin ich Mensch“.[56]

**Anmerkungen:**

1) Der Anfang dieses Entwurfs aus dem Jahre 1924 wird hier zitiert nach: Jakob Wassermann. 1873–1934. *Ein Weg als Deutscher und Jude.* Lesebuch zu einer Ausstellung. In Verbindung mit dem Deutschen Literaturarchiv Marbach am Neckar. Hrsg. von Dierk Rodewald. Bonn: Bouvier 1984, S. 100f.
2) Zitiert nach: *Die Bücherverbrennung.* Zum 10. Mai 1933. Hrsg. von Gerhard Sauder. München: Hanser, 1983, S. 159.
3) Nachweise in der Dokumentation von Josef Wulf: *Literatur und Dichtung im Dritten Reich.* Gütersloh: Mohn, 1963.
4) Über Auflagenziffern informiert z. B. der Katalog: S. Fischer, Verlag. *Von der Gründung bis zur Rückkehr aus dem Exil. Eine Ausstellung des Deutschen Literaturarchivs im Schiller-Nationalmuseum Marbach am Neckar.* Von Friedrich Pfäfflin und Ingrid Kussmaul. Marbach: Deutsche Schillergesellschaft, 1985, S. 168–170. Danach erreichte „Der Fall Maurizius" allein im Rahmen der Ausgabe der Gesammelten Werke Wassermanns von Februar 1928 bis zum Juni 1931 eine Auflage von 105 000 Exemplaren; „Das Gänsemännchen" erschien bis 1929 in über 90 000 Exemplaren der Werkausgabe und 1930 in weiteren 150 000 Exemplaren einer Sonderausgabe.
5) Vgl. Inge Jens: *Dichter zwischen rechts und links. Die Geschichte der Sektion für Dichtkunst der Preußischen Akademie der Künste dargestellt nach den Dokumenten.* München: Piper, 1971, S. 75.
6) Zitiert nach I. Jens (s. Anm. 5), S. 111.
7) Ebenda, S. 191.
8) Ebenda, S. 198.
9) Ebenda, S. 199.
10) Ebenda, S. 198. – Wassermanns hier erwähnter Artikel aus der „Neuen Rundschau" erschien noch im gleichen Jahr in seinen *„Selbstbetrachtungen"* (Berlin: S. Fischer, 1933); der inkriminierte Satz dort S. 101.
11) Jakob Wassermann, *Selbstbetrachtungen* (s. Anm. 10), S. 106.
12) Nachruf auf Jakob Wassermann. In: Berliner Börsen-Zeitung, Nr. 1/2 vom 2. Januar 1934, hier zitiert nach: Bernd M. Kraske: „Das stärkste jüdische Talent dieser Zeit . . .". Zur Rezeption Wassermanns in der völkischen Literaturgeschichtsschreibung. In: *Jakob Wassermann. Werk und Wirkung.* Hrsg. von Rudolf Wolff. Bonn: Bouvier, 1987 (=Sammlung Profile 28), S. 63f.
13) Das kann hier festgestellt werden, auch und gerade wenn man hinzufügen muß, daß es Wassermann spürbar schwergefallen ist, einen irreversiblen Bruch mit dem „neuen Deutschland" zu riskieren; so beklagte er in einem Brief an den Berliner Anwalt Nast vom September 1933 die „blind-feindselige" Haltung Deutschland gegenüber, die ihm aus dem Heft der „Sammlung" entgegentrat. „Ich kann mich nicht verleugnen, ich kann mich nicht verraten. Darum geht es im Grunde. Ich kann es nicht als Deutscher, und ich kann es nicht als Jude", so kommentierte er seinen eigenen Beitrag; er sei „nichts anderes [. . .] als das Bekennt-

nis zu einem geistigen Deutschland und das Manifest der Zugehörigkeit zu meiner alten Heimat". Zitiert nach Clara Menck: „Ein Fingerhut voll Sand im Sturm." Der Romancier Jakob Wassermann. Sein Leben im Spiegel Marbacher Dokumente. In: Frankfurter Allgemeine Zeitung, 14. 12. 1974.

14) Jakob Wassermann. 1873–1934 (s. Anm. 1), S. 127.

15) Jakob Wassermann, *Selbstbetrachtungen* (s. Anm. 10), S. 106.

16) Jakob Wassermann: *Mein Weg als Deutscher und Jude*. Berlin: S. Fischer 1921, S. 19.

17) Zitiert nach Nancy Kaiser: „Die Stellung der Juden ist allezeit der Barometerstand der Humanität." Berthold Auerbachs Traum einer deutsch-jüdischen Symbiose. In: Jost Hermand/Gert Mattenklott (Hrsg.): *Jüdische Intelligenz in Deutschland*. Hamburg: Argument-Verl. 1988 (= Literatur im historischen Prozeß, N.F. 19), S. 35.

18) Vgl. dazu: Hans-Peter Bayerdörfer: „Vemauschelt die Presse, die Literatur." Jüdische Schriftsteller in der deutschen Literatur zwischen Jahrhundertwende und Erstem Weltkrieg. In: Hans-Otto Horch (Hrsg.): *Judentum, Antisemitismus und europäische Kultur*. Tübingen: Francke 1988, S. 207–233.

19) Rainer S. Elkar: Jakob Wassermann, ein deutscher Jude zwischen Assimilation und Antisemitismus. In: Jahrbuch des Instituts für Deutsche Geschichte. Hrsg. und eingeleitet von Walter Grab, Bd. 3, 1974, S. 302f.

20) Zitiert nach: Jakob Wassermann: *Schläfst du, Mutter? Erzählungen*. München: Deutscher Taschenbuch Verlag 1986, S. 165.

21) Ebenda, S. 196.

22) *Mein Weg als Deutscher und Jude* (s. Anm. 16), S. 12f.

23) *Schläfst du, Mutter?* (s. Anm. 20), S. 166.

24) Ebenda, S. 176.

25) Ebenda, S. 171f.

26) Jakob Wassermann: Meine Landschaft, äußere und innere. In: J. W., *Tagebuch aus dem Winkel. Erzählungen und Aufsätze aus dem Nachlaß*. Amsterdam: Querido Verl., 1935, S. 109.

27) *Mein Weg als Deutscher und Jude* (s. Anm. 16), S. 20.

28) Für die Ausgabe im S. Fischer Verlag (seit 1906) hatte Wassermann den Roman stark überarbeitet und gekürzt. Zur Tendenz dieser Überarbeitung vgl. Hans Otto Horch: „Verbrannt wird auf alle Fälle." Juden und Judentum im Werk Jakob Wassermanns. In: Gunter E. Grimm/Hans-Peter Bayerdörfer (Hrsg.): *Im Zeichen Hiobs. Jüdische Schriftsteller und deutsche Literatur im 20. Jahrhundert*. 2. durchges. Aufl. Frankfurt a. M.: Athenäum, 1986, S. 141f.

29) Jakob Wassermann: *Fränkische Erzählungen*. Berlin: S. Fischer, 1925, S. 7–75.

30) „Sollte man [. . .] bei Jakob Wassermann nicht eher von einer Akkulturation sprechen, einer Aneignung von Elementen einer fremden Kultur, die zu einer Anpassung führt?" gibt Rainer S. Elkar (s. Anm. 19, S. 308) zu bedenken.

31) Auch Fritz Martini vermutet „in Sabbatai Zewi und dessen Sendboten und Propheten Zacharias Naar" Spiegelungen des Theodor Herzl; vgl. Fritz Martini: Jakob Wassermann: Die Utopie eines Messias in der Moderne. Zu dem Roman „Die Juden von Zirndorf". In: *Zeit der Moderne. Zur deutschen Literatur von der Jahrhundertwende bis zur Gegenwart.* Hrsg. von Hans-Henrik Krummacher, Fritz Martini und Walter Müller-Seidel. Stuttgart: Kröner, 1984, S. 469.
32) *Fränkische Erzählungen* (s. Anm. 29), S. 50.
33) Brief vom 21. Dezember 1901. Mitgeteilt von Klaus Bohnen: „Zauber der Unbedingten" und „gebändigtes Gefühl". Zu Jakob Wassermanns literarischer Entwicklung in unveröffentlichten Briefen an Georg Brandes. In: Jahrbuch des Freien Deutschen Hochstifts, 1980, S. 412.
34) Ebenda, S. 413.
35) Der Programmzettel dieser Veranstaltung sowie Textauszüge des Vortrags, den „Die neue Rundschau" im August 1904 druckte (Jg. 15, Bd. 2, S. 940–946), finden sich in der Schrift: Jakob Wassermann 1873–1934 (s. Anm. 1), S. 63–67.
36) Zitiert nach: Jakob Wassermann. 1873–1934 (s. Anm. 1), S. 66f.
37) Jakob Wassermann: *Mein Weg als Deutscher und Jude* (s. Anm. 16), S. 103.
38) Stefan Zweig, *Jugend in Wien*, S. 199–200.
39) Theodor Lessing: *Der jüdische Selbsthaß.* Berlin: Jüdischer Verlag, 1930.
40) Siehe Hinweise bei Horch (s. Anm. 28), S. 129.
41) Klaus Bohnen (s. Anm. 33), S. 413.
42) So z. B. Klara Pomeranz Carmely: *Das Identitätsproblem jüdischer Autoren im deutschen Sprachraum. Von der Jahrhundertwende bis zu Hitler.* Königstein/Taunus: Scriptor, 1981, S. 56ff.
43) Jakob Wassermann: *Lebensdienst. Gesammelte Studien, Erfahrungen und Reden aus drei Jahrzehnten.* Leipzig: Grethlein, 1928, S. 161.
44) Mein Weg als Deutscher und Jude (s. Anm. 16), S. 48.
45) Ebenda, S. 9.
46) Martini, *Wassermann* (s. Anm. 31), S. 467.
47) *Meine Landschaft, äußere und innere* (s. Anm. 26), S. 109.
48) Ebenda.
49) Zitiert nach: Jakob Wassermann: *Lukardis. Erzählungen.* München: Deutscher Taschenbuch Verlag 1987, S. 151.
50) Ebenda, S. 161.
51) Ebenda, S. 166.
52) Auf diesen Aspekt beschränkt sich Helmut Prang in seinem Aufsatz „Franken im Werk Jakob Wassermanns" (in: *Jakob Wassermann. Ein Beitrag der Stadt Fürth zu seinem 100. Geburtstag am 10. März 1973.* Fürth: Stadt Fürth, [2]1984, S. 14–20).
53) *Meine Landschaft, äußere und innere* (s. Anm. 26), S. 110.
54) Ebenda, S. 111.
55) Ebenda, S. 115.
56) Ebenda, S. 116f.

ULF ABRAHAM

# „Die strafenden Blicke eines vergehenden Glaubens.“ Kafka und die Thora

## I.

> „1942. Ich bin neun Jahre alt. Mein Hebräischlehrer, Dr. Kafka, ist neunundfünfzig. Für die kleinen Jungen, die jeden Nachmittag ‚von vier bis fünf‘ an seinem Unterricht teilnehmen müssen, heißt er – nicht zuletzt auch wegen seiner seltsam zurückgezogenen und melancholischen Art, vor allem aber, weil wir an ihm unsere Wut darüber auslassen, daß wir hier eine uralte Kalligraphie lernen müssen, während wir uns doch gleichzeitig auf dem Sportplatz herumtreiben und uns die Zunge aus dem Hals schreien sollten – nur: Dr. Kishka. Diesen Namen hat er, ich gestehe es, von mir. Sein saurer Atem, der so gegen fünf Uhr nachmittags noch zusätzlich mit Darmsaft gewürzt ist, verleiht diesem jiddischen Ausdruck für ‚Innereien‘ ganz besondere Intensität, wie ich finde.“[1]

Natürlich wissen wir, daß der amerikanisch-jüdische Romancier Philip Roth, von dem diese fiktive Kindheitsgeschichte stammt, neun Jahre nach Kafkas Tod geboren ist; und wir wissen, daß Kafka – im Gegensatz zu seinem ersten Romanhelden Karl Roßmann – nicht nach Amerika verschlagen wurde. Hätte der Prager Jude und Versicherungsbeamte freilich Roths Geburtsjahr (1933) erlebt und überlebt, so stecken das Ende seiner Schwester Ottla (Theresienstadt, Auschwitz), Walter Benjamins Selbstmord und Philip Roths Fantasie vom Emigranten Kafka in der „Neuen Welt“ tatsächlich die denkbaren Möglichkeiten ab.

Roths Gedankenspiel wird hier jedoch nicht zitiert, um etwa die hinreichend bekannte Biografie Kafkas von hinten her zu beleuchten – auch wenn Roths fiktive Reduktion Kafkas auf seine *Innereien* ihres symbolischen Reizes nicht entbehrt. Wenn die Geschichte vom Dr. Kishka hier auszugsweise zu Wort kommen soll, so verdankt sie dies wichtigeren, aber auch schwieriger zu klärenden Bezügen zum Thema.

Ich kreise sie durch drei Fragen ein.

1. Was soll die scheinbar absurde Vorstellung von Kafka als *Hebräischlehrer*, und wie absurd ist sie wirklich?
2. Was hat sein literarisches Werk mit dem *Judentum* zu tun, aus dem der Autor, Sohn eines zeitlebens mit Akzent Deutsch sprechenden jüdischen Kleinbürgers aus dem tschechischen Hinterland, eher zufällig herauszuwachsen scheint?
3. Welche Beziehung besteht überhaupt zwischen Kafka – als Mensch, als Jude, als Schriftsteller – und der *Thora*?

Kafka ist – nach allem, was man sicher zu wissen glaubt – eine innige Beziehung zu den fünf Büchern Mosis kaum nachzusagen, und das Stichwort *Thora* war dem Kind Franz Kafka *negativ besetzt*, nämlich mit einer Mischung aus Langeweile und Angst. Im berühmten „Brief an den Vater“ heißt es:

> „Du gingst an vier Tagen im Jahr in den Tempel, warst dort den Gleichgültigen zumindest näher als jenen, die es ernst nahmen, erledigtest geduldig die Gebete als Formalität, setztest mich manchmal dadurch in Erstaunen, daß Du mir im Gebetbuch die Stelle zeigen konntest, die gerade rezitiert wurde, im übrigen durfte ich, wenn ich nur (das war die Hauptsache) im Tempel war, mich herumdrücken, wo ich wollte. Ich durchgähnte und durchduselte also dort die vielen Stunden (so gelangweilt habe ich mich später, glaube ich, nur noch in der Tanzstunde).“ (H 144[2])

Wenn schon der Vater dem Sohn die Religion der Väter nur noch als *Erledigung von Formalitäten* weitergeben konnte, als ein „Nichts an Judentum“ (Kafka, ebd.), so wird dieser damit eingeführt in ein *leeres, aber deshalb keineswegs gleichgültiges* Ritual. Es wird vielmehr auf zwei Weisen bedeutsam:

1. Der Vater, der lauwarm in Dingen des Glaubens, aber eifrig in der Erfüllung des religiösen Rituals das Gerufenwerden zur Thoravorlesung zugleich haßt und herbeisehnt (weil soziale Anerkennung damit verbunden ist[3]), überträgt nicht nur seine a-religiöse Grundhaltung, sondern auch sein *Schuldbewußtsein darüber* auf den Sohn (vgl. H 144); und die subjektive Langweiligkeit und Lächerlichkeit der religiösen Zeremonien kann der Sohn sich nur selbst als Schuld anrechnen.
2. Das „Zur-Thora-Gerufenwerden" ist ständige Drohung einer Prüfung, bei der man mit einer solchen Haltung durchfallen *müßte*. Über die Synagoge sagt Kafka nämlich an der zitierten Stelle weiter: „Im übrigen habe ich dort auch viel Furcht gehabt, [. . .] weil Du einmal nebenbei erwähntest, daß auch ich zur Thora gerufen werden könnte, davor zitterte ich jahrelang." Hinter den lächerlichen und langweiligen Formalitäten also lauert etwas Älteres, Größeres, Mächtigeres: *Das Gesetz* hat die Macht, den einzelnen vor versammelter Gemeinde zutiefst bloßzustellen und zu demütigen.

Das Gesetz *hätte* aber auch die Macht, den Gerufenen, wenn er die Prüfung denn besteht, vor aller Augen „als vollwertiges Gemeindemitglied"[4] zu erweisen und bei sich aufzunehmen als einen, der alle wichtigen Lebensregeln kennt und befolgt. Das Gesetz kann *zeichnen* oder *auszeichnen*. Wer die *Zeichnung* so fürchtet, daß er dem Gesetz überhaupt aus dem Weg geht, sozusagen außer Hörweite bleibt, falls er gerufen würde, der hat sich damit offensichtlich auch um die Möglichkeit der *Auszeichnung* gebracht. Es liegt mir fern, Kafkas gelegentliche Bekenntnisse mangelnden Glaubens einfach aus dieser Beobachtung erklären oder gar mit ihrer Hilfe beklagen zu wollen. Das steht mir aus verschiedenen Gründen überhaupt nicht zu. Ich meine aber, er selber hat sein Verhältnis zum Judentum aus dieser Beobachtung bestimmt, und zwar mit steigendem Alter in zunehmender Schärfe.

## II.

In einem Brief des 26jährigen an die Verlobte Felice Bauer wird die Tatsache, daß „für die jüdische Allgemeinheit [. . .] die religiösen Ceremonien sich auf Hochzeit und Begräbnis eingeschränkt haben", mit dem Satz kommentiert: „man sieht förmlich die strafenden Blicke eines vergehenden Glaubens." (BF 244) Diese paradoxe Definition erfaßt eine *Doppelbindung*: Das Gesetz der Juden gilt Kafka als nicht mehr erfüllbar, es ist jedoch damit nicht abgetan; *es ist noch da, aber als unerfüllbares, und der vergehende Glaube* daran läßt ein Bewußtsein, ein Schuld-Bewußtsein fehlender Erfüllung zurück. Wie stark Kafka selbst deren *strafende Blicke* noch als Erwachsener auf sich ruhen fühlte, wissen wir nicht; es ist auch nicht mein Thema. Wenn aber fast alle seine literarischen Helden beständig unter strafenden Blicken leben und leiden, und zwar jeweils so lange, bis ihnen der Glaube an ein Weiterleben ohne Schuldgefühl endgültig *vergangen* ist, so muß es erlaubt sein zu fragen, ob der vergehende Glaube an die Möglichkeit tätiger Übereinstimmung mit der jüdischen Gemeinschaft nicht doch etwas mit dem zu tun hat, wonach Josef K. im *Proceß*-Fragment so vergeblich sucht. Das „assimilierte" Westjudentum, dem Kafka sich selbst (korrekterweise) zurechnet, und von dem er im *Proceß*-Roman das Jüdische streicht, das Assimilierte aber deutlich herausarbeitet, hat – jedenfalls seiner Meinung nach – die relativ fortgeschrittene Anpassung an die „herrschende" mitteleuropäische Kultur des frühen 20. Jahrhunderts durch einen hohen, vielleicht zu hohen Preis erkauft: nämlich den Verlust, die Aufgabe einer kollektiven ethnischen Identität, die dem einzelnen Sicherheit und Schutz bieten könnte. Einer der berühmten „Briefe an Milena" projiziert die Sehnsucht danach auf die Ostjuden, die der Thora aus Kafkas Perspektive noch ein Stück näher sind:

> „Wenn man mir gestern abend (als ich um 8 Uhr von der Gasse aus in den Festsaal des Jüdischen Rathauses hineinsah, wo weit über hundert russisch-jüdische Auswanderer – sie warten hier auf das amerikanische Visum – untergebracht sind, der Saal ist gedrängt voll wie bei einer Volksversammlung [. . .], wenn man mir freigestellt hätte, ich könnte sein, was ich will, dann hätte ich ein kleiner ostjüdischer Junge sein wollen, im Winkel des Saales, ohne eine Spur von Sorgen, der Vater diskutiert in der Mitte mit den Männern, die Mutter, dick eingepackt, wühlt in den Reisefetzen, die Schwester scherzt mit den Mädchen und kratzt sich in ihren schönen Haaren — und in ein paar Wochen wird man in Amerika sein." (BM 168)

In der Neuen Welt, ja – aber *anders* als der Held Karl Roßmann, der 16jährig und allein zu Hause hinaus- und dort hineingeworfen wird; der eine Anpassungsleistung zu vollbringen hätte, zu der er ohne fremde Hilfe außerstande ist; anders auch als Philip Roths Hebräischlehrer Dr. Kafka, der dem etablierten amerikanischen Judentum ebensowenig zugehört wie den Bewohnern seines eigenen schäbigen Wohnviertels – anders als diese und nicht allein, sondern zusammen mit hundert *Angehörigen*, in deren Mitte man sich geborgen fühlen kann, ein kleiner jüdischer Junge unter vielen. Daß und in welchem Ausmaß ausgerechnet Kafka damit die Situation mittelloser Emigranten idealisiert, ist erstaunlich und wäre kaum verständlich, zöge man aus den wenigen allgemein bekannten einschlägigen Kafka-Zitaten den falschen Schluß, Judentum, jüdische Überlieferung, jüdisches *Gesetz* (Thora) als unbedeutend für sein Leben und Werk ansehen zu dürfen. Der Verlobten Felice schreibt er (etwa fünf Jahre vor dem eben zitierten Brief an Milena[5]): „das Halten der Gebote ist nichts Äußeres, im Gegenteil der Kern des jüdischen Glaubens" (BF 700); und gemeint sind hier kaum die „zehn Gebote", sondern eher die 365 *Ver-* und 248 *Ge*bote, die Mose dem Vernehmen nach von Sinai mitgebracht hat.[6] Sie alle zu halten, verbiete sich ihm durch „Herkunft, Erziehung, Anlage, Umgebung". Vergleiche er sich mit gläubigen Juden, so habe er folglich „nichts, was man aufzeigen könnte, mit ihrem Glauben gemeinsam." (BF 700) Der Glaube, den er nicht hat, würde *Gemeinsamkeit stiften*, und zwar im Zeichen der Thora. Sie ist diejenige Instanz, zu der gerufen zu werden *Angst macht*, aber auch die *Hoffnung* der Bewährung *in einer* und *für eine* Gemeinschaft bietet. Furcht vor der Stigmatisierung als *unzugehörig* und Sehnsucht nach dem Aufgenommenwerden *trotz alledem* sind wie zwei gleichstarke Kräfte, die in Richtung und Gegenrichtung zerren. Das sorgt für Ambivalenz und Unmöglichkeit der Bewegung.

„Was habe ich mit Juden gemeinsam?" notiert Kafka ins Tagebuch (Tb 255[7]); und er beantwortet die rhetorische Frage selber: „Ich habe kaum etwas mit mir selbst gemeinsam und sollte mich ganz still, zufrieden damit, daß ich atmen kann, in einen Winkel stellen."

Es ist hier nicht der Ort, die offenkundige Ambivalenz dieser Zugehörigkeitsbezeugung mit weiteren Zitaten zu belegen. Stattdessen will ich diejenige Frage formulieren, die mir hier aufgegeben ist zu beantworten: **Inwiefern ist der Beitrag Kafkas zur Weltliteratur nicht nur derjenige eines Individuums von unklarer (und gleichgültiger) ethnischer Identität, sondern der eines *Juden*? Kommen zentrale Begriffe oder Fragestellungen aus der jüdischen Überlieferung „irgendwie" in seinen Texten vor, und wenn ja: zu welchem *Zweck*, in welchem *Sinn*?**

## III.

Gibt es etwas spezifisch Jüdisches an Kafkas Werk? Ein Kolloquium über „Franz Kafka und das Judentum" hat 1986 eine erstaunliche Menge an Hinweisen darauf zutage gefördert.[8] Man hatte vorher die Frage nach Jüdischem – bei Kafka oder sonstwo – lange nicht gestellt, um nicht Beifall von der falschen Seite zu riskieren. Wenn heute eine Antwort möglich scheint, so sollte aber kein Zweifel darüber bestehen, daß sie meist von Nichtjudaisten (wie mir) gegeben wird und immer subjektiv ausfällt.

Die Subjektivität *meiner* einschlägigen Wahrnehmung und die in ihr aufgegangenen Klischees mag ein unerwarteter Gewährsmann zeigen: Der amerikanische Filmphilosoph Woody Allen, der sehr zu unrecht für einen Kinokomiker gilt, rüstet seine prototypisch jüdischen Helden stets mit zwei Strategien der Alltagsbewältigung aus. All diese Stadtneurotiker, verkrachten Impresarios und Verwandlungskünstler lösen ihre verwickelten Probleme auffallend häufig

1. *durch listiges Erzählen von Geschichten;* Geschichten als Anekdoten, Witze, Beispiele der Nachahmung und der Abschreckung, deren Beweiswert im Einzelfall zwar zweifelhaft sein mag, die aber allemal den Vorzug haben, das Gegenüber nicht nur zu unterhalten, sondern auch *hinzuhalten* und damit die Katastrophe wenigstens hinauszuschieben, wenn sie schon nicht zu verhindern ist.
2. *durch eine latente Neigung, in allen Lebenslagen Schuld zuzuweisen, und zwar meistens sich selber.* Die erfolgreiche Lebensmaxime seines verstorbenen Vaters, vertraut der letztlich immergleiche Held Allens einem Freund an, sei gewesen: *„Fühle dich immer ein bißchen schuldig."*

Wenn zwei so ungleiche Größen wie Woody Allen und Franz Kafka überhaupt verglichen werden dürfen, so spricht — da beide außer ihrem Judentum (und natürlich einer eigenwilligen Rezeption Freudscher Psychoanalyse) wenig gemeinsam haben – manches dafür, ähnliche Schaffensprinzipien als Reflexionen spezifisch jüdischer Alltags- und Lebensbewältigung zu verstehen. Man mag einwenden, Allen wende doch allenfalls ins Komische, was bei Kafka tragisch ist; aber so, wie sich als Vorurteil erweist, Allen sei bloß ein Komiker, so wäre auch das Urteil zu revidieren, an Kafka sei nichts Komisches. Ich komme darauf zurück.

Verfolgt man sowohl das listige Geschichtenerzählen wie das taktische Sichschuldigfühlen bis auf ihren vermutlichen Ursprung zurück, so dürfte beides aus einem gestörten Verhältnis zu etwas herrühren, was in den vergangenen 2000 Jahren fast immer *andere* hatten; ich spreche vom *jüdischen Verhältnis zur Macht*. Und ich meine dies nicht nur sozial und politisch, sondern auch religiös: auch die Macht des alttestamentarischen Gottes über „sein Volk" ist etwas, womit der Umgang gelernt sein will. (*Unter allen Dichtern der größte Experte der Macht* ist Kafka genannt worden, und zwar von einem anderen Experten, Elias Canetti.)[9]

## IV.

Wiederum lohnt es, einen zu Wort kommen zu lassen, der auch gerade lernt, sich „immer ein bißchen schuldig zu fühlen":

> „Zu Hause [. . .] finde ich den Gedanken an unseren spillerigen Flüchtlingslehrer mit seinem abgewetzten dreiteiligen blauen Anzug gar nicht mehr so lustig – und natürlich erst recht nicht mehr, als die gesamte Anfängerklasse des Hebräischkurses [. . .] den Spitznahmen Kishka begeistert aufnimmt. Meine Schuldgefühle führen automatisch dazu, daß ich sie mit fantasierten Heldentaten zu kompensieren versuche, wie ich sie häufig habe – sie beziehen sich [1942!] vor allem auf „Juden in Europa". Es bleibt mir nichts übrig – ich muß ihn retten. [. . .] Und natürlich sofort, wann sonst? Im Verlauf der nächsten Wochen habe ich nämlich herausgefunden, daß Kafka zur Untermiete in einem kleinen Zimmer bei einer älteren jüdischen Dame wohnt, unten am schäbigen Ende der Avon Avenue."[10]

Diese Außensicht Philip Roths auf eine ins Irreale verlängerte Biografie, einen gealterten, heruntergekommenen Kafka, dürfte sich von den realen letzten Berliner Monaten (Winter 1923/24), in denen der an Lungentuberkulose Leidende von einer knappen, der Inflation ausgesetzten Pension leben muß, gar nicht so sehr unterscheiden; vielleicht besteht der wichtigste Unterschied darin, daß der reale, 39jährige Kafka in der Berliner „Hochschule für die Wissenschaft des Judentums"[11] noch Hebräisch *lernt*, statt es zu lehren. (Rechnet er damit, doch noch *zur Thora gerufen zu werden?*)

Die respektlose Außensicht hilft gegen das Idealbild, wohl auch: das Klischee des gewissermaßen ohne Bodenhaftung im eigens gemieteten Häuschen in der Alchimistengasse am Hradschin Texte von Weltgeltung niederschreibenden Dichters. Denn diese Texte sind ja eine denkbar unordentliche, planlose Ansammlung von begonnenen, aber meistenteils – das gilt unter anderem für alle drei Romane – nicht zuende geschriebenen Geschichten, oft nur wenige Zeilen langen Erzählanfängen, die abbrechen, die ihrem Verfasser aus der Hand gleiten, so wie er vieles abbricht, so wie ihm alles aus der Hand gleitet: drei Verlobungen und schließlich ein Leben. Daß das Erzählen für Kafka eine Strategie war, „das Kommende hinauszuschieben", ist schon früh diesem fragmentarischen Gesamtwerk abgelesen worden, nämlich von Walter Benjamin, der Kafkas Geschichten nicht umsonst mit denen der Scheherezade verglichen hat.[12]

Was aber die zweite oben erwähnte Strategie betrifft, so genügt ein Blick in Texte wie *Der Verschollene, Das Urteil, Der Proceß, In der Strafkolonie,* vom „Brief an den Vater" ganz zu schweigen, um zu ermessen, daß das Motiv der *zugeschriebenen Schuld* über einen langen Zeitraum hinweg Kafkas Arbeiten entscheidend bestimmt hat. Viele Kafka-Leser und Germanisten hat es so irritiert, daß sie es sich als ein globales *Geständnis ethischer, religiöser, gar „trans-ethischer Schuld"* (H.-J. Schoeps[13]) erklären wollten. Übersehen wurde dabei lange Zeit zweierlei:

- daß diese „Schuld" eine nie wirklich greifbare, sondern immer nur verbal behauptete, d. h. in traumatisch wiederkehrenden, verhörähnlichen Szenen der Prüfung und Stigmatisierung ausgehandelte ist;[14] und
- daß die Irrationalität der verurteilenden Instanzen – vom alten Vater in der frühen Erzählung *Das Urteil* bis hin zur

unerreichbaren Schloßverwaltung im letzten Romanfragment – nicht auf eine „Transzendenz" ihrer höheren Abkunft verweist, sondern lediglich auf die *Selbstverurteilung* des Helden, der zu ihrer Vergegenwärtigung und Beglaubigung eine Instanz braucht, und dem jede *Recht ist.*

Eine derartige Instanz ist das Dachbodengericht im *Proceß.* Vor einem Gericht, das bei Tageslicht betrachtet – von dem es auf dem Dachboden freilich zu wenig gibt – lächerlich und schäbig wäre, *zittert* Josef K. ebenso lange, wie der kleine Franz aus Furcht zittert, *zur Thora gerufen zu werden.* Ich will damit nicht sagen, „das Gesetz", von dem die Dachbodenrichter reden, sei platterdings die Thora; ich komme aber an einer in der Kafka-Forschung längst bekannten *Analogie der Verhältnisse* nicht vorbei: Die Erfahrung der Macht als etwas *Fremdem,* das dem einzelnen in Form familiärer, religiöser, bürokratischer Instanzen gegenübertritt, ist in Kafkas Biografie belegbar und im Werk dargestellt. Sowohl biografische als literarische Ohnmachtserfahrungen also könnten – so sehr platte religiöse Deutungen sich verbieten – durchaus etwas zu tun haben mit dem *strafenden oder verstoßenden Gott des Alten Testament* und der Thora, dem Gesetz des „richtigen" jüdischen Lebens, das Mose in Empfang nahm. So wenig ich denen recht geben möchte, die hier einfach eines auf das andere abbilden wollen, so unabweisbar scheint mir der Verdacht, daß es die immergleiche, stets präsente *Straf- und Verstoßungsangst* ist, die sich jeweils ihre Projektionen sucht. Daß das Wort „Gott" bei Kafka nicht vorkommt, wie schon Walter Benjamin aufgefallen ist, beweist oder widerlegt nichts: Wer nicht verstehe, was Kafka den Gebrauch dieses Wortes verbiete, verstehe gar nichts von ihm.[15] Ein theologisierender Schriftsteller sei er gerade nicht; höchstens „dem würde der Schlüssel zu Kafka in die Hände fallen, der der jüdischen Theologie ihre komischen Seiten abgewönne".[16]

## V.

*Die komischen Seiten der Theologie?* Kehren wir noch einmal zu Philip Roths Geschichte vom Dr. Kishka zurück, der seine Schüler „aus geraden Linien, gebogenen Linien und Punkten" Phantasiealphabete entwickeln läßt, weil ja schließlich die hebräische Schrift auch aus nichts anderem bestehe.[17] Es ist genau dieser verfremdende (nicht ethnozentrische, sondern gleichsam *ethno-exzentrische*) Blick auf die eigene Kultur, der Kafkas Schreiben (aus)zeichnet; er ist übrigens vor gut 20 Jahren schon Martin Walser aufgefallen: Über Kafkas Tagebucheintrag, er lebe in einem „Grenzland zwischen Einsamkeit und Gemeinschaft" (Tb 401; 29. 10. 1921) schrieb Walser: „Man kann in diesem Grenzland nicht leben, aber man kann beobachten, wie gelebt wird."[18] Urbild der Gemeinschaft, in der Kafka leben wollte und doch auch wieder nicht, muß ihm die jüdische gewesen sein, auch und gerade als jüdische *Familie* – nicht umsonst ist sie in der Kafka-Forschung das *Paradigma der verlorenen Gemeinschaft* (Helen Milfull[19]) genannt worden.[20]

Daß Kafka nacheinander die Rollen des *Sohnes,* des *Verlobten,* des *Ehemanns und Hausvaters* verweigert hat, ist bekannt genug. Philip Roth hat auch mit diesem Motiv gearbeitet: Inzwischen hat der kleine Philip den großen Franz zum Dinner ins gutbürgerliche Zuhause einladen dürfen. Der Hebräischlehrer soll langfristig gesehen vielleicht sogar an eine ledig gebliebene Tante verkuppelt werden. Einstweilen und vorbereitend zeigt man ihm Familienfotos.

> „‚Ich bin der festen Überzeugung', sagt mein Vater, ‚daß die Familie die Grundlage des ganzen Lebens ist.' Dr. Kafka hat die ganze Zeit über aufmerksam den Worten meines Vaters zugehört, die verschiedenen Dokumente, die ihm gereicht wurden, mit großer Vorsicht in die Hand genommen und sie mit einer [. . .] Hingabe betrachtet, die mich unwillkürlich daran erinnert, wie ich mich immer über die Wasserzeichen meiner geliebten Briefmarken beuge. [. . .] ‚Allein', meint mein Vater abschließend, ‚allein, Dr. Kafka, ist ein Stein.'"[21]

Max Brod hat 1916 in einem Aufsatz für die Zeitschrift *Der Jude* dem realen Kafka „wunderbar starke Symbole des reuigen Ausgeschlossenheitsbewußtseins" nachgesagt und damit gemeint, es sei doch wohl ein Sich-selbst-Ausschließen. Kafka habe „ein starkes Gefühl für die Gemeinschaft, aber es ist ein Gefühl mit negativem Vorzeichen".[22]

Daran ist etwas Wahres. Kafka hat tatsächlich nicht den bösen, aber doch den *fremden Blick,* er sieht seltsame Rituale und Zeremonien am Werk, wo andere schlicht den Alltag und seinen gesunden Menschenverstand eingelöst sehen; er betrachtet Fotos von den nächsten Verwandten wie Briefmarken aus fernen Ländern. Er ist aus der „geschlossenen Gesellschaft" der Juden (H. Milfull, ebd.) *heraus-* und in eine neue *hinein*gefallen, die aber keine ist, sondern nur die klein- bis großbürgerliche „bessere Gesellschaft" von Deutschen unter Tschechen in Prag. (Brod kann das nicht sehen, weil er als assimilierter deutscher Jude selber ebenso mittendrin steckt.)

*Herausfallen wie ein Stein.* Die Fremdheit der Vereinzelung ist in Kafkas Werk stets spürbar, nämlich als Ergebnis einer Kollision des Helden mit immer neuen Instanzen, die nicht nur das *Machtwort* der Verstoßung sprechen, sondern es im Akt der Verkündung auch noch in einen *Rechtsspruch* umwandeln.[23] Die Schuld am Verstoßenwerden aus der Gemeinschaft, in deren Namen das Urteil ergeht, wird damit immer dem Opfer zugeschoben. Es hat sich durch sein Verhalten *selber herausfallen lassen,* und genau dies wird ja im epischen Werk immer wieder als psychosozialer *Prozeß* beschrieben. Oft ist es ein Fallen gleichsam in Zeitlupe. Viele Texte Kafkas sind ja wahlweise *entweder* als bittere Parodien auf die bürokratisch verwalteten Machtverhältnisse der bürgerlichen Gesellschaft zu lesen *oder* als psychopathologische Studien, die Längs- und Querschnitte durch ein deformiertes Bewußtsein legen. Wenn beide Sichtweisen die Perspektiven unzulässig verkürzen, so ist für mich eine übergeordnete dritte die *der abhandengekommenen Thora,* also eines fehlenden Maßstabs dafür, was richtiges Leben in einer Gemeinschaft bedeuten müßte – in einer Welt also, die gut geordnet wäre und nicht nur (mit Kafkas Lieblingsautor Kleist gesagt:) *gebrechlich eingerichtet.* Der einzelne müßte sich darin *aufgehoben* fühlen – genau das aber gilt für Kafka und die jüdische Lebensweise ebenso wenig wie für Kafkas Helden und ihre Umwelten. Die oft grotesk anmutenden sozialen und familiären Verhältnisse, in die sie immer wieder hineinstolpern, sind in ihrer wider Vernunft und Augenschein behaupteten Normalität ein Gegenbild zu einem Bild, das so verschwommen bleibt, daß man von *Utopie* nicht reden kann und doch *dauernd reden möchte,* wenn man über Kafka spricht.

## VI.

Von Judentum, von Religion, von Glauben also handelt Kafka weder ausdrücklich noch „irgendwie" metaphorisch; aber er handelt vom *Gesetz* – und von einer Reihe anderer Begriffe, die zwar nirgends theologisch *gemeint* sind, aber oft eine Art alttestamentarischer Aura zu haben scheinen: *Rechtfertigung, Schuld, Richter, Gerechtigkeit.*[24] Beinahe möchte man meinen, sie seien einfach übriggeblieben, als die Thora jener Welt abhandenkam, die Kafka beschreibt. Freilich sind sie alle *auch* juristisch konnotiert; aber derjenige Begriff, in dem sich die juristische und die jüdisch-theologische Perspektive auf irritierende Weise schneiden, ist der des *Gesetzes.* Josef K., dessen Schuld ja in der Verletzung eines Gesetzes bestehen soll, das er nicht kennt, versucht bis zum Ende vergeblich, Erkundigungen über dessen Natur einzuziehen; was er bekommt, ist unter anderem eine gleichnishafte und sehr unklare Belehrung, die ihm der Gefängniskaplan im Dom zuteil werden läßt: in der berühmten Türhüterlegende mit dem Titel „Vor dem Gesetz" (vgl. P 292f.). Jener „Mann vom Lande", der den Türhüter um Eintritt in das Gesetz bittet, wird beschieden, daß dies jetzt nicht, vielleicht aber später gestattet sei. Inzwischen sei – man weiß es – schon der Versuch strafbar, durch die offene Tür hineinzusehen, geschweige denn, zu gehen. Ausdrücklich droht der Türhüter: „Ich bin mächtig. Und ich bin nur der unterste Türhüter. Von Saal zu Saal stehen aber Türhüter, einer mächtiger als der andere. Schon den Anblick des dritten kann nicht einmal ich mehr vertragen." Der Mann vom Lande läßt sich einschüchtern und beschließt zu warten, empfindet gar den schäbigen Schemel, auf dem er warten soll, als Gunst. Daß das Gesetz eigentlich „jedem und immer zugänglich sein" sollte, dieser Einwand taucht in seinem einfältigen Hirn wohl einmal auf, er bringt ihn aber nicht vor. Sein Mut reicht lediglich zu einem Bestechungsversuch, den der Türhüter mit Zynismus quittiert: „Ich nehme es nur an, damit du nicht glaubst, etwas versäumt zu haben." Auf diese Weise wird der „Mann vom Lande" seine ganze Habe los; er braucht sie auch nicht mehr, denn ehe er sich's versieht, hat er sein Leben wartend vertan. Die letzte Frage an den Türhüter, zu der er schließlich die Kraft findet, gilt der erst jetzt verwunderlichen Tatsache, daß all die Jahre niemand sonst Eintritt begehrt habe, wo doch eigentlich alle „nach dem Gesetz“ streben. Und im „Glanz, der unverlöschlich aus der Türe des Gesetzes bricht“, antwortet ihm der Türhüter jene Sätze, die vielleicht mehr Deutungsbemühungen ausgelöst haben als irgend sonst eine Stelle im Werk Kafkas: „Hier konnte niemand sonst Einlaß erhalten, denn dieser Eingang war nur für dich bestimmt. Ich gehe jetzt und schließe ihn.“ (P 293)

Diese Geschichte aus dem *Proceß*-Fragment, die als einziger Teil daraus zu Lebzeiten des Autors (1915) publiziert wurde, und zwar in einer jüdischen Monatsschrift[25], hat die Germanisten auf eine Weise beschäftigt, die jenen Satz des Kaplans ironisch zu bestätigen scheint: „Die Schrift ist unveränderlich, und die Meinungen sind oft nur ein Ausdruck der Verzweiflung darüber.“ (P 294) Statt diesen Meinungen hier eine weitere hinzuzufügen, möchte ich lediglich zwei Punkte hervorheben:

1. Die Türhütergeschichte wird dem Josef K. erzählt *statt einer Antwort* auf seine Fragen; er will „den entscheidenden, annehmbaren Rat [. . .], wie man aus dem Proceß ausbrechen, wie man ihn umgehen, wie man außerhalb des Processes leben könnte“ (P 289), und er bekommt eine Geschichte, die selber erklärungsbedürftig ist, statt ihm etwas zu erklären. Der Erzähler, heißt das, praktiziert die *Strategie 1: Hinhalten durch Erzählen.* Und: der „Proceß“ geht weiter, außerhalb kann man nicht leben.
2. Im Unverständnis seiner Lage wie auch der Geschichte gegenüber sieht sich der Held auf sich selber zurückverwiesen; die „gute Absicht“ des Kaplans scheint ihm „zweifellos“, es muß also Josef K.s eigene Schuld sein, wenn er „nicht zwei Schritte weit“ sieht, wie ihm der Kaplan vorwirft. Dessen Verhalten also begünstigt die *Strategie 2 (Kultivierung eigenen Schuldgefühls)* ebenso wie das Verhalten des Türhüters *in* der Geschichte. Und: Niemand als man selbst ist verantwortlich („schuld“), wenn ein Leben vertan wird.

Mit solchen Überlegungen wäre freilich die Vermutung noch nicht bewiesen, daß der Titel „Vor dem Gesetz“ die *Thora* im Sinn hat[26] – gäbe es nicht handfestere Hinweise darauf, daß diese Türhütergeschichte eine *jüdische Geschichte* ist. Übersetzt man den „Mann vom Lande“ ins Hebräische, so hat man *einen „Unwissenden in der Lehre“; einen, der das Gesetz nicht kennt und nicht befolgt.*[27] Hellhörig macht außerdem jener schon zitierte *Brief an Felice,* in dem Kafka der Verlobten auf die Gretchenfrage zu antworten hat, wie er's mit der Religion denn halte.

> „Es fällt mir nicht ein, in den Tempel zu gehn. Der Tempel ist nicht etwas, an das man sich heranschleichen kann. [. . .] Diejenigen, welche sich nur infolge ihres Zionismus an den Tempel herandrängen, kommen mir vor wie Leute, die sich hinter der Bundeslade und durch sie den Eingang in den Tempel erzwingen wollten, statt ruhig durch den allgemeinen Mencheneingang zu gehn." (BF 700)

Mit den nämlichen Formulierungen nacherzählt, handelt die (knapp zwei Jahre früher geschriebene) Türhütergeschichte von einem, der ruhig durch den *allgemeinen Mencheneingang* ins Gesetz gehen will, aber zuviel Angst vor der Phalanx der Türhüter hat. *Heranschleichen* oder hintenherum hineinkommen, um eine Glaubensprüfung zu umgehen, kann man nicht. Auch wieder weggehen kann der Mann vom Lande offenbar nicht. Warum eigentlich nicht?

## VII.

Um dies zu erklären, wäre eine weitere Geschichte zu erzählen. Auch sie stammt von einem jüdischen Autor, freilich von einem anonymen, der im 6. oder 7. Jahrhundert in Palästina gelebt haben soll. Überliefert wurde sie wie so viele jüdische Geschichten durch die jahrhundertealte religiöse Erzählpraxis, Bibeltexte in der Synagoge durch Beispielgeschichten und epische Kommentare auszuschmücken. Hier muß eine trockene Inhaltsangabe dieses Midrasch genügen, der 2 Mose 24,15 f. ausfantasiert, also den Empfang der Thora auf dem Sinai.[28] Im Gegensatz zum biblischen Wortlaut schildert der Midrasch in epischer Breite all die Schwierigkeiten, die Mose auf seinem Weg zur Thora überwinden muß – besonders seine Kollisionen mit verschiedenen, in der Höhe gestaffelten Wachengeln. Schon der erste will den Mose nicht passieren lassen, obwohl dieser ihm genau erklärt, weshalb er gekommen ist. Als der Engel „dennoch nicht von ihm abließ, schlug Mose ihm eine Wunde und tilgte ihn aus der Welt".[29] Statt sich schon vom ersten Türhüter einschüchtern zu lassen wie irgendein „Mann vom Lande", ist also Mose zu allem bereit, und sei es ein Mord. Er ist schließlich auserwählt, die Thora zu holen; er *ist berufen.* („Dieser Eingang war nur für dich bestimmt.") Allein, schon der zweite Wachengel ist um einiges mächtiger und schrecklicher als der erste, und hier wäre auch Mose am Ende, wenn nicht Gott selbst eingriffe und seinen übereifrigen Wachengel zurechtwiese. Dieser muß den Mose sogar weiterbegleiten – aber nur bis zum dritten Türhüter. Dort muß er sich verabschieden. Doch die Ausdauer des Mose wird ein weiteres Mal belohnt: Gott steigt herab und geleitet Mose am feuerspeienden Sandalfon vorbei und durch weitere Fährnisse hindurch. Den „Engeln des Verderbens" gegenüber muß er schließlich, vor Angst an den göttlichen Thron geklammert, die Entgegennahme der Thora rechtfertigen, indem er darlegt, daß und warum die Israeliten sie dringender benötigen als die Himmlischen.

Ich kann nicht beweisen, daß Kafka diesen Midrasch gekannt hat, als er „Vor dem Gesetz" schrieb, erst recht will ich nicht behaupten, daß er seinen Text bewußt, sozusagen Punkt für Punkt, als Parodie aufgebaut habe.[30] Aber angesichts verblüffender Parallelen kann ich Kafkas Text nicht anders lesen denn als Anti-Legende vom zur Thora gerufenen Mose, als *Gegen-Midrasch,* als moderne Probe aufs alte Exempel. Kafkas Mose vom Lande, ein einfältiger und furchtsamer Mensch, fühlt sich offensichtlich zum Gesetz berufen wie Mose zum Sinai. Er rechnet aber nicht mit Schwierigkeiten und gibt sofort klein bei, als einer auftritt, der ihm *Angst macht.* Statt auf brachiale Gewalt und das Vorrecht seiner Berufung vertraut er auf modernes Recht („das Gesetz soll doch jedem und immer zugänglich sein") und verlegt sich, da dies nicht hilft, auf moderne Korruption und Mauschelei (er „bittet auch die Flöhe, ihm zu helfen und den Türhüter umzustimmen"). Wieder wegzugehen traut er sich nicht, weil er offenbar einen letzten Rest von mosaischem Berufungsbewußtsein in sich spürt – oder: weil der Weg nach vorn der Weg zurück *ist:* zum alten jüdischen „Gesetz". Schließlich stirbt er an Altersschwäche, ohne die Thora zu Gesicht bekommen zu haben. Kafka *gewinnt* der Theologie ihre komischen Seiten ab. Der „Mann vom Lande" ist ein Anti-Mose, der das Werk der Thora nicht vollbringt, sondern vereitelt.

## VIII.

*Die Thora ist dasjenige, von dem gerufen zu werden Angst macht, aber auch Hoffnung der Bewährung bietet:* Diesen trockenen Satz, der in biografischem Zusammenhang schon gefallen ist, verwandelt die „Türhüterlegende“, was immer sie sonst noch sein mag, in Weltliteratur. Der Mann vom Lande kommt nicht durch, weil er buchstäblich *nicht glaubt.* Er glaubt nicht, daß er es gegen den Willen und Widerstand der gestaffelten Türhüter schaffen könnte. Also schafft er es nicht. Und so, wie der Midrasch als kleine Geschichte eine große (biblische) Geschichte kommentiert, so kommentiert die „Türhüterlegende“ den *Proceß*-Roman und erweist Josef K.s Suche nach dem Gesetz, dem er etwas *schuldig* ist, als vergeblich: Er wird es nicht finden, er ist ja gänzlich assimiliert an eine bürgerliche Welt, in der es nicht gilt. Was bleibt, sind Schuldgefühle, sind *die strafenden Blicke eines vergehenden Glaubens,* und das ist mehr und anderes als der Glaube an irgendeinen Gott: es ist der Glaube an die Sinnhaftigkeit des Weiterlebens auf *diese* Art in *dieser* Welt; es ist der Glaube an sich selbst.

Ein Mißverständnis bleibt abzuwehren. Das Jüdische an Kafkas Texten, das ist nicht nur ein intellektualistisches Spielen mit Motiven aus einem Midrasch oder aus der jüdischen Überlieferung allgemein. Es ist, um es paradox zu sagen, die verborgene Präsenz einer abhandengekommenen Thora; es ist ein immer wieder abbrechendes, aber stets neu aufgenommenes und variiertes Erzählen davon – ein Erzählen als Rede von der Schuld und von der Angst. (Kafka erzählt ja vielleicht überhaupt von nichts anderem. Er sei schließlich Jude und müsse wissen, was Angst ist, schreibt er einmal an Milena [BM 51]). Die literarische Methode, die Kafka dafür findet, verzichtet bewußt und von vornherein darauf, etwa Helden zu thematisieren, die um ihren Glauben ringen oder ihn verlieren oder wiederfinden. Solche Geschichten hätten ihn nicht interessiert. Seine Methode ist vielmehr die einer literarischen Rede vom *Gesetz,* das *als Begriff* omnipräsent ist, zu dessen Inhalt (Innerem) aber der Held den rechten Zugang nicht findet. Daran gehindert wird er von selbsternannten Türhütern, die aus (irgendeinem) Prinzip die immergleiche Frage stellen: *Was hast du hier zu suchen?* Und der so An-Geherrschte antwortet sozusagen im Affekt: *eigentlich nichts,* und schon ist er draußen, verfolgt von den strafenden Blicken einer Instanz, die auf andere Strafe ebenso verzichten kann wie Kafkas Vater, der auch lieber verstieß als züchtigte.

Angesichts dessen ist Max Brods Diktum vom Gemeinschaftsgefühl mit negativem Vorzeichen richtig, auch wenn die Unterstellung irgendeiner Freiwilligkeit etwas (unfreiwillig) Zynisches hat. Überall stehen ja Türhüter, die Berechtigungen sehen, Zugehörigkeiten bewiesen haben wollen. Und wer ist man, daß man sie beiseiteschöbe oder niederschlüge – Mose vielleicht?

All dies gilt nicht nur für die Religions-Gemeinschaft, sondern für jede: Ehe, Familie, Gesellschaft, Zionismus. Aber der vergehende Glaube an die Möglichkeit einer Integration ist nie ganz vom vergehenden Glauben an die Thora zu trennen: Kafka ist nicht einfach ein Einzelgänger und ein Ungläubiger, sondern er bleibt ein ungläubiger *Jude.* Bekannt genug ist sein Diktum, Schreiben sei seine Form des Gebets (vgl. H 252).[31] Es ist freilich, das versteht sich jetzt, ein paradoxes Gebet, das nicht gemeinschaftsstiftende, sondern *vereinzelnde* Wirkung hat. *Schreiben statt beten, Erzählen statt die Thora lesen oder sie gar leben* – aber dieses Schreiben, dieses Erzählen wird zum fortlaufenden epischen Kommentar der „unveränderlichen Schrift“, ist produktiver *Ausdruck einer Verzweiflung darüber.* Das Werk der Thora sei, halte man sich an Kafkas Darstellungen, vereitelt worden, schrieb Benjamin. „Und alles, was einst von Moses geleistet wurde, wäre in unserm Weltzeitalter nachzuholen.“[32] – Wenn es möglich wäre, ist zu ergänzen. Denn von der Unmöglichkeit scheint mir Kafkas Werk gerade zu handeln. Und wie die Thora im Lauf der Jahrhunderte durch eine zweite „ungeschriebene Thora“ aus weiteren Geboten, aber auch Geschichten ergänzt wird, so ergänzt Kafka unermüdlich das *Fehlen der Thora* durch Geschichten, die von ihrem Abhandenkommen handeln. Kafkas Werk ist ein einziger Gegen-Midrasch. Es erzählt durchweg, bis hin zum letzten Romanfragment *Das Schloß,* von denen, die nirgends hingehören. Erzählt wird von ihnen *immer auch, um damit das Urteil über sie hinauszuschieben.* Das Reden von der Schuld bei Kafka ist eben gerade kein Urteil, sondern ein *Hinhalten* derer, die es fällen wollen. Daran mag es liegen, wenn wir als Leser mit solchen Texten nicht *fertigwerden:* sie sind auf Verschleppung angelegt und nicht darauf, ein Ende zu machen.

# IX.

Kafka hat den Weg zur Thora nicht begangen, den *allgemeinen Mencheneingang* ins Gesetz nicht gesucht. Er hat die überlieferte Wegbeschreibung widerrufen, dies allerdings verräterischerweise mithilfe einer Technik, die der jüdischen Überlieferung entnommen scheint: Ich meine das Deuten von Geschichten durch weitere Geschichten, das endlose Auslegen und Widerrufen von Auslegungen, das in Kafkas Werk häufig vorkommt – zum Beispiel im Anschluß an die Erzählung der „Türhüterlegende“ – er selbst hat das ja eine „Exegese“ genannt (Tb 326, 13. 12. 1914). Es ist gesagt worden, die endlosen und widersprüchlichen Selbstauslegungen des Kaplans im Dom entsprächen „dem Stil des talmudischen Kommentars“ (G. Kurz[33]), und wenn Kafka „in der säkularisierten Welt des emanzipierten Judentums“ etwas von der jüdischen Tradition geblieben sei, so „der Antrieb zur kommentierenden Interpretation“ (B. Witte[34]). Auch an die jüdische Mystik fühlte man sich erinnert; mit den Kabbalisten habe Kafka zumindest „die Vorliebe für paradoxe Wendungen, Oxymora, Steigerungen und Superlative“ gemeinsam.[35] Erst kürzlich wurde darauf hingewiesen, daß Kafkas Texte genau wie „die jüdischen Kommentare, Lehren und Geschichten“ die Fixierung einer einzigen, wahren Deutung der „Schrift“ immer wieder *aufschieben* (B. Siegert[36]).

Kafka schreibt, wenn ich es in die judaistische Terminologie übersetzen soll, die ich freilich nur unzureichend beherrsche, eine neue *Haggada,* weil die alte, überlieferte, sich auf eine *Halacha* bezieht, die für das („West-“)Judentum im 20. Jahrhundert, dem der Glaube vergangen ist, nicht mehr gilt. Eine *andere Halacha,* das wäre: nicht das vom Religionsstifter dem auserwählten Volk ein für allemal gegebene Gesetz, sondern ein von jedem Gläubigen eigens und neu sich zu holendes. Damit aber ist der einzelne so radikal auf sich allein und seine Selbstverantwortung verwiesen, wie dies – jedenfalls nach meiner Kenntnis – in der jüdischen Religion nicht vorgesehen ist.

Kafka mag, wie er selbst der Freundin Milena beteuert, der „westjüdischste aller Westjuden“ sein (vgl. BM 189), d. h. der ungläubigste und assimilierteste, aber er hat doch mehr vom jüdischen Erbe, als es scheint. Und weil er ein guter Schriftsteller ist, arbeitet er mit dem, was er hat. Sein Widerruf des Auserwähltseins bedient sich derselben epischen Mittel wie ehedem seine Verkündigung und Beglaubigung in der jüdischen Überlieferung; seine Weigerung, unzweideutig *die Wahrheit* über seine Figuren und ihre Handlungen anzugeben, hat in ihrer Vorliebe für scharfsinnige, aber auch paradoxe Logik einiges mit jener jüdischen „Tradierungsbewegung" (B. Siegert) gemein, die das Judentum der Wahrheit der Thora widmet.

So hat Kafka zwar nicht den Eingang zum Gesetz gefunden, wohl aber einen Hintereingang, und der führt sozusagen an eine *Schreiberstelle.* Auf ihr vollbringt Kafka das Kunststück, sowohl abseits jeder Gemeinschaft allein zu arbeiten als auch, sich der Gemeinschaft gerade dadurch zurückzugeben: nämlich auf dem Umweg über das Geschriebene, das als nur scheinbar unjüdisches Werk seine Überlieferung so vielen Zufällen verdankt, daß wir heute noch ungläubig in ihm blättern.

## X.

Ein Schluß ist zu ziehen, und ein Ende ist nachzutragen, nämlich das des fiktiven Hebräischlehrers Dr. Kafka: Der hat die ledige Tante des kleinen Philip natürlich nicht geheiratet, obwohl sich die Sache zunächst ganz gut anließ; es gab dann aber einen kleinen Skandal, die Tante wollte den Verlobten nie wiedersehen, aber auch nie jemandem sagen, warum nicht. Im Hause Roth verkehrt der Hebräischlehrer danach natürlich nicht mehr, und einige Zeit später findet man eine Anzeige in der Lokalzeitung:

> „‚Dr. Franz Kafka [. . .], von 1939 bis 1948 Hebräischlehrer an der Talmud Torah der Synagoge in der Schley Street, verstarb am 3. Juni im Deborah Heart and Lung Center in Browns Mills, wo er seit 1940 in Behandlung war. Er war siebzig Jahre alt und [. . .] hinterläßt keine Angehörigen.' Er hinterläßt auch keine Bücher: keinen Prozeß, kein Schloß, keine Tagebücher. Niemand erhebt Anspruch auf die Aufzeichnungen des Toten, und so verschwinden sie."[37]

Weithin unbemerkt von einer gutsituierten jüdischen Gemeinde, stirbt also ein etwas wunderlicher Mensch, groß, hager, mit abstehenden Ohren und einem starken Akzent. Und da er nur Halbwüchsige unterrichten durfte, deren Interesse an der Thora nicht größer ist, als das seinige mit 13 gewesen war, konnte niemand ahnen, daß in dieser Vorstadtgemeinde ein großer Lehrer der Thora, ein „weltlicher Talmudist“[38] Asyl gefunden hatte: In den Aufzeichnungen, die niemanden interessierten, hätten sich unter anderem acht Schreibhefte im Oktavformat gefunden. In einem davon – nach Max Brods Zählung im dritten, nach der kritischen Ausgabe in Heft G – stehen erstaunliche Sätze. Was dieser eigenartige Hebräischlehrer zu sagen hatte, war etwa dies:

> „Wir sind aus dem Paradies vertrieben worden, aber zerstört wurde es nicht. Die Vertreibung aus dem Paradies war in einem Sinne ein Glück, denn wären wir nicht vertrieben worden, hätte das Paradies zerstört werden müssen.“ (H 75)

Oder dies:

> „Der entscheidende Augenblick der menschlichen Entwicklung ist immerwährend. Darum sind die revolutionären geistigen Bewegungen, welche alles Frühere für nichtig erklären, im Recht, denn es ist noch nichts geschehen.“ (H 54)

Am Ende aller Fragen steht – statt einer Antwort – dieser so beruhigende wie beunruhigende Satz: *Es ist noch nichts geschehen.*

**Anmerkungen:**

1) Philip Roth: „Über Franz Kafka“, in: *Lettre International,* Februar 1989, 58–64, Zitat 61
2) Zitiert werden Texte Kafkas nach folgenden Siglen: H = *Hochzeitsvorbereitungen auf dem Lande und andere Prosa aus dem Nachlaß,* Frankfurt/M.: Fischer, 1976; Tb = *Tagebücher 1910–1923,* a. a. O.; B = *Briefe 1902–1924,* Frankfurt/M.: Fischer, 1972; BM = *Briefe an Milena,* hrsg. v. Willy Haas, Frankfurt/M.: Fischer, 1966; BF = *Briefe an Felice,* hrsg. v. E. Heller u. J. Born, Frankfurt/M.: Fischer, 1976; P = *Der Proceß. Roman in der Fassung der Handschrift,* hrsg. v. Malcom Pasley, New York/Frankfurt/M. 1990
3) Vgl. Hartmut Binder: *Kafka-Kommentar zu den Romanen, Rezensionen, Aphorismen und zum Brief an den Vater,* München: Winkler, 1976, 443
4) So H. Binder über das Barmizwe-Ritual, jene Initiation der Jungen in die erwachsene (Männer-)Gemeinde, die auch der 13jährige Kafka (1896) erlebte. (Vgl. H. Binder: *Kafka-Kommentar,* a. a. O. 442)
5) Brief an Felice Bauer vom 16. 9. 1916; vgl. BF 700

6) Vgl. Günter Stemberger: *Das klassische Judentum. Kultur und Geschichte der rabbinischen Zeit,* München 1979, 146
7) Januar 1914 (ein halbes Jahr, bevor er den *Proceß*-Roman zu schreiben beginnt)
8) Vgl. K. E. Grözinger et al. (Hrsg.): *Kafka und das Judentum,* Frankfurt/M.: Jüdischer Verlag bei Athenäum, 1987
9) Vgl. E. Canetti: *Der andere Prozeß. Kafkas Briefe an Felice,* München: Hanser, 1969, 86
10) Philip Roth, „Über Franz Kafka“, a. a. O. 61
11) Vgl. die Briefe aus der Berliner Zeit, etwa an Max Brod vom 2. und 25. 10. 1923 oder an Felix Weltsch vom 18. 11. 1923. (Vgl. B 448f, 452ff., 466)
12) Vgl. *Benjamin über Kafka. Texte, Briefzeugnisse, Aufzeichnungen,* hrsg. v. H. Schweppenhäuser, Frankfurt/M.: Suhrkamp, 1981, 27
13) Vgl. Julius H. Schoeps (Hrsg.): *Im Streit um Kafka und das Judentum. Max Brod und H.-J. Schoeps: Briefwechsel,* Königstein: Jüdischer Verlag bei Athenäum, 1985, 166
14) Vgl. hierzu ausführlicher U. Abraham: *Der verhörte Held. Verhöre, Urteile und die Rede von Recht und Schuld im Werk Franz Kafkas,* München: Fink, 1985
15) Vgl. *Benjamin über Kafka,* a. a. O. 146
16) ebd., 91
17) „Über Franz Kafka“, a. a. O.
18) M. Walser, „Arbeit am Beispiel. Über Franz Kafka“, in: *Erfahrungen und Leseerfahrungen,* Frankfurt/M.: Suhrkamp, 1969, 143–147, Zitat 143
19) Vgl. H. Milfull, „Weder Katze noch Lamm“? Franz Kafkas Kritik des „Westjüdischen“, in: G. E. Grimm/H.-P. Bayerdörfer (Hrsg.): *Im Zeichen Hiobs. Jüdische Schriftsteller und deutsche Literatur im 20. Jahrhundert,* Königstein: Athenäum, 1985, 178–192, hier 178
20) Jener Blick durch die Fenster des Rathaussaales darauf, wie unter ostjüdischen Emigranten *gelebt wird,* ist nicht zufällig der Blick auf eine exemplarische ostjüdische Familie; und der erste Romanheld Karl trägt nicht von ungefähr ein Foto der Eltern in jenem einzigen Koffer, der ihm noch vor der Ausschiffung im Hafen von New York abhandenkommt.
21) Roth, „Über Franz Kafka“, a. a. O. 62
22) M. Brod, „Unsere Literaten und die Gemeinschaft“, in: *Der Jude I*/Heft 7 (1916), 457–464, Zitat 463
23) Vgl. hierzu ausführlicher U. Abraham: „Rechtsspruch und Machtwort. Zum Verhältnis von Rechtsordnung und Ordnungsmacht bei Kafka“, in: W. Kittler/G. Neumann (Hrsg.), *Franz Kafka: Schriftverkehr,* Freiburg/Br.: Rombach, 1990, 248–278
24) Vgl. die Belege und ihre Auswertung in U. Abraham: *Der verhörte Held,* a. a. O. 67ff.
25) Vgl. H. Binder: *Kafka-Kommentar zu sämtlichen Erzählungen,* a. a. O. 184

26) Auch Gerhard Kurz hat sie geäußert: vgl. „Meinungen zur Schrift. Zur Exegese der Legende ‚Vor dem Gesetz‘ im Roman ‚Der Prozeß‘“, in: K. E. Grözinger (Hrsg.), *Kafka und das Judentum* (a. a. O. 209–223), 215
27) Vgl. Heinz Politzer: *Franz Kafka. Der Künstler,* Frankfurt/M.: Suhrkamp, 1978, 279, und H. Milfull, a. a. O. 179
28) Vgl. hierzu ausführlicher U. Abraham: „‚Mose vor dem Gesetz.‘ Eine unbekannte Vorlage zu Kafkas ‚Türhüterlegende‘“, DVjs 57/1983, Heft 4, 636–650
29) Vgl. die deutsche Erstübertragung des Midrasch durch J. Winter/A. Wünsche: *Die jüdische Literatur seit dem Abschluß des Kanons,* Trier, 1894, reprograf. Nachdruck Hildesheim, 1965, 447–453
30) Ich nehme insofern den Terminus *Vorlage* zurück, an dem Gerhard Kurz (a. a. O. 223) Anstoß nimmt.
31) Auf Äußerungen wie diese gründete Marthe Robert ihr Verdikt, die Literatur sei für Kafka eine „Religion ohne Kirche“ gewesen (vgl. M. Robert: *Einsam wie Franz Kafka,* Frankfurt/M.: Fischer, 1985, 133); „seine Liebe zu dem verlorenen Gesetz sowie seinen Haß auf es“ (ebd., 119) aber habe er in Schach gehalten durch den fortwährenden Versuch, *es sich neu zu erfinden* in Form der Selbstverordnung von Enthaltsamkeit (Essen, Sexualität, vgl. 102f.) – wobei diese „persönlichen Regeln“ freilich „das Gegenteil dessen bewirken, was die Thora garantieren soll“ (103).
32) *Benjamin über Kafka,* a. a. O. 155
33) Vgl. „Meinungen über die Schrift“, a. a. O. 212f.
34) Vgl. B. Witte: „‚Hier wird viel geschrieben.‘ Kommentar zu einigen Passagen aus Kafkas Roman ‚Das Schloß‘“, in: *Kafka und das Judentum,* a. a. O. 238–252, hier 243
35) Vgl. Werner Hoffmann: „Kafka und die jüdische Mystik“, in: *Stimmen der Zeit,* 10/Okt. 1972, 230–248, Zitat 246
36) Vgl. B. Siegert: „Kartographien der Zerstreuung. *Jargon* und die Schrift der jüdischen Tradierungsbewegung bei Kafka“, in: W. Kittler/G. Neumann (Hrsg.), *Schriftverkehr,* a. a. O., 222–247, bes. 224
37) „Über Franz Kafka“. a. a. O. 64
38) Diesen Titel hat ihm einer seiner Biographen verliehen: vgl. E. Pawel: „Franz Kafkas Judentum“, in: *Kafka und das Judentum,* a. a. O. 253–258, hier 257 (vgl. Anm. 8)

**Literatur**


Abraham, Ulf: *Der verhörte Held. Verhöre, Urteile und die Rede von Recht und Schuld im Werk Franz Kafkas,* München: Fink, 1985

*Benjamin über Kafka. Texte, Briefzeugnisse, Aufzeichnungen,* hrsg. v. H. Schweppenhäuser, Frankfurt/M.: Suhrkamp, 1981

Binder, Hartmut: *Kafka-Kommentar zu den Romanen, Rezensionen, Aphorismen und zum Brief an den Vater,* München: Winkler, 1976
– ders., *Kafka-Kommentar zu sämtlichen Erzählungen,* 2., durchges. Aufl., ebd. 1975
Brod, Max: „Unsere Literaten und die Gemeinschaft", in: *Der Jude I*/Heft 7 (1916), 457–464
Canetti, Elias: *Der andere Prozeß. Kafkas Briefe an Felice,* München: Hanser, 1969
Grözinger, K. E. et al. (Hrsg.): *Kafka und das Judentum,* Frankfurt/M.: Jüdischer Verlag bei Athenäum, 1987
Hoffmann, Werner: „Kafka und die jüdische Mystik", in: *Stimmen der Zeit,* 10/Okt. 1972, 230–248
Kittler, Wolf/Gerhard Neumann (Hrsg.): *Franz Kafka: Schriftverkehr,* Freiburg/Br.: Rombach, 1990
Milfull, Helen: „Weder Katze noch Lamm"? Franz Kafkas Kritik des „Westjüdischen", in: G. E. Grimm/H.-P. Bayerdörfer (Hrsg.), *Im Zeichen Hiobs. Jüdische Schriftsteller und deutsche Literatur im 20. Jahrhundert,* Königstein: Athenäum, 1985, 178–192
Politzer, Heinz: *Franz Kafka. Der Künstler,* Frankfurt/M.: Suhrkamp, 1978
Robert, Marthe: *Einsam wie Franz Kafka,* Frankfurt/M.: Fischer, 1985
Roth, Philip: „Über Franz Kafka", in: *Lettre International,* Februar 1989, 58–64
Schoeps, Julius H. (Hrsg.): *Im Streit um Kafka und das Judentum. Max Brod und H.-J. Schoeps: Briefwechsel,* Königstein: Jüdischer Verlag bei Athenäum, 1985
Stemberger, Günter: *Das klassische Judentum. Kultur und Geschichte der rabbinischen Zeit,* München, 1979
Walser, Martin: „Arbeit am Beispiel. Über Franz Kafka", in: *Erfahrungen und Leseerfahrungen,* Frankfurt/M.: Suhrkamp, 1969
Winter, J./A. Wünsche: *Die jüdische Literatur seit dem Abschluß des Kanons,* Trier, 1894, reprograf. Nachdruck, Hildesheim, 1965

HANS MAYER

# Walter Benjamin nach 50 Jahren

## Ein Vortrag in freier Rede

Meine Damen und Herren!

Eine Rhetorik des Altertums verlangt, daß man eine Rede mit einer captatio benevolentiae beginnt, damit das Publikum in gute Stimmung kommt und wohlwollend, benevolent, dem Redner zuhört. Das kann sehr raffiniert gemacht werden, das kann aber auch, bei Cicero zum Beispiel, mit simpler und manchmal banaler Schmeichelei geschehen. Ich habe vielen Anlaß, mit einer captatio zu beginnen, denn vieles von dem, was Sie erwartet haben, werde ich Ihnen nicht geben. Ich werde keinen germanistischen Vortrag halten. Ich werde Ihnen nicht Sekundärliteratur nennen und mich mit geschätzten Kollegen (die man vielleicht nicht so sehr schätzt) auseinandersetzen, die auch über Benjamin geschrieben haben und natürlich ganz falsch, im Gegensatz zu dem, was man jetzt sagen möchte. Das alles hat man als Professor gemacht, als Kritiker, es fällt im Alter einfach ab, man macht das nicht mehr. Es kommt etwas anderes hinzu – ich spreche vom Alter. Ich muß Sie bitten, mir zu erlauben, die Gedanken über Walter Benjamin im Rahmen dieser Vortragsreihe weitgehend in freier Rede zu improvisieren, obwohl eine Improvisation im Grunde nicht vorliegt, denn ich glaube schon ziemlich genau den Gedankengang zu kennen, den ich vor Ihnen entwickeln möchte. Aber es ist auch kein alter Vortrag, den ich halten möchte. Das ist nicht möglich, aus sehr vielen Gründen. Es ist der heutige Tag, es sind die Stunden, die wir erleben[1], die unmittelbar mit diesem Thema zu tun haben, wie alles, was wir erleben und erlebt haben und wohl auch noch erleben werden, mit der Welt zusammenhängt, in der Walter Benjamin untergegangen ist. Man kann es Ihnen nicht oft genug sagen, Ihnen, meine deutschen Zuhörer, daß kein Unglück in der heutigen Welt genannt werden kann, das nicht direkt oder indirekt, meistens direkt, unmittelbar zurückführt zu dem, was von Deutschland ausgeht, was sich zwischen dem 30. Januar 1933 und dem 8. Mai 1945 abgespielt hat. Ohne diese Ereignisse, ohne die Menschen, die daran als Täter beteiligt waren, die auch nicht gewußt haben – von wenigen abgesehen –, was sie eigentlich taten, gibt es nichts, was nicht damit verknüpft ist. Ohne diese deutsche Wendung der Weltgeschichte hätte es keine Supermacht Sowjetunion gegeben, keine Annektierung der baltischen Staaten, die ja durch einen Geheimvertrag zwischen Molotow und Joachim von Ribbentrop, dem später in Nürnberg aufgehängten Außenminister, besprochen worden war. Es hätte keinen Staat Israel gegeben und damit keine Nahost-Krise usw.

Es ist die Welt, in der, ich sagte es bereits, Walter Benjamin untergegangen ist. Es ist auch die Welt und die Geschichte meines eigenen Lebens, ein jüngerer Mensch gegenüber der Generation von Walter Benjamin, Jahrgang 1892, gestorben am 26. September 1940. Wir sprechen über einen Selbstmörder. Wir müssen die Ursachen, die ihn dazu geführt haben und haben konnten, erörtern. Es war keine plötzliche Verzweiflungs-, keine Kurzschlußhandlung, die seinen Tod herbeiführte. Der engste Freund, der ihn wohl am besten gekannt hat, Gerhard Scholem, Berliner wie Walter Benjamin, seit der Jugend mit ihm bekannt, später eng befreundet, hat mir erzählt, daß Walter Benjamin bereits zur Zeit seines 40. Geburtstages, also im Jahre 1932, den Gedanken an einen Selbstmord im Herzen trug. Er machte ein Testament. In diesem Testament vermachte er dem Freund Gerhard Scholem, der später als Zionist sich Gershom Scholem nannte, den kostbarsten Besitz, den Benjamin für sich erworben hatte, das Bild *Angelus Novus,* den neuen Engel, von Paul Klee. Und in der Tat ist später auf dem Weg über Theodor W.

Adorno und dessen Nachlaß diese testamentarische Verfügung Walter Benjamins ausgeführt worden. Der *Angelus Novus* kam in den Besitz von Gerhard Scholem. Ich habe in Jerusalem immer wieder im Hause von Scholem an der Wand das Bild gesehen, von dem und von dessen Deutung durch Benjamin wir nachher noch sprechen werden, die Geschichte vom Engel, vom neuen Engel, in dem Walter Benjamin die Inkarnation des Engels der Geschichte zu erblicken glaubte. Und darum ist dies hier ein Vortrag über Walter Benjamin im geschichtlichen Raum, Walter Benjamin in seiner Zeit.

Über den weltberühmt Gewordenen wird sehr viel, bibliothekenweise, geschrieben. Man kann mit Benjamin habilitiert werden. Man denkt mit Trauer und ein bißchen mit Widerwillen daran, daß Walter Benjamin selbst die Habilitierung mit seinem so meisterhaften Werk, mit seiner Studie über den „Ursprung des deutschen Trauerspiels", in der Mitte der 20er Jahre durch die Goethe-Universität in Frankfurt a. M. und ihre Germanisten verwehrt wurde. Heute ist Benjamin ein Habilitationsthema. Mit Benjamin kann man Erfolg haben, kann man eine Karriere begründen. Es ist, wenn man alt geworden ist, und das alles in seinem Verlauf erlebt hat, manchmal fast unerträglich, auszuhalten, wie man die Menschen damals erlebt hat und wie heute von ihnen gesprochen, mit ihnen und ihrem Erbe gearbeitet wird.

Ich hatte, kurz vor seinem Tod, in seinen letzten Lebensjahren in Genf im Exil, Umgang mit einem damals fast völlig unbeachteten, sehr großen Schriftsteller des 20. Jahrhunderts, mit Robert Musil. Man war bei ihm zum Tee eingeladen und dann kam eine handgeschriebene Karte – und später erfuhr man, daß Musil, wie bei allem auf Perfektion bedacht, zwei bis drei Fassungen der Einladungskarte entworfen hatte. Man saß bei ihm und man fragte sich: Wovon wird er morgen früh sein Frühstück bestreiten? Auch Robert Musil ist ein sehr großer, weltberühmter Autor geworden; er, der niemanden fand, der ihm das Affidavit, die Bürgschaft für die Emigration in die Vereinigten Staaten besorgt hätte. Wenn man das erlebt hat, diesen Musil im Kinderheim mit der Frage: Wovon wird er in den nächsten Tagen leben? Und dann die große Bedeutung, die man mit Recht den beiden zuspricht, Robert Musil und Walter Benjamin, dann wird man skeptisch gegenüber aller Literaturwissenschaft, die manchmal sogar stolz darauf ist, gar nicht wissen zu wollen, wer das eigentlich gewesen ist, der diesen Text geschrieben hat, weil da angeblich nur dieser Text zählt und gar nichts sonst. Damit, meine Damen und Herren, kann ich nicht dienen. Ich möchte auch nicht versuchen, noch einmal das, was man bis zum Überdruß bereits interpretiert hat, Benjamins Begriff der Aura, Benjamins Gedanken über das Kunstwerk im Zeitalter der Reproduktion und so weiter, auch die Thesen über Geschichtsphilosophie im einzelnen als Text zu interpretieren. Ich könnte es aus den genannten Gründen gar nicht und ich möchte es auch nicht.

Ich möchte etwas ganz anderes. Ich möchte Ihnen den Weg eines Menschen in unserem Jahrhundert zeigen, in seiner Zeit, die für uns alle unsere Zeit, unser Jahrhundert, das 20. Jahrhundert, gewesen ist, von dem Benjamin ja seit dem 26. September 1940 nichts mehr erleben konnte. Ich möchte also, genauer gesagt, Walter Benjamin seiner Einzigartigkeit als Walter Benjamin entkleiden, um seine Antinomien, seine Entscheidungen, oder viel besser gesagt, in den meisten Fällen seine Nichtentscheidungen, als typische Konstellationen in unserem Jahrhundert, Konstellationen für einen Menschen, einen Deutschen, einen Juden und einen Schriftsteller zu erläutern.

Lassen Sie mich mit den Anfängen beginnen, mit der Konstellation der Kindheit Walter Benjamins. Es ist eine Konstellation, die undenkbar ist ohne jenen Begriff, der ein fragwürdiger Begriff ist, aber es gibt keinen besseren, der sogenannten „deutsch-jüdischen Symbiose". Ich habe im Jahre 1985 einen der Vorträge in den Münchner Kammerspielen unter dem Thema „Reden über das eigene Land: Deutschland" gehalten. Ich fragte mich damals (neben allen anderen, die mit Recht fragten: Was ist Deutschland? Was ist das eigene Land?), ich also fragte mich zusätzlich als Jude, als Emigrant: Ist Deutschland mein eigenes Land? – Eine Frage, die Willy Brandt oder Franz Josef Strauß oder Alexander Kluge oder Walter Jens, die ja auch in dieser Reihe gesprochen hatten, sich nicht stellen mußten. Darum wurde mein Thema das Thema des Beginns und des Endes dieser deutsch-jüdischen Symbiose, die genau am 30. Januar 1933, der großen Zäsur unseres Jahrhunderts für unsere gesamte Welt, nicht nur für die deutsche Welt, zugrunde gegangen ist. Sie begann mit Lessing und Moses Mendelssohn ziemlich genau um das Jahr 1755, und ging sehr genau an diesem

Ende des Januars 1933 zu Ende, mit Folgen, an die man nur noch mit Entsetzen zurückdenken kann.

In diese Geschichte stellt sich die Gestalt und das gesamte Leben Walter Benjamins. Er hat sie beschrieben in einem seiner schönsten Bücher, dem Buch „Berliner Kindheit um 1900". Vielleicht ist ein Kausalzusammenhang zu finden zwischen der Tatsache, daß es sich um eines seiner schönsten, vollkommensten Bücher handelte, und daß er zu seinen Lebzeiten keinen Verleger dafür gefunden hat. Es ist die Geschichte und die Kindheit Walter Benjamins. Da begegnet wohlhabendes jüdisches Bürgertum, sehr kunstsinnig, nicht nur kunstliebend, sondern auch im Kunstgeschäft sich betätigend. Der Vater Benjamins ist ein bedeutender Antiquitätenhändler in Berlin, der große kunstgeschichtliche Kenntnisse hat, die er seinen Kindern beibringt, den beiden Söhnen, Walter und dem jüngeren Georg, und der Tochter Dora. Es ist eine patrizische jüdische Familie, altes wohlhabendes Bürgertum, das bis in die Zeit der deutschen Romantik zurückgreift, in die Zeit, da die großen deutsch-jüdischen Salons die deutsche Romantik recht eigentlich konkretisiert und verwirklicht haben, in den Salons der Rahel Levin, der Henriette Hertz, einer Welt, in der Theologen wie Schleiermacher oder früher noch, vor Jena und Auerstädt, der Prinz Louis Ferdinand von Preußen, der Komponist und Schüler Beethovens, einkehrten und mit den frischemanzipierten Judenkindern, den Mendelssohns und anderen zusammenkamen. Auch der Zusammenhalt der jüdisch-deutschen Familien ist sehr groß gewesen, und sie kannten einander auch in erstaunlicher Weise. Eine kleine verwandtschaftliche Beziehung möchte ich hier erwähnen. Da waren zwei Schwestern in Berlin, die aus dieser Schicht des gehobenen kunstsinnigen deutsch-jüdischen Bürgertums stammten, und sie haben zwei jüdische Künstler und Wissenschaftler geheiratet. Die eine Schwester heiratete den Kunsthändler Benjamin, die andere einen Professor der Psychologie, der bis zur Weimarer Republik große Schwierigkeiten hatte, als Jude einen Lehrstuhl zu erhalten: William Stern, ein bedeutender, heute hochgeschätzter Psychologe, einer der Mitbegründer der Gestaltpsychologie. Er war dann Professor in Breslau, und zu seinen Schülern gehörte auch eine Jüdin, die dann konvertierte und die eine bedeutende Gestalt der katholischen Kirche geworden ist, Edith Stein.

William Stern wurde dann nach Hamburg berufen, wurde 1933 als Jude entfernt und ging nach Amerika. Der Antiquitäten- und Kunsthändler Benjamin hatte einen Sohn, Walter Benjamin, und William Stern hatte auch einen Sohn, Günther Stern, den Sie als Günther Anders kennen. Günther Anders und Walter Benjamin sind Vettern. Die Mütter der beiden waren Schwestern. Und es gibt, um noch weiter diese tiefe Integrationskraft des Milieus zu erläutern, einen Aufsatz aus den 20er Jahren, den der schweizerische Kritiker und Lyriker Max Rychner, ein sehr nobler Mann, geschrieben hat. Unter dem Titel „Drei große Doktoren" hat er einen Abend oder einen Nachmittag in Berlin, wohl um das Jahre 1928, geschildert. Da sitzen drei Freunde zusammen, die in vielen – auch politischen – Dingen ganz verschiedener Meinung sind und trotzdem, bei allen Gegensätzen der Methodik des philosophischen Ansatzpunktes, viele Gemeinsamkeiten besitzen. Drei große Doktoren, nicht Professoren – als Juden bekamen sie keinen Lehrstuhl – saßen dort und haben miteinander diskutiert, und Max Rychner, der nun wirklich von Hofmannsthal über Thomas Mann und Gottfried Benn alle bedeutenden Geister der damaligen Zeit kannte und schätzte (auch Karl Kraus, den Gegenspieler von Hofmannsthal), er hörte staunend zu und beschrieb dies Gespräch der drei Freunde, des Walter Benjamin, des Ernst Bloch und des Georg Lukács.

Ich habe in diesen beiden Hinweisen, auf die Vettern Günther Anders und Walter Benjamin, auf den Umgang der drei Freunde Lukács, Benjamin und Bloch, anzeigen wollen, in welchem Maße bis heute die damalige deutsch-jüdische Symbiose entscheidend geblieben ist für unser ganzes geistiges, literarisches, ethisches, philosophisches, und in einem sehr sublimen Sinne theologisches Denken. Die Berliner Kindheit um 1900 hat Walter Benjamin in kleinen Porträts geschildert, und wenn man sie genau liest und vortragen läßt (wir haben dies im Süddeutschen Rundfunk in Auszügen versucht), dann werden heute Leute, die sich auskennen, sagen: „Ja, aber wie das Kind Benjamin sich selbst beschreibt der Mutter gegenüber, in seinen Eifersuchtsgefühlen, in der Art, wie Feste beschrieben werden, ist das ja eigentlich ganz undenkbar ohne Marcel Proust. Das ist doch alles der Weg zu Swann oder in Swanns Welt, „Suche nach einer verlorenen Zeit". Und Benjamin hätte dies lächelnd zugegeben, denn er hat in den 20er Jahren die ersten Bände von Marcel Proust zusammen mit Franz Hessel übersetzt. Und die „Berliner Kindheit" zeigt in einigen entscheidenden Teilen, wie bei Proust, dem Halbjuden aus einem sehr reichen Pariser Geschlecht, sowohl die Geborgenheit des Finanziellen wie die tiefe Angst und Unsicherheit über die Gesellschaft, die dem kleinen Walter fremd gegenübersteht. Es ist eine wohlhabende Welt, aber sie wird in der „Berliner Kindheit" auch schon mit Haß und mit Abscheu geschildert, aus Angst vor der Saturiertheit und aus einer gewissen Bewußtheit, daß das nicht dauern kann, nicht dauern wird. Man spürt es, obwohl Benjamin nicht ahnen konnte, wie sehr er recht hatte, wenn man diesen Text liest, der ja erst postum erschienen ist. Ein wunderbarer Text, ich finde das stilistisch Geglückteste, was Benjamin, dem Schriftsteller, gelang. Die Antipathie zwischen dem Vater und den Söhnen war evident. Die beiden Söhne wurden Außenseiter. Sie entfernten sich von dem bürgerlichen Milieu. Walter Benjamin, um das vorwegzunehmen, hat sich niemals zwischen dem Kommunismus und dem Kapitalismus wirklich entscheiden können.

Der Bruder Georg wurde Arzt, er wurde Parteikommunist, er wurde inhaftiert, nach Buchenwald gebracht und dort umgebracht. Georg Benjamin hatte, auch das gehört zu diesen merkwürdigen, fast rätselhaften Beziehungen unserer neueren Kulturgeschichte, eine Nichtjüdin geheiratet, die Tochter eines Rechtsanwalts aus Thüringen, sie hieß Hilde und ist Ihnen bekannt als Hilde Benjamin, die „rote Hilde" aus Ulbrichts Regierung. Hilde Benjamin war die Schwägerin von Walter Benjamin. Sie hat ihren Schwager sehr genau gekannt. An Hilde Benjamin kann gezeigt werden, wie das erlittene Unrecht und Leid umschlägt in neues Unrecht, das man tut und andere erleiden macht. Auch diese Beziehung zwischen Opfer und Täter und Täter und Opfer gehört zur Welt Walter Benjamins, zur Welt, in der er gelebt hat.

Die Entfernung vom Elternhaus war bei Benjamin auch bedingt durch die Tatsache, daß er zeit seines Lebens niemals losgekommen ist von den Subsidien des wohlhabenden Vaters, der immer wieder das Gefühl nicht nur hatte, sondern äußerte, mit dem Sohn sei ja eigentlich bei aller Begabung doch nichts Richtiges los, er wäre ja gar nicht in der Lage, sich sein Leben selbst zu verdienen. Was richtig und auch wieder falsch war. Das hat zu der sehr tiefen antibürgerlichen Mentalität bei den beiden Kindern geführt, bei dem jüngeren, dem Mediziner, als Parteientscheidung, bei Benjamin als Interpretationsversuch der Ursachen für das, was als erster eigentlich der Gesprächspartner Georg Lukács in seinem Buch „Geschichte und Klassenbewußtsein" (1924) als Verdinglichung bezeichnet hatte, während später in der Soziologie für diese selbe Tatsache der Begriff der Entfremdung, der Selbstentfremdung, verwendet wurde.

Benjamin war aber in seinen jungen Jahren kein Pessimist. Er war, so sonderbar das klingen mag, wenn man ihn später kennengelernt hatte als den Mann, der zum Verstummen neigte, der ungern sprach, sich aller öffentlichen Reden enthielt, er war in seiner Jugend ein offenbar hervorragender, ein mitreißender Redner. Er entschied sich sehr früh für die damals, also im ersten Jahrzehnt des 20. Jahrhunderts, fälligen und überfälligen Befreiungsversuche der jungen Generation von autoritärem Elternhaus und autoritärer Schule. Walter Benjamin ist einer der ersten und frühen Pioniere der „Freien Schulgemeinden". Der Kampf gegen die wilhelminische Schulautokratie, gegen das, was Thomas Mann unübertrefflich als Schultag des kleinen Hanno Buddenbrook geschildert hat mit dem schönen Satz über Direktor Wulicke: „und der ‚kategorische Imperativ unseres Philosophen Immanuel Kant' war das Banner, das Direktor Wulicke in jeder Festrede bedrohlich entfaltete"[2]. In diese Welt ist auch Benjamin hineingestellt und er will Emanzipation, er will Befreiung von alledem, er will die „Freien Schulgemeinden", und so kommt er an einen der bedeutendsten Vertreter dieser neuen jungen Generationsbewegung, der Jugendkultur, wie man es damals nannte, über den er schon als Student, (in seinen gesammelten Werken können Sie's nachlesen) sehr vieles und vollkommen Richtiges geschrieben hat. Diese Jugendkultur, zu der der Wandervogel des Steglitzer Gymnasiums gehört, die auf dem Hohen Meißner ein Manifest durch Abstimmung annimmt, in dem man sich entschließt, ein Leben zu wollen, das der eigenen Identität, der eigenen freien Selbstbestimmung gewidmet sein soll. Der Mann, der die „Freien Schulgemeinden" wesentlich entwickelt hat (eine der ersten freien Schulgemeinden wurde in Thüringen, in Wickersdorf errichtet), hieß Gustav Wynecken, wahrscheinlich einer der ersten Pädagogen und bedeutenden Menschen, mit denen Walter Benjamin Umgang hatte, hinzu kam Paul Geheeb, der die Odenwaldschule gegründet hat, später Kurt Hahn, der am Bodensee im Markgrafenschloß Salem eine Schulgemeinde errichtete. In Haubinda gab es eine andere Schulgemeinde, an der der Philosoph Theodor Lessing, der von den Nazis im August 1933 ermordet wurde, unterrichtete. Schüler dieser freien Schulgemeinden waren, in Haubinda etwa, die Schriftsteller Wilhelm Speyer und Bruno Frank. Klaus und Erika Mann, die Kinder Thomas Manns, haben die Odenwaldschule besucht. Golo Mann war in Salem. In Wickersdorf sind viele, die später in der expressionistischen Kultur eine Rolle spielten, tätig gewesen und als Gegenspieler zu dem Direktor Gustav Wynecken, dem Freund und Briefpartner Walter Benjamins, gab es in Wickersdorf auch einen jungen Lehrer, einen leidenschaftlichen Pädagogen einer neuen Generation, der mit Wynecken im Wettstreit stand als scharfer Rationalist gegenüber dem künstlerisch empfindsamen emotionalen Wynecken. Auch er, der andere, der Rationalist, der Soziologe, der spätere Verleger, war ein Mann von Format: Peter Suhrkamp, der Begründer des Suhrkamp-Verlages.

Ich nenne hier Namen, um Assoziationen zu geben über den Umkreis, in dem Benjamin stand. Er hat dann zunächst an der Berliner Friedrich-Wilhelm-Universität, der heutigen Humboldt-Universität, studiert. Er war als Redner in den Studentenrat gewählt worden, für einen deutschen Juden angesichts der antisemitischen Strömungen der Corps und der Burschenschaften ein ganz ungewöhnliches Vertrauenszeugnis. Dann bricht der Krieg aus. Merkwürdigerweise gehörte zwar Walter Benjamin zu der Generation der Expressionisten: 1890/91 bis 1898/99, das sind die Geburtsjahre von Johannes R. Becher (1891), Peter Suhrkamp (1891), Walter Benjamin (1892), Hans Henny Jahnn (1894), Bertolt Brecht (1898), Erich Kästner (1899) usw. Eine Generation der Expressionisten und der neuen Sachlichkeit, aber Benjamin wird sowohl ein Gegner der Expressionisten wie der Vertreter der neuen Sachlichkeit. Der Krieg bricht aus. Der Zustand seiner Augen, der Zustand auch seiner Gefäße machten Walter Benjamin dauernd untauglich. Er bekommt die Erlaubnis, während des Krieges in die Schweiz zu gehen, eine Emigration, die eigentlich in diesem Sinne keine Emigration ist: Er muß vor nichts fliehen. Man gibt ihm die Erlaubnis, in der Schweiz weiter zu studieren, und er trifft dort in Bern – er kannte ihn schon von Berlin her flüchtig – einen anderen, den auch der Zustand, der noch schlechtere Zustand seiner Augen, zur Übersiedlung in die Schweiz gezwungen hatte: Ernst Bloch. Sie sind beide weder in der welschen Schweiz in Lausanne oder Genf noch in Zürich, sie sind im Berner Oberland. Bloch studiert Philosophie (Bloch hatte schon promoviert in Würzburg bei Oswald Köbe [1912], er war ja 1885 geboren, also älter als Benjamin), er lebt dort, arbeitet weiter an dem, was später sein berühmtes Buch „Geist der Utopie" werden sollte (zuerst 1918); Benjamin studiert Germanistik und er findet einen sehr klugen, sehr menschenkundigen und sehr gütigen Professor (Richard Herbertz), dem überreicht er das Manuskript einer Dissertation: „Der Begriff der Kunstkritik in der deutschen Romantik". Ein außerordentlich seltenes Buch. Eine Freundin von mir, die auch Philosophie studiert hatte, die große Käte Hamburger in Tübingen, erzählte mir, wie sie erstaunte, als sie bei einem Antiquariatsbesuch feststellte, daß man für Walter Benjamins „Der Begriff der Kunstkritik in der deutschen Romantik" 2000 Mark bot. Das war vor etwa 15 Jahren. Ich weiß, daß das Buch heute unter 10 000 Mark nicht zu haben ist. Auch das gehört wieder zu den Gräßlichkeiten, wenn man bedenkt, was an Lebensnot und Angst und Sorge der Verfasser dieses 10 000-Mark-Buches damals hat durchmachen müssen.

Das Buch ist eigentlich mehr ein Buch über Goethe als über die deutschen Romantiker. Wenn man es liest – es ist wunderbar geschrieben – dann wird die Bedeutung des Buches, als des ersten großen Buches von Walter Benjamin deutlich; wie die späteren berühmt gewordenen Arbeiten des Berner Germanisten Fritz Strich über deutsche Klassik und Romantik, von Strich interpretiert als Gegensatz zwischen Vollendung, Harmoniestreben der Klassiker und der Unendlichkeit der Fragmentarik des romantischen Denkens, ist alles schon in der Dissertation von Walter Benjamin zu finden. Er arbeitet natürlich mit der Antithetik der deutschen Romantiker und ihrer Ästhetik gerade im Bereich der bildenden Kunst. Hier sehen Sie den Sohn eines Kunsthändlers, aber Goethe ist eigentlich der Gegenpol.

Benjamin geht nach dem Kriegsende dann wieder nach Deutschland zurück, er will weiter germanistische Arbeiten machen, sich habilitieren, jetzt kann man als Jude auch ordentlicher Professor werden. Zwei Themen hat er, daneben arbeitet er für Zeitungen, die Frankfurter Zeitung, an der auch Ernst Bloch arbeitete. Dort hatte er einen sicheren Platz, wo er publizieren konnte, Neues, Innovatorisches (im Gegensatz zu der fast gleichnamigen späteren Nachfolgerin). Es gelang ihm, zwei Themen abzuschließen. Das eine ist eine Studie, die mir, so oft ich sie gelesen habe, immer noch in vielem rätselhaft erscheint, Walter Benjamins berühmte Studie über „Goethes Wahlverwandtschaften". Ich kann mit großer Freude sagen, daß ich der erste gewesen bin, der unmittelbar nach dem Kriege, 1948, als Walter Benjamin in der allgemeinen deutschen Öffentlichkeit noch ein fast unbekannter Geheimtip war, diese Arbeit Benjamins in meiner Anthologie „Spiegelung Goethes in unserer Zeit" deutschen Lesern vorgestellt habe.[3] Ich kenne das Buch sehr genau. Trotzdem ist da eine Grenze des Verstehens. Es gibt eine Sperrung. Ich höre immer wieder von Kollegen oder auch von einigen Assistenten sagen: „Nun ja, das kann man doch ganz klar entziffern". Ich sage ihnen dann immer: „Mir ist es nicht gelungen. Ich glaube auch nicht daran." Gerhard Scholem hat mir dasselbe bestätigt, der Benjamin ja nun wirklich besser als irgendein anderer gekannt hat, aus dem einfachen Grunde: Benjamin hat mehreres geleistet. Er hat ein Buch geschrieben, eine Interpretation des großen Goethe-Romans, des naturphilosophischen Romans, er hat zweitens versucht, eine eigene Deutung der Probleme Goethes und der Romantik zu geben und er hat drittens versucht, in Goethes Wahlverwandtschaften und in den einander verfehlenden beiden Paaren, Eduard und seiner Baronin, in dem Freund der Familie, dem Hauptmann und der Ottilie, in ihren Beziehungen oder Nichtbeziehungen eine Art Autobiographie zu geben. So hatte Scholem formuliert. Ich glaube, das ist richtig. Die dunklen Stellen beziehen sich auf sehr persönliche Erfahrungen und Erlebnisse Walter Benjamins. Erfahrungen in Deutschland und im Ausland.

Denn Benjamin in den 20er Jahren ist immer wieder auf der Flucht aus Deutschland. Auf Ibiza ist er, auf Capri, immer wieder in Paris, gerade auch als Marcel-Proust-Übersetzer. Er lebt die verschiedenen Welten, er lebt auch die verschiedenen Bemühungen, die Bewußtseinsfunktionen künstlich zu erweitern, zu erweitern durch die Droge. Es steht fest und es ist auch niemals geleugnet worden, daß sowohl Ernst Bloch wie Walter Benjamin mit Drogen Erfahrungen gemacht hatten, und zwar mit schweren Drogen. Sie haben auch darüber geschrieben. Sie haben diese Bewußtseinszustände zu deuten, zu interpretieren gesucht. In dieser Beziehung sind sie übrigens auch wieder Zeitgenossen vieler anderer ihrer Generation! Der ein Jahr ältere Johannes R. Becher ist bis in die Zeit des Exils hinein (da gelang es ihm, sich davon zu lösen), ein schwerer Morphinist gewesen. Das führte ihn zu einer merkwürdigen Freundschaft im Unglück, zu einem anderen unglücklichen Menschen, der noch dazu die Erfahrung des Gefängnisses, des Zuchthauses sogar, gemacht hatte, der einer unserer populärsten und größten Schriftsteller werden sollte, nämlich Hans Fallada. Auch hier sehen Sie Benjamin wie Becher in einer Verstrickung, die ja weit über den persönlichen Fall hinausgeht, gewisse idealtypische Lebensformen erkennen läßt.

Die Arbeit über die Wahlverwandtschaften findet zunächst keinen Verleger, aber sie findet einen großen Herausgeber einer sehr exklusiven und bedeutenden Zeitschrift mit dem Titel „Bremer Beiträge". Der Herausgeber liest das Manuskript Walter Benjamins, ist begeistert, druckt das Manuskript sogleich. Es entsteht ein Briefwechsel und eine sehr nahe, offenbar enge Freundschaft. Der Herausgeber dieser „Bremer Beiträge", der das von allen Verlegern abgelehnte Manuskript des Benjamin-Textes über die Wahlverwandtschaften herausgibt, heißt Hugo von Hofmannsthal. Und so wird Hofmannsthal nach den frühen Fixierungen an die Leute um Wynecken, nach dem Kreis der Freundschaft mit Ernst Bloch und anderen in dem ersten Exil in der Schweiz, einer der ersten Gesprächspartner für Benjamin und seine Gedanken über zeitgenössische und klassische Literatur. Sein Text zu den Wahlverwandtschaften versucht einen romantischen, einen romantisierten Goethe zu geben, aber Benjamin erkennt, nachdem er versucht hatte, von der Romantik zu Goethe zu gehen, weiter zurückgehen zu müssen. Auch das ist, wie mir scheint, eine typische Form des Suchens bedeutender Schriftsteller und Kunsttheoretiker der 20er Jahre der Weimarer Republik: der Versuch, auf die vorklassische, voraufklärerische Literatur zurückzugehen, vor Wieland, Herder, Goethe. Das 17. Jahrhundert ist es, das Benjamin fasziniert, die Barockliteratur, die Dichtung des unmäßigen Leids Deutschlands, der deutschen Misere in der Konstellation des 30jährigen Krieges. Und da ist es nicht die Lyrik, nicht Paul Gerhardt oder Paul Fleming oder Martin Opitz, da sind es die Dramatiker, die Benjamin interessieren, und so entsteht sein Buch, das die Begründung der gesamten modernen Barockforschung geblieben ist, sein Buch „Ursprung des deutschen Trauerspiels".

Der Gedankengang ist ebenso einfach wie geniös. Er unterscheidet das *ganz andere* der tragédie der Franzosen oder der klassischen Tragödie Corneilles und Racines und der voltaireianischen epigonalen Tragödien des 18. Jahrhunderts (gegen die sich dann Lessing zur Wehr setzen wird) vom deutschen Trauerspiel. Das deutsche Trauerspiel ist nicht Tragödie, nicht tragédie und das versucht, wie ich glaube überzeugend, Benjamin zu zeigen. Er hat inzwischen neue Freunde, Theodor Wiesengrund-Adorno in Frankfurt, auch Max Horkheimer, die bald darauf das Institut für Sozialforschung begründen sollten. Dort möchte er sich habilitieren, aber eben nicht bei den Soziologen, sondern bei den Germanisten. Diese Habilitationsschrift wird schnöde abgelehnt, man will gar nicht einmal ein mündliches Kolloquium haben, man schickt die Arbeit einfach zurück und sagt, das sei keine Habilitationsschrift. Die Folge ist eine der ganz tiefen Krisen Walter Benjamins, es ist der letzte Versuch, den er gemacht hat, in Deutschland seßhaft zu werden, der letzte Versuch, sein Bild von deutscher Literatur vortragen, weitervermitteln zu können. Das ist am völligen Unverständnis gescheitert. Die unmittelbare Wirkung, das wissen wir heute, ist die Ablehnung des Vaters dem Sohn gegenüber, er ist nicht mehr bereit, diesen offenbar doch verlorenen Sohn weiter zu unterstützen, er tut es zwar, aber die Abhängigkeit wird immer trostloser. Benjamin seinerseits will auch nicht mehr von den Almosen der väterlichen Generation sein Leben fristen. Der Kontrast ist doch entsetzlich, summa cum laude promoviert er in Bern und die Habilitationsschrift, die unendlich viel bedeuten wird, wird einfach als ungeeignet a limine abgelehnt. Was geht in einen Menschen vor, der den Schock des gescheiterten Gelehrten und akademischen Lehrers erleben muß, der ja weiß, wer er ist? Dazu der Konflikt mit dem Vater und damit eine große Verelendung materieller Art. Daraus hat Benjamin kein Geheimnis gemacht. In seinen gesammelten Werken, jetzt durch Tiedemann und seine Mitarbeiter sorgsam aufgearbeitet[4], hat Benjamin einen Briefwechsel mit dem Finanzamt aus dem Jahre 1931 veröffentlicht – und das ist nun gar nicht komisch, das ist schauderhaft.

Da findet sich die ganze bürokratische Arroganz eines Berliner Finanzinspektors, dem Benjamin schreibt: „Ich kann die von Ihnen geforderten Beträge nicht bezahlen, ich bin völlig mittellos." Der Mann antwortet: „Sie haben zu bezahlen lt. Paragraph soundso." Benjamin antwortet bitter, ironisch, mit der Ironie des Ohnmächtigen, des Verzweifelten. Aber er läßt diesen Briefwechsel drucken und ich glaube, es ist gut, daß er das getan hat. Man sieht, wie Menschen leben, wie ihnen mitgespielt wird, mitgespielt werden kann. Das ist wahrscheinlich der Grund, warum Benjamin ein Jahr später an den Selbstmord denkt, am 40. Geburtstag: ein vollkommenes Versagen, eine vollkommene Verzweiflung.

Aber es geht weiter, er arbeitet weiter. Inzwischen hat er einen neuen Stern der höchsten Höhe, der „schönsten Höhe" heißt es bei Goethe, kennengelernt, obwohl dieser selbst sich durch spöttisches Lächeln über den Ausdruck „Stern der schönsten Höhe" geäußert hätte. Er kommt in den Bann von Bertolt Brecht. Er hatte Brecht in Berlin kennengelernt, und Brecht hat Benjamin zum Adepten und Gefolgsmann eines brechtisch verstandenen Marxismus zu machen versucht, Marxismus vielleicht ohne die Verbindung mit Leninismus. Und in der Tat erleben wir nun einen merkwürdig gespaltenen und hier auch sehr fragwürdig werdenden Benjamin, der sich nun dem neuen Meister zuwenden will. Das ist die Abwendung von Hugo von Hofmannsthal und dessen Welt. Schroffer und antipodischer kann sie gar nicht sein, die Welt des proletarisch revolutionären literarischen Schaffens, in der sich Benjamin als Kritiker sowohl gegen die Expressionisten wie erst recht in ungerechter Weise gegen die Vertreter der neuen Sachlichkeit wendet. Er hat meisterhafte Ablehnungen und Verrisse damals gegen die späten Expressionisten, vor allen Dingen gegen den Liebling des Bürgertums und der Frankfurter Zeitung geschrieben, gegen Fritz von Unruh. „Friedensware" heißt ein Verriß, ein hinreißender, bösartiger Verriß des Buches „Flügel der Nike", der Bericht einer Parisreise des preußischen Junkers und Neopazifisten Friedrich von Unruh. Ungerecht dem Menschen gegenüber, wie sich später gezeigt hat, gerecht gegenüber dem Buch. Aber dann schreibt Benjamin einen, wie ich bis heute glaube, unhaltbaren Verriß mit dem Titel „Linke Melancholie", wobei *linke* nicht ausdrücklich in Anführungszeichen gesetzt wird, aber höhnisch „sogenannte linke Melancholie" meint. Da legt er sich mit Kurt Tucholsky an und vor allem mit Erich Kästner und geht so weit – hier spürt man natürlich doch den Fingerabdruck von Meister Brecht – allen Ernstes zu schreiben: „Erich Kästners Gedichte sind recht etwas für Großverdiener." Das ist einfach Blödsinn. Erich Kästner, der ja unter den scheinbar für Großverdiener geschriebenen Gedichten eines geschrieben hat mit dem Titel „Kennst Du das Land, wo die Kanonen blühn?" frei nach Goethe, das mit den Sätzen endet (Das war 1928 geschrieben, über dieses Land, Deutschland!): „Was man auch baut – es werden stets Kasernen./Kennst Du das Land, wo die Kanonen blühn?/Du kennst es nicht? Du wirst es kennenlernen!"[5]

Wie kommt Walter Benjamin zu diesem Mißverstehen einer Literatur, die nicht die seine sein mußte, aber die ja doch eine wichtige Funktion der Bewußtseinsklärung des Weimarer Republik darzustellen hatte? War Marxismus die Ursache? Sicher nicht. Ich glaube nicht, daß Benjamin in irgendeiner Weise wirklich vom Leser und Theoretiker her jemals Marxist gewesen ist, ich glaube auch, daß der sogenannte offizielle Marxismus bei Ernst Bloch im „Geist der Utopie" und später im „Prinzip Hoffnung" überhaupt nicht in einem Atem genannt werden kann mit dem sogenannten später von Stalin theologisierten und kriminalisierten Marxismus-Leninismus. Benjamin hat natürlich Elemente der soziologischen Gesellschaftsbetrachtungen übernommen. – Wer hätte es damals nicht getan? Es drängte sich auch auf bei Betrachtung der damaligen Wirklichkeit und ihres Untergangs in Deutschland. Benjamins Freunde aus dem Kreise von Hofmannsthal standen ratlos, wenn sie diese Texte Benjamins lasen.

In der zweibändigen Brief-Auswahl[6] steht aus dieser Zeit (1931) ein großer, hochinteressanter Brief von Benjamin an Max Rychner. Benjamin und Brecht waren damals befreundet mit dem marxistischen Schriftsteller Bernhard von Brentano, damals Redakteur des Frankfurter Rundfunks, der Frankfurter Zeitung. Und Benjamin schreibt begeistert in dem genannten Brief über das Buch „Kapitalismus und schöne Literatur", das Bernhard von Brentano auch unter dem Einfluß von Brecht verfaßt hatte. Rychner schickt, witzig und ironisch wie stets, Benjamins Rezension Benjamin zurück und schreibt darunter nur: „Dic, cur hic, mit besten Grüßen, Ihr Rychner." „Dic, cur hic":

Sag mir, warum Du hier bist, oder anders ausgedrückt, wie Gretchen zu Faust sagt: „Es tut mir in der Seele weh, wenn ich Dich in der Gesellschaft seh'." Sag mir, warum Du dahin gehörst. Und darauf antwortet Benjamin mit einem großartigen Brief. Er sagt, warum ihm diese Welt doch wesentlich fruchtbarer sei als Betrachtung von Literatur und geistigen Strömungen, fruchtbarer als die offizielle Universitätsgermanistik und Universitätsgeistesgeschichte. Natürlich diktiert das die Wut, die Verzweiflung, das Ressentiment gegen die Ablehnung seiner Habilitationsschrift. Aber er hat daraus schon eine Gegenposition gemacht.

Gemacht und auch wieder nicht, denn um dieselbe Zeit versucht Scholem, der nach Palästina emigriert war, Benjamin zum Nachkommen zu veranlassen. Scholem schreibt ihm rührend besorgte Briefe: „Ich kann Dir doch helfen. Du kannst hier einen Verlag übernehmen. Du kannst hier tätig sein. Ich kann für alle diese Dinge sorgen." Scholem selbst war ja ein großer jüdischer Theologe. Ihm verdankt die Theologie des Alten Testamentes die Wiederentdeckung der jüdischen Mystik, der Kabala. Aber Benjamin kann sich nicht entscheiden, nicht **für** den Marxismus nicht **gegen** ihn, nicht **für** den Zionismus nicht **gegen** ihn, nicht **für** Deutschland nicht **gegen** Deutschland.

Dann kommt der 30. Januar 1933. Benjamin hat sehr schnell die Zeichen des Tages verstanden. Er verläßt fluchtartig Deutschland, sein Leben ist wahrscheinlich auch damals bereits schon gescheitert gewesen. Er geht wieder nach Ibiza, er ist an der Cote d'Azur, irgendwie schlägt er sich durch. Er versucht nun auch, genauso wie Adorno und wie Bloch, da das Dritte Reich bereits besteht, das Deutschland der braunen Bataillone erwacht ist, gleichsam Sand ins Getriebe zu streuen, Literatur der Contrebande zu verfassen, und zwar mit Hilfe der Frankfurter Zeitung. Die Redaktion ist bereit, das Spiel mitzuspielen. Walter Benjamin hat vielleicht noch umfassender als Adorno mit seinen Musikkritiken versucht, doch etwas gegenzulenken. Es gibt ein kleines Büchlein eines gewissen Detlef Holz „Deutsche Menschen", da werden Briefe großer Deutscher abgedruckt und kommentiert.[7] Es sollte eine Gegenwelt zu der Welt des erwachten Deutschlands sein. Die Leser sollten sagen: „Ja, es gibt doch ein anderes, ein nobleres, ein würdigeres, ein menschlicheres Deutschland." Ein Schweizer Verlag hatte das gedruckt.

Er hatte gehofft, es durch irgendwelche illegalen Transporte nach Deutschland zu bringen. Es wurde ein völliger Mißerfolg, kurz vor Kriegsende in der Schweiz in jeder Menge verramscht. Detlef Holz war Walter Benjamin.

Sie sehen, ich versuche, in den verschiedenen Phasen Benjamin immer wieder in seine Zeit zu stellen, die Parallelaktionen, die Gegenströmungen sichtbar zu machen. Die letzte, die vielleicht wichtigste Etappe Benjamins kann ich ganz kurz behandeln, sie ist am besten bekannt und ich kann auf vieles bereits Erarbeitete zurückgreifen. Er wird Mitarbeiter des emigrierten Frankfurter Instituts für Sozialforschung, dessen Direktor der Soziologe und Sozialphilosoph Max Horkheimer gewesen ist. Es ist eine außerordentliche Gruppe von jüngeren Menschen, die sich damals zusammengefunden hat und die vor allen Dingen auch durch die Menschenkenntnis, durch den Blick eines Mannes wie Horkheimer zusammenkommen konnte. Wenn man den Sammelband sieht, der 1935 in Paris erschien, „Studien über Autorität und Familie" – auch ein sehr kostbares, rares Buch geworden –, so versteht man, wer alles dort zusammengekommen war, Menschen ganz verschiedener Art, der Wirtschaftswissenschaftler Friedrich Pollok, der Musikologe und Ästhetiker Theodor W. Adorno, der Psychologe Erich Fromm, der früh verstorbene Rechtsphilosoph Franz Neumann, daneben aber auch Menschen, die damals alle Debütanten waren, so wie ich es ja auch gewesen bin.[8] Aber es waren auch junge französische Wirtschaftswissenschaftler und Philosophen Mitarbeiter. Und hier hat Walter Benjamin nun, das braucht nur noch erinnert zu werden, seine wichtigsten und seine reifsten Arbeiten geschrieben, die Studie über „Das Kunstwerk im Zeitalter seiner technischen Reproduzierbarkeit", wo Benjamin den Gedanken vertritt, das Kunstwerk sei ein Original, habe eine Aura, irgendeine Art Heiligenschein, etwas Besonderes, sei ein Unikat. Was geschieht aber mit den unmittelbaren, unwiederholbaren Eindrücken, wenn sie jederzeit mitteilbar, reproduzierbar, nachahmbar sind? Es entsteht dann das Problem, das für mein Gefühl in meisterhafter Weise einmal Max Frisch in seinen Tagebüchern sinngemäß so formuliert hat: Man kann natürlich das Erlebnis der Tiefsee, der Fauna und Flora des Meeres als Tiefseetaucher erfahren haben, man kann es aber auch in einem Kulturfilm gesehen haben.

Dieser Verlust der Unmittelbarkeit, der Einzigartigkeit des Erlebnisses ist von Benjamin wohl als erstem gesehen worden, und darum auch die große Bedeutung, die Benjamin damit für die ganze moderne Ästhetik, eine Ästhetik der Revolution, gehabt hat. Wohlgemerkt, Benjamin betrauert den Verlust der Aura überhaupt nicht, er sagt nur: Das ist eine neue Situation, in die haben wir uns hineinzustellen. Damit fand er viel Widerspruch.

Im Exil reiste er immer wieder herum, er hatte immer wieder Schwierigkeiten, denn er hatte keinen gültigen Paß, da mußte er mit Behelfspapieren reisen. So gelangte er auch zu Brecht, der ihn eingeladen hatte, nach Dänemark, nach Svendborg. Benjamin las damals bei Brecht aus diesen Thesen vor. In Brechts Arbeitsjournal können wir lesen: „Benjamin hat uns vorgelesen, da gibt es sowas wie eine Aura, es ist ziemlich grauenhaft." Was nicht hinderte, daß Brecht später zwei sehr schöne Gedichte auf den Freitod des Emigranten W. B. verfassen sollte.[9] Trotz allem ist da eine große Freundschaft gewesen. Benjamin hat dann, angeblich sehr widerwillig, einen großen Aufsatz für die „Zeitschrift für Sozialforschung" verfaßt: „Eduard Fuchs, der Kunstsammler und der Historiker" (1937). Er versucht aber, indem er den Sammler Eduard Fuchs beschreibt, weit über den Gegenstand hinausgehend, gleichsam eine Abrechnung mit dem Vater. Ich habe es einmal so formuliert: Für mich ist Walter Benjamins Aufsatz über Eduard Fuchs ein Gegenstück zu Franz Kafkas berühmten Brief an den Vater. Seine späte Abrechnung mit seiner Welt, der Berliner Kindheit um 1900.

1938 ist eine Mobilisierung. Walter Benjamin muß sich bei der Polizei immer wieder auch vorstellen. 1939 werden alle Emigranten in Frankreich in ein großes Internierungslager gebracht. Benjamin schreibt aus dem Lager, nunmehr nicht mehr deutsch, sondern französisch an Scholem, der ihm auch entsprechend antwortet. Er wird dann mit Hilfe französischer Freunde freigelassen. Er kann dann doch bis 1940, bis zum Zusammenbruch Frankreichs, weiterarbeiten. Aber er ist zerbrochen. Ich habe das in einem Nachruf auf Benjamin, den ich kurz nach seinem Tode verfassen konnte für die in Zürich von Max Rychner herausgegebene Zeitung „Die Tat", erwähnt.[10] Aus Port-Bou schreibt er am 26. September 1940, seinem Todestag, eine in winziger Schrift gekritzelte Karte an die Sekretärin des Instituts für

Sozialforschung in Genf: Er kommt nicht durch, er kann nicht aus Frankreich heraus, er darf nicht nach Spanien hinein. – Die Reise war aber durch das Institut vorbereitet worden, er sollte transit durch Spanien nach Portugal kommen. Dort warteten die gültigen Papiere, auch die Papiere des amerikanischen Visums, auch der Schiffsplatz war reserviert (Amerika war ja noch nicht in den Krieg eingetreten).

Es ist nicht mehr dazu gekommen. Auf der (verschwundenen) Karte an Madame Juliane Faber steht, er sei tief verzweifelt, er wisse nicht weiter, er könne nicht durch, er komme nicht nach Amerika. Max Rychner und ich hatten damals von Genf aus versucht, für Benjamin eine Einreise nach Spanien zu erreichen mit Hilfe von Carl Burckhardt, dem Präsidenten des Roten Kreuzes und dessen Schwiegervater, der mit in Francos Akademie in Spanien wirkte, es war in jedem Fall zu spät, Benjamin war tot. Seine Thesen über Geschichtsphilosophie sind aus dem Nachlaß herausgegeben worden. Die Geschichte des Nachlasses von Benjamin, das wäre ein eigenes Thema.

Das Thema, das hier zur Debatte steht, heißt Walter Benjamin in seiner und unserer Zeit. – Der Engel der Geschichte, dieser Angelus Novus: das Klee-Bild ist kein sehr großes Bild. Bräunlich-rötlich sind die Umrisse, der Engel schielt, er schielt nach rückwärts, aber sein zerzaustes Gefieder wird von einer Kraft nach vorne getrieben. Er schaut zurück, aber er schaut uns gleichzeitig an, er wird getrieben und ist gleichzeitig stabil. Und Benjamin sagt in einer der Geschichtsphilosophischen Thesen: „Der Engel der Geschichte muß so aussehen." Was meint er damit? Der Engel der Geschichte schaut zurück. Geschichte ist das Geschehene. Er betrachtet sie, mit allem Unglück, mit allen Leichen, Opfern und Scheußlichkeiten, die Menschen an Menschen begehen können, auch mit all dem, was ein Engel sieht, was menschliche Güte und menschliche Noblesse bewirken kann und immer wieder bewirkt. Sein Engel der Geschichte ist nicht ein Engel im Sinne des Prinzips Hoffnung, der nach vorne schaut, der ein Noch-nicht, eine Erfüllung in irgendeiner Zukunft sieht. Es ist ein Engel, für den Geschichte, vor allem das gehäufte Leid, das gehäufte gewesene Verwesende gewesen ist und sein mußte, von dem er nicht loskommt, aber das ist nicht alles. Er spürt einen Wink der Zukunft, der ihn in seinem Rücken drängt und bedrängt. Und darum versucht er, den Blick zwar nicht abzuwenden von dem, was war, aber doch mit hinüberzuschielen zu dem, was kommen könnte: ein Sturm, das bezeugt sein Gefieder, das bezeugt er selbst. Ich glaube, daß Benjamin dieses Bild als das eines unglücklichen Menschen, als eines großen Menschen in seiner Zeit versteht und weiter glaube ich, daß er nicht nur die Geschichte des Angelus Novus geschildert hat, eine Deutung des Bildes von Paul Klee, sondern, daß die Deutung uns alle angeht. ,,Dic, cur hic!", könnte man sagen, jeder von uns ist gefragt: ,,Warum bist Du hier, warum sitzt Du hier und sprichst über Walter Benjamin, über einen Mann, der vor 50 Jahren verzweifelt Selbstmord verübte und der in allem ein Gescheiterter war und es wußte, und der uns gerade in dem, was er über sein Scheitern dachte, so wichtig geworden ist, wie kaum ein einziger anderer der Zeitgenossen?" Und darum meine ich, gehört eine Besinnung über Walter Benjamin in eine Vortragsreihe, die sich mit den Ursprüngen der deutsch-jüdischen Symbiose beschäftigt und mit den Folgen, für die Juden zuerst – und möglichst für die Deutschen.

**Anmerkungen**

1) Der Vortrag fand statt in den ersten Tagen des Golfkrieges zur Befreiung Kuwaits von irakischer Besetzung, als irakische Raketen Israel bedrohten und trafen; als man täglich mit Raketen auf Israel rechnen mußte, die mit Giftgas bestückt waren, an deren Herstellung auch deutsche Firmen beteiligt waren; als in Deutschland, auch in Bamberg, jüdische Einrichtungen unter Polizeischutz gestellt werden mußten.
2) Thomas Mann: *Buddenbrooks. Verfall einer Familie.* Frankfurt/Main: Fischer, 1975, 492.
3) Inzwischen im Insel-Verlag neu herausgekommen unter dem Titel *„Goethe im 20. Jahrhundert"*, jetzt auch als Taschenbuch. Hans Mayer: *Spiegelung Goethes in unserer Zeit.* 1949. Neuausgabe: Hans Mayer: *Goethe im 20. Jahrhundert. Spiegelungen und Deutungen,* Frankfurt: Insel, 1987 (auch als Tb, Frankfurt: Insel [it 1300] 1991).
4) Walter Benjamin: *Gesammelte Werke,* hrsg. von R. Tiedemann. Frankfurt: Suhrkamp 1972–1989, auch als Tb (stw 931–937).
5) Zuerst in: Erich Kästner, *Herz auf Taille,* Stuttgart, 1928.
6) Walter Benjamin: *Briefe,* 2 Bde., hrsg. v. Th. Adorno und G. G. Scholem, Frankfurt: Suhrkamp, 1978 (auch als TB, es 930).
7) *Deutsche Menschen. Eine Folge von Briefen.* Auswahl und Einleitungen von Detlef Holz, Luzern, 1936, 2. A. 1937. Die Briefe waren zunächst einzeln 1931/32 erschienen, auch dort bereits anonym herausgegeben.

8) Vgl. Hans Mayer: *Ein Deutscher auf Widerruf. Erinnerungen I und II.* 2 Bde, Frankfurt/Main: Suhrkamp, 1984.

9) „Zum Freitod des Flüchtlings W. B." und „An Walter Benjamin, der sich auf der Flucht vor Hitler entleibte" (In: *Gesammelte Werke,* Frankfurt: Suhrkamp, 1967 Bd. 10, 828).

10) „Die Tat" (Zürich) vom 18. 10. 1940 (= 5. Jahrgang, Nr. 246, 5). Als Sonderdruck des Suhrkamp-Verlags mit einem neuen Kommentar Hans Mayers, 1990.

LYDIA SCHIETH

# Elias Canetti: Ein Europäer erinnert sich

## I. Das multikulturelle Erbe

### 1. Orte

Ortswechsel spielen im Leben des Schriftstellers Elias Canetti eine besondere Rolle. In der Dramaturgie seiner Lebenserinnerungen, die Canetti zwischen 1977 und 1985 vorlegte, erscheinen sie als Ordnungskriterien.[1] 1905 in der bulgarischen Donaustadt Rustschuk geboren, verbrachte der älteste Sohn jüdischer Kaufleute spanischer Herkunft hier die ersten sechs Jahre seiner Kindheit: „Die übrige Welt hieß dort Europa, und wenn jemand die Donau hinauf nach Wien fuhr, sagte man, er fährt nach Europa, Europa begann dort, wo das türkische Reich einmal geendet hatte." (*GZ*, S. 9)

In den Sommermonaten verreiste die Familie nach Karlsbad, das neben dem Wörthersee, Kronstadt und Bad Reichenhall ebenso zum Ferienprogramm wohlhabender Kaufleute gehörte, wie Lausanne, Davos, Kandersteg, München und die Schwarzmeerhäfen Varna und Odessa. Mit den Eltern, nach deren Ansicht der Balkan „orientalisch, traditionell, ja rückständig" war, zog der sechsjährige Elias 1911 für zwei Jahre nach England um: „Elias Canetti – Burton Road – Manchester – England –

Europe"[2] buchstabierte der Junge mit Hilfe des Vaters und begann allmählich eine Vorstellung von europäischer Geographie zu entwickeln:

> „Ich bekan ein ‚puzzle' zum Geschenk: die farbige Karte Europas, auf Holz aufgeklebt, war in die einzelnen Länder zersägt worden. Man warf die Stücke alle auf einen Haufen und setzte blitzrasch Europa wieder zusammen. So hatte jedes Land seine eigene Form, mit der meine Finger sich vertraut machten und eines Tages überraschte ich den Vater mit der Behauptung: ‚Ich kann es blind!' ‚Das kannst du nicht', sagte er. Ich schloß fest die Augen und fügte Europa blind zuammen. ‚Du hast geschwindelt', sagte er, ‚du hast zwischen den Fingern durchgeschaut.' Ich war beleidigt und bestand darauf, daß er mir die Augen zuhielt. ‚Fest! Fest!' rief ich aufgeregt und schon war Europa wieder beisammen. ‚Wirklich, du kannst es', sagte er und lobte mich, kein Lob ist mir je so teuer gewesen."[3] (*GZ*, S. 57f.)

Bereits zu diesem Zeitpunkt war Europa für den kleinen Jungen kein abstrakter Begriff. Die beste Freundin der Mutter kam aus Rußland, zahlreiche Verwandte lebten in Paris, und in den Geschichten des Großvaters reihten sich die bedeutenden europäischen Handelsstädte aneinander wie Perlen an einer Schnur. Nach dem Tod des Vaters kehrte die Mutter 1913 mit den drei Söhnen in die ihr vertraute österreichische Metropole zurück. 1916 schließlich, Elias Canetti war inzwischen elf Jahre alt, zog man nach Zürich, wo Canetti in einem Schweizer Internat seine Ausbildung fortsetzte. Im zweiten Teil der Erinnerungen rücken die Ortsangaben an die zweite Position der Kapitelüberschriften, dennoch legen sie den Handlungsrahmen für die persönliche Biographie fest: Frankfurt, Berlin, vor allem aber Wien wurden Canetti zwischen 1921 und 1931 zur „Heimat".[4] Kurze Besuche führten ihn nach Colmar und Paris. Im dritten Teil konzentrieren sich die Ausführungen auf Begegnungen mit Künstlerkollegen und beschreiben in epischer Breite die Entwicklung des Schriftstellers Canetti, der nach dem Abschluß seiner Promotion in Chemie den Naturwissenschaften endgültig den Rücken zukehrte. Abermals steht Wien im Mittelpunkt, eingerahmt von weiteren europäischen Kulturzentren: Paris, Zürich, Straßburg und Prag.

Canettis topographischer Horizont bezieht sich ausschließlich auf urbane Zentren. Stets betont der Erzähler die Bedeutung der Städte durch Verweise auf ihren kulturhistorischen Rang und setzt sie in der Erinnerung aus einem Mosaik erlebter, gehörter und er„lesener" Geschichten, aus eigenen und fremden Bildern aus literarischen Traditionen, die im Wiedererkennen in fremdem neuen Kontext bedeutsam werden, zusammen. „Nur ein Ort, der sich zur Welt öffnete, war mir geheuer [...]" (*Fackel*, S. 267) schreibt Canetti über Odessa und verweist nachdrücklich auf Isaak Babels Geschichten, dessen detaillierte Vergegenwärtigung des Lebens- und Arbeitsalltags der Menschen in der russischen Hafenstadt dem Erzähler wichtig sind. Als Reiseführer für Europa-Touristen sind Canettis Städtebeschreibungen unbrauchbar. Meist inspirieren ihn Innenräume: Kaffeehäuser, Privatwohnungen, Kulturzentren und Ateliers. Paris, die letzte Station der Lebenserinnerungen, ist der Ort, an dem am 15. Juni 1937 die Mutter starb.[5] Nur selten dienen Canetti die erinnerten Orte als Schauplätze aktueller politischer Ereignisse. London, das Canetti seit 1938 zur Heimat geworden ist – das englische Exil hat er, ähnlich wie Erich Fried, nach dem Ende des Zweiten Weltkrieges lediglich zu längeren Aufenthalten in der Schweiz verlassen – erscheint in der Autobiographie nicht mehr.

## 2. Traditionen

Bulgarische und rumänische Einflüsse, ostjüdische Tradition, türkische Kultur, österreichische Geschichte und altspanisches Erbe bestimmen das Bild der Erinnerung des Erzählers an seine früheste Kindheit: „Alles was ich später erlebt habe, war in Rustschuk schon einmal geschehen." (*GZ*, S. 9) Rustschuk (türkisch), oder Ruse bzw. Russe (bulgarisch), eine bereits zur Römerzeit befestigte Stadt, die viertgrößte des Landes, war der wichtigste bulgarische Binnenhafen. Seit 1865 verband ihn die älteste Eisenbahnlinie des Osmanischen Reiches mit dem Schwarzmeerhafen Varna. Im Jahre 1880 lebten in Ruse bereits 26 000 Menschen.[6] Auf dem Donausteilufer gelegen, bei Hochwasser geschützt, verfügte Ruse zugleich über einen bedeutsamen Donauübergang, „den an dieser Stelle die großen und auch schon frühzeitig fest ausgebauten Fernstraßen von Sofia über Pleven, von Tarnovo über Gorna Orjachovica und von Varna über Razgrad in Richtung Bukarest, Moskau, Berlin, Budapest usw. suchen."[7]

Zwar sahen in Rustschuck „alle Fenster nach Wien“ (*Fackel*, S. 268), von wo Canettis Vater täglich die „Neue Freie Presse“ bezog, doch auch das auf der anderen Seite der Donau gelegene Königreich Rumänien, aus dem die Amme des Jungen noch viele Jahre später regelmäßig zu Besuchen nach Rustschuk kam, gehörte nicht zur Habsburger Monarchie.[8] Bis 1878 zählten Bulgarien und Rumänien zum Osmanischen Reich, das im 15. Jahrhundert den aus Spanien vertriebenen Juden Heimatrecht gewährt hatte. Canettis Vorfahren, die aus Cañete, einer kleinen Stadt nördlich von Valencia stammten, hatten sich zunächst im türkischen Adrianopel angesiedelt.[9] Erst der Großvater Canettis entschied sich für den verkehrstechnisch gut erschlossenen Donauhafen Rustschuk. Beide Großeltern repräsentierten unterschiedliche traditionsreiche türkisch-jüdische Lebensformen. Erschien dem Enkel die Großmutter als der Inbegriff orientalischer Gelassenheit, so kennzeichnete den Großvater eine die Familie geradezu beängstigende Umtriebigkeit. Unvermutet tauchte er in Wien oder Lausanne auf, reiste von dort etwa nach „Nürimberg“ weiter, immer in Handelsgeschäften unterwegs, Kontakte knüpfend, Waren transportierend und Verträge mit Handschlag besiegelnd, für die er mit seiner ganzen Persönlichkeit einstand.

Innerhalb des Völkergemischs der etwa vier Millionen Bulgaren gehörte Canettis Familie zu den rund 36 000 Juden, die als Minorität vor allem in den Städten Handelsgeschäften nachgingen.[10] Doch Canettis Eltern bereits zeichnete die für das assimilierte Judentum großbürgerlicher Herkunft typische Haltung aus: Beide beherrschten mehrere Sprachen, hatten in Wien studiert, dessen Intellektuelle sich traditionell als kosmopolitisch verstanden wissen wollten, und waren schon vor ihrem endgültigen Wechsel nach England mit andersartigen Einflüssen in Berührung gekommen. Aus der kulturellen Vielfalt des Balkans, der Synthese aus orientalisch-jüdischer Handelskultur und bulgarischer Ländlichkeit einerseits sowie mitteleuropäischer, besonders deutsch-österreichischer Intellektualität andererseits bezieht Canetti seine künstlerische Produktivität, seine Fähigkeit, Vielfalt wahrzunehmen und diese in Literatur umzusetzen, zu „verwandeln“.[11]

Wo unterschiedliche Daseinsformen aufeinandertreffen, verschiedene religiöse, nationale und ethnische Gruppen auf engstem Raum zusammenleben, muß es zwangsläufig zu Spannungen kommen; offene Brutalität sowie der Einbruch von Fremdem und Unkontrolliertem gehörten zu den frühen und nicht verdrängten Kindheitserfahrungen Canettis:

> „Nicht weit von uns hatten die wohlhabenden Türken ihre Häuser, man erkannte sie an den engen Gittern vor den Fenstern, die zur Bewachung der Frauen dienten. Der erste Mord, von dem ich je sprechen hörte, war der Eifersuchtsmord eines Türken [. . .] da oben sei eine Türkin gestanden und habe einen Bulgaren, der vorüberging, angeschaut. Da sei der Türke, ihr Mann, gekommen und habe sie erstochen [. . .]" (*GZ*, S. 24).

In der kulturellen Abgrenzung der einzelnen Religionsgemeinschaften und ethnischen Gruppen spielen Familientraditionen eine wichtige Rolle. Schon im zweiten Kapitel des ersten Teils, das den Titel „Familienstolz" trägt, präludiert Canetti das Thema. Weniger die zur satirischen Verarbeitung anregenden ungeheuer komplizierten Verwandtschaftsverhältnisse, die sich aus dem engen Familienverband ergeben, erregten Canettis Aufmerksamkeit, er prangert vielmehr eine familiäre Identität an, die sich aus Borniertheit, Abwehr von Fremdem und bewußtem Ignorieren von angeblich Vertrautem zuammensetzt. Kritisch beschreibt er im dritten Teil seiner Autobiographie deshalb den Umgang der Mutter mit dem jüdisch-spanischen Erbe. Ihr Stolz, eine Spaniolin aus „bester Familie" zu sein und damit einer Kultur anzugehören, deren „Siglo de Oro" der europäischen Literatur eine Vielzahl von Kunstwerken bescherte, bedeutete für sie vor allem ein hohes Sozialprestige. Eine genaue Kenntnis der Calderonschen oder Cervantinischen Texte, die Mathilde Canetti „nur" aus den Aufführungen des Burgtheaters kannte, hielt sie für überflüssig.[12] Am Beispiel seiner Eltern, deren Heirat lange Zeit von den beiden Großvätern verhindert wurde, schildert Canetti, daß der ausgeprägte Verwandtschaftskult, wie ihn viele nationale und religiöse Gruppen gerade auf dem Balkan praktizierten, häufig zu Konflikten führte. Um eine Identität jenseits nationaler Bindungen bewahren zu können, schufen sich die einzelnen Familien eine Ideologie, zu der ein Gebäude von Vorurteilen gehört, die schon der junge Canetti kritisch wahrnahm und später offen ausspricht. Aus der Perspektive der Eltern, die in Wien studiert hatten, wurde dem Jungen das Beengende dieser Traditionen vermittelt. Canettis Vater wurde beispielsweise vom eigenen Vater feierlich verflucht, als er mit seiner Familie nach Manchester ging, weil er im demokratischen England die „Freiheit“ zu finden hoffte, die ihm in der orientalisch geprägten Gesellschaft der Balkanländer mit ihrer noch immer herrschenden feudalistischen Struktur verweigert wurde.[13]

Jedes Kollektiv, auch das familiäre, ist Canetti suspekt. So konzentriert sich die Schilderung des Alltags seiner späteren Frau Venetiana (Veza) Taubner-Calderon in Wien auf die anschauliche Darstellung des „Kastengeistes“ einer patriarchalisch strukturierten Familie. Der aus Sarajewo stammende spaniolische Stiefvater Vezas tyrannisiert seine Angehörigen. Während aber die Söhne, die das Familiengeschäft fortführen, sich „freikaufen“ können und darüber hinaus als Männer eine andere soziale Mobilität haben, bleiben Mutter und Stieftochter wenig Möglichkeiten, sich der Tyrannei des Alten zu entziehen, der seine erotischen Bedürfnisse ebenso ungeniert auslebt wie seinen Geiz.[14] Daß diese Motive vor allem in der wohlhabenden Schicht der Kaufleute dominierten, verschweigt Canetti ebenfalls nicht. Bourgeoiser Lebensstil, man lese die „Hochzeit“, ist ihm stets ein Anlaß zur Kritik.

Für Canetti ist weder nationale noch familiäre, weder schichtspezifische noch ethnische Identität bestimmend. Auch die jüdische Religion vermag ihm keine verbindlichen Normen bereitzustellen. An ihre Gebräuche erinnert er sich eher summarisch, betont lediglich den hohen Stellenwert, den Wort, Schrift und wissenschaftliche Auslegung in der jüdischen Kultur haben. Hervorgehoben wird nur die Feier des Passah-Festes, bei dem der älteste Enkel, Elias Canetti, mit seiner Frage nach dem Sinn des Festes das Ritual in Gang setzt. Vom Besuch der Synagoge beispielsweise erfährt der Leser nichts, so wenig wie ihn der Erzähler darüber informiert, ob er – wie Großvater Canetti es eindringlich forderte – regelmäßig das Kaddisch für den verstorbenen Vater spricht. Der Besuch der Talmud-Thora-Schule erfolgt auf Betreiben der Großeltern; die für die Erziehung verantwortliche Mutter dagegen setzt das religiös fundierte Wertesystem durch ein über die Literatur vermitteltes aufklärerisch humanistisches Moralsystem außer Kraft. Erst sehr spät, als er sich mit der kulturellen Tradition der Spaniolen beschäftigt, erinnert sich Canetti an die hebräische Sprache, die er bei den Festen seiner Kindheit vernommen hatte und die ihm die langweilige Sonntagsschule nicht nahebringen konnte.[15]

Unvollständig wären die Erinnerungen geblieben, wenn nicht als zentrales Bildungsmoment die Erfahrung der in einer Fülle verschiedener Sprachen liegenden multikulturellen Atmosphäre hinzugekommen wäre. Diese machen Canettis Besonderheit gegenüber anderen jüdischen Zeitgenossen aus.

## 3. Sprachen

Im Geschäft, der „Butica" des Großvaters, hörte der Junge neben Deutsch und Bulgarisch auch Griechisch, Türkisch, Russisch, Rumänisch, das Spaniolisch der Juden und eine Vielzahl von Dialekten.[16] Das Agieren in vielen Sprachen prägte die frühesten Erinnerungen Canettis: „Meine Eltern untereinander sprachen deutsch, wovon ich nichts verstehen durfte. Zu uns Kindern und zu allen Verwandten und Freunden sprachen sie spanisch. Das war die eigentliche Umgangssprache, allerdings ein altertümliches Spanisch, ich hörte es auch später oft und habe es nie verlernt. Die Bauernmädchen zu Hause konnten nur Bulgarisch [. . .]" (*GZ*, S. 15). Von ihnen hörte der Junge seine ersten Märchen. In England lernte Canetti neben der englischen Sprache auch Französisch. Nach dem Tod des Vaters zwang die Mutter den Sohn, innerhalb kürzester Zeit die ihm fremde deutsche Sprache zu lernen, die sie für eine der wichtigsten Kultursprachen hielt. Ihr Methoden waren ebenso brutal wie erfolgreich. Deutsch wird die unter „Schmerzen eingepflanzte Muttersprache" (*GZ*, S. 86).[17] Doch „erst durch den Schweizer Dialekt bin ich ganz zum Deutschen bekehrt worden [. . .] das Schweizerische war für mich [. . .] die Sprache des Friedens [. . .]" erinnert sich Canetti.[18] Seine außergewöhnliche Sprachsozialisation erklärt, warum Sprache auf ihn eine unübertroffene Faszination ausübt, erklärt auch, warum er trotz emotionaler Gebundenheit und Nähe zur deutschen Sprache, die er parallel mit dem Spaniolischen verwendet, eine Distanz empfand, die es ihm nach dem Holocaust, inzwischen in England lebend, ermöglichte, weiterhin in dieser Sprache zu schreiben: „Vielleicht bin ich die einzige literarische Person, in der die Sprachen der beiden großen Vertreibungen so eng beieinanderliegen [. . .]".[19]

Sprache als Ausdruck von kultureller Vielfalt und Individualität, zugleich als „überliefertes" Erbe und als Medium von Literatur wird damit zum zentralen Thema in Canettis Autobiographie. „Sprachgeschichten" hatte bereits der Großvater, stolz auf seine eigenen unkonventionell erworbenen und ebenso unbekümmert eingesetzten vielfältigen „Sprachkenntnisse", dem Enkel erzählt, so z. B. von einer Schiffsreise, bei der zwei Griechen einen Kaufmann, der all sein Bargeld in einer Geldkatze bei sich trug, ausrauben, umbringen und seine Leiche heimlich über Bord werfen wollten. Ein Lauscher verstand jedoch die fremde Sprache, alarmierte den Kapitän und rettete dem Kaufmann das Leben. Schon dem Kind wurde klargemacht, daß die Beherrschung vieler Sprachen das Leben erleichtern, ja es sogar retten kann. Fremdheit erscheint bei Canetti vor allem als Ausgeschlossensein durch eine fremde Sprache: „von unverstandenen Worten fühlt man sich *bedroht* (H. i. O.), man wendet sie hin und her [...] sucht sie zu entschärfen, aber sie wiederholen sich und werden in der Wiederholung bedrohlicher [...]" (*AS*, S. 299). Gerade die Erfahrung in einer Umgebung, die das Aufeinandertreffen verschiedenster ethnischer Gruppen, Religionsgemeinschaften und Sprachsozietäten charakterisierte, ließ Canetti die Bedeutung von Mehrsprachigkeit erkennen.[20] „In *einer* (H. i. O.) Sprache allein werde ich nie sein können [...]".[21] Mehrmals verweist er in der Autobiographie daher auf Johann Peter Hebels „Schatzkästlein des rheinischen Hausfreundes", dessen Anekdoten „Kannitverstan" oder „Mißverstand" zu Canettis liebsten Geschichten gehören.[22] So wie der Fremde in Hebels Erzählungen die Erfahrung kultureller Distanz als eine über die semantischen, aus regionalen und sozialen Besonderheiten entstehende Eigenheit der Sprache erlebt, so hatte schon das Kind Elias inmitten des bulgarisch-spaniolisch-türkisch-österreichischen Völkergemischs das Fremdsein als sprachliche Orientierungslosigkeit empfunden und mühsam, durch genaues Hören und besondere Merktechniken, sich verbale Kompetenz angeeignet. Selbst dann, wenn die Sprache nicht aktiv verwendet wird, ist sie im Unterbewußtsein abgespeichert und damit ein Stück weit vertraut. Zwar liest Canetti später bulgarische Märchen und Erzählungen in deutscher Übersetzung, doch erinnert er sich gleichzeitig an die ihm vertraut erscheinenden Worte im unbekannten Bulgarisch.

Daß gerade die Mehrsprachigkeit die Vieldeutigkeit der Begriffe verstärkt, reflektiert Canetti ebenfalls. Der Eindruck, in einer Gesellschaft zu leben, die über kein verbindliches sprachliches Instrumentarium verfügt, ein immer wieder aufgegriffenes Thema in Canettis erzählerischem und dramatischem Werk, resultiert sicherlich aus der besonderen Sprachsozialisation.

Canettis Erinnerungen sortieren nach Sprachen, nach erlernten und nach gehörten. Bei einem Besuch in Prag 1937 „er"-hört er das Tschechische:

> „Es schien mir eine streitbare Sprache, denn alle Worte waren stark auf der ersten Silbe betont, wovon man in jeder Rede, die man anhörte, eine Reihe von kleinen Stößen empfing, die sich so lange wiederholten, als das Gespräch überhaupt dauerte." (*AS*, S. 296)

Die differenzierte Wahrnehmung von Sprache verlangt eine besondere Schulung der Sinne.

An den Vorlesungen von Karl Kraus, dem Herausgeber der „Fackel", die Canetti seit April 1924 regelmäßig besuchte, interessiert Canetti vor allem dieser Aspekt: Der mündliche Vortrag, die rhetorische Brillanz und der nuancierte Einsatz der Stimme verbinden sich mit der Reflexion des Gesagten, rechnen mit der psychologischen Wirkung auf die Zuhörer. Auch Karl Kraus war ein Sprachgewaltiger und damit ein Verführer, da man sich dem Eindruck seiner Rede nicht entziehen konnte.[23]

Sprache ist Magie und Verwandlung. Sie ist Maske für den, der sie benutzt. Ihr besonderer Einsatz charakterisiert jeden einzelnen Menschen auf unverwechselbare Weise. Die Aufmerksamkeit des Schriftstellers, besonders des Dramatikers Canetti richtet sich deshalb auf die „akustische[n] Masken, jede Figur war durch Wortwahl, Tonfall, Rhythmus streng gegen alle anderen abgesetzt und es gab keine Notenschrift für Dramen, in der sich das festhalten ließ [. . .]" (*AS*, S. 115).

Sprache kann erklären, sie kann aber auch verschleiern. Ihre eigentliche Macht offenbart sie aber als Literatur.

### 4. Erinnerte Literatur: die Heimat des Erzählers

Wie ein engmaschiges Netz ist die europäische Literatur über die drei Bände der Autobiographie gespannt.

Kapitelüberschriften weisen auf literarische Figuren hin, nennen Titel und Autoren. So wie das Kind die Wolf- und Vampirmärchen der bulgarischen Überlieferung als „unheimlich schön“ erinnerte, so lauschte der junge Canetti fasziniert den Erzählungen aus der griechischen Mythologie; Medea und Odysseus werden seine Helden.[24]

Unbekümmert mischen sich in Canettis Erinnerung an die Gespräche mit dem Vater Grimms Märchen, Don Quichote, Gullivers Reisen, Dante, Wilhelm Tell und Robinson Crusoe. Das Unterbewußtsein bewahrt die Literatur als farbige Bilder auf, und noch in der Erinnerung sperrt sich Canetti gegen eine systematische Zuordnung.

Schon früh las der Junge die Dramatiker Shakespeare, Schiller, Strindberg und Nestroy in der Originalsprache. Zu seiner Lieblingslektüre wählte der zwölfjährige, in der Schweiz lebende Junge, Charles Dickens. Von „meinen Schweizerautoren“ spricht Canetti im Falle Keller, Meyer und Gotthelf.[25] Robert Walser wird später in diese Reihe mitaufgenommen. Die Helden der russischen Literatur, Figuren Tschechovs, Tolstois und Gogols begleiteten Canetti durchs Leben.[26] Aus Gogols „Mantel“ sei die Blendung geschlüpft.[27] Der Doktorand Canetti unterhält sich im Wiener Labor mit seiner russischen Kollegin Eva über Dostojewski: „Ihr Schicksal war die große russische Literatur; [...] sie dachte und fühlte in den Figuren der russischen Romane, und obwohl man schwerlich einen Menschen gefunden hätte, der natürlicher und spontaner empfand, nahm alles die Formen an, die ihr aus russischen Büchern vertraut waren.“ (*Fackel*, S. 178). Zwischen den beiden jungen Leuten wird die Literatur zum verbindenden Medium: sie benutzen sie als intimen Code, doch grenzen ihre deutschsprachigen Dialoge die Kollegen aus und beide werden blind für die menschlichen Probleme ihrer Umwelt. Die schöngeistigen Gespräche mit dem Vehikel Dostojewski finden ihr abruptes Ende als einer der aus Polen stammenden jüdischen Doktoranden aus Einsamkeit Selbstmord begeht. Dostojewskis Botschaft einer unbedingten Menschlichkeit hatte die beiden jungen Literaturenthusiasten, so der sich erinnernde Erzähler selbstkritisch, wohl begeistert. Begriffen hatten sie nichts. Leben mit, aber nicht in der Literatur, so lautet Canettis immer wieder verkündete Botschaft vom Auftrag des Dichters.

Die Autobiographie akzentuiert bei der Darstellung einer persönlichen Begegnung mit Literatur verschiedene Stufen der Aneignung und des Vertrautmachens: Die Lektüre, die Auseinandersetzung im Gespräch mit Freunden, die produktive Rezeption, die Regeneration mit Hilfe literarischer Texte, die Kompensation, den Einsatz als erotischen Code.[28] Canettis literarisches Urteil, das Sprachreinheit, Eindeutigkeit, Unbedingtheit und Konsequenz als alleingültige Kriterien bei der Bewertung literarischer Kunstwerke fordert, erklärt sich wohl vor allem aus dem Leben in mehreren Literaturen. Der tradierte europäische Kanon umfaßt Aristophanes, Swift und Lichtenberg, die Canetti als persönliche Ahnen für sich deklariert.[29] Eine besondere Rolle nehmen Georg Trakl und Georg Büchner ein, deren Werk Canetti erst nach dem Abschluß der „Blendung" kennenlernte. Der Georg-Büchner-Preisträger Canetti (1972) erinnert sich vor allem an die erste Lektüre des „Wozzeck"-Fragments („Es war, als hätte der Blitz in mich eingeschlagen [. . .]" (*AS*, S. 14).

Als Essayist wählte Canetti wiederum große Namen europäischer Literaturtradition: Stendhal, ein zentraler Punkt in Canettis literarischem Koordinatensystem, den er energisch gegenüber seiner Flaubert-begeisterten Freundin Veza verteidigt[30] und den er als Kronzeugen bei der Abfassung seiner Memoiren bemüht[31], Kafka, unter dessen Eindruck das Pragkapitel im dritten Teil geschrieben wurde und dessen Bedeutung für Canettis eigenes Selbstverständnis der Essay „Der andere Prozeß. Kafkas Briefe an Felice" unterstreicht.[32]

In der Auseinandersetzung mit der spanischen Nationalliteratur, die Canetti erst sehr spät in den Gesprächen mit dem in hebräischer Sprache dichtenden Literaturwissenschaftler Abraham Sonne als spezielles Erbe entdecken lernt, zu der er aufgrund seiner sephardischen Herkunft aber eine besondere Beziehung hat, entwickelt er seine eigene Position als Schriftsteller. Quevedos „Träume" werden zum vielgerühmten Muster.[33]

Keine theoretischen Ausführungen langweilen den Leser, Canettis Schilderungen literarischer Traditionen bleiben lebendig und sinnlich; betonen auch hier wiederum die Wirkung, die vom mündlichen Vortrag ausgeht. So verwundert es nicht, daß der von Brecht erwähnte Rezitator und Schauspieler Ludwig Hardt, dessen Vortragskünste schon Kafka gerühmt hatte, ein gern gesehener Gast im Hause Canetti in Wien war.

Mag man die zahlreichen Dichternamen, die Canetti in den drei Bänden seiner Lebenserinnerungen aufzählt und die sich wie ein „Who is who" der europäischen Literatur lesen, als Ahnenreihe des jungen Autors der „Blendung" mit Skepsis aufnehmen, so ist doch auffällig, daß Canetti auch hier um eine spezifisch europäische Tradition bemüht ist. Anders als viele seiner Zeitgenossen widmet er sich in seiner Autobiographie weder asiatischen Literaturen noch bekennt er sich zum Einfluß durch amerikanische Dramatiker oder Romanciers.[34] Selbst Upton Sinclair, den Canetti übersetzte, ist ihm keine ausführliche Würdigung wert.[35] Dieser „war puritanisch durch und durch [. . .] und [. . .] obwohl ich seine Angriffe gegen schlimme Zustände, Erniedrigung und Ungerechtigkeit aus vollem Herzen billigte, fehlte seinen Attacken jeder satirische Glanz [. . .]" (*Fackel*, S. 263 f.). Ähnlich eindeutig bezieht Canetti Position gegen literarische Moden und Tendenzen (so kann selbst seine Freundin Veza ihn nicht für Peter Altenbergs Texte begeistern) und spöttelt über das Heer der Volksdichter und Dialektautoren.

Der kontinuierlich aufgebaute literarische Kosmos ordnet sich um die traditionsreichen europäischen Nationalliteraturen. Im Zentrum steht die mitteleuropäische Literatur, deren Entwicklung die Einbeziehung der kleinasiatischen Kulturen („Gilgamesch-Epos") notwendig macht. Erst die Reflexion dieser frühen kulturellen multiliterarischen Sozialisation sensibilisierte den Schriftsteller Canetti für die Auseinandersetzung mit außereuropäischen Kulturen, auf die das Gesamtwerk verweist.

Anders als Jean Amery, Oskar Maria Graf oder Joseph Roth empfindet Canetti in seiner Autobiographie den Verlust von Heimat nicht als Aufgabe regionaler, politischer oder sozialer Identität.[36] Canetti fühlt sich an keinen geographischen Ort gebunden. Auch die Zuordnung zu einer bestimmten Sprache als identitätsstiftendes Merkmal existiert für ihn nicht und damit auch nicht die traumatische Erfahrung des Sprachverlusts, wie sie im Werk Paul Celans oder Rose Ausländers nachzuvollziehen ist.

Wenn Canetti in seinen Erinnerungen aus verschiedenen Orten, Traditionen, Sprachen und kulturellen Einflüssen einen europäischen Kosmos rekonstruiert, stellt er in dessen Zentrum die Literatur. In den poetischen Texten lassen die Bilder der Phantasie den Raum, den sie für die Imagination von Heimat benötigt. So hatte schon der Junge Elias in Johann Peter Hebels „Schatzkästlein“ ein Stück Kindheit wiedergefunden.

> „Die erste Geschichte ‚Denkwürdigkeiten aus dem Morgenland‘ begann mit den Worten: ‚In der Türkei, wo es bisweilen etwas ungerade hergehen soll.‘ Mir war immer zumute, als käme ich aus der Türkei, der Großvater war dort aufgewachsen, der Vater noch dort geboren. In meiner Heimatstadt gab es viele Türken, alle zu Hause verstanden und redeten ihre Sprache. Wenn ich sie selbst als Kind nicht wirklich gelernt hatte, so hatte ich sie doch oft gehört, kannte auch manche türkischen Worte, die in unser Spanisch eingegangen waren, und war mir in den meisten Fällen ihres Ursprungs bewußt [...] Bei den ersten Worten, die ich im ‚Schatzkästlein‘ las, war mir gleich warm zumute, was andere Leser als exotische Nachricht berühren mochte, war mir vertraut, als käme es aus einer *Art von Heimat* (H.L.S.).“ (*GZ*, S. 273)

Zwar fühlt sich Canetti jener Elite jüdischer Herkunft verpflichtet, die, der Religion und kulturellen Bräuchen entfremdet, „Europa“ als eine geistige Heimat verstand. Doch betont er immer wieder, daß erst die aktive Aneignung im ständigen Prozeß des Vergegenwärtigen, Erweitern und Modifizieren der literarischen Kenntnisse das Erbe der „überlieferten Literaturen“ dem einzelnen verfügbar macht.

## II. „Die Vertreibung aus dem Paradies“: die Wahrnehmung der Gegenwart

Mit dem Kapitel „Das verworfene Paradies“ endet der erste Teil der Autobiographie. Canettis Mutter, die die Gefahr eines Rückzugs in die Idylle erkannt hatte, ließ das „Sicheinrichten“ in der Literatur als Heimatersatz nicht zu. Mit den Worten „Wer sich vor der Wirklichkeit drückt, verdient es nicht zu leben“ (*GZ*, S. 315), zwang sie den sechzehnjährigen Sohn, das Internat in der Schweiz zu verlassen und sich in Frankfurt der politischen Wirklichkeit zu stellen. Erstmals kommt damit auch für den Leser der Autobiographie das politische Tagesgeschehen ins Blickfeld. In dem optimistischen Bekenntnis, „Es ist wahr, daß ich, wie der früheste Mensch, durch die Vertreibung aus dem Paradies erst entstand.“ (*GZ*, S. 319), setzt Canettis Autobiographie den programmatischen Schwerpunkt nicht in der Beschwörung verlorener Kindheitsparadiese und kulturellem europäischen Erbe.

## 1. Alltag in Europa

1905, in Elias Canettis Geburtsjahr, meuterten in Odessa Matrosen. Die erste russische Revolution begann. 1912, unmittelbar vor dem Tod des Vaters, brach der Erste Balkankrieg aus. Canetti war neun Jahre alt, als der Erste Weltkrieg Europa von Grund auf veränderte. Zwar wechselte die Familie 1916 in die neutrale Schweiz, doch zuvor, im Kriegssommer 1915, überschattete die Eskalation des Krieges auf dem Balkan eine Ferienreise nach Bulgarien. Der Erzähler verzichtet jedoch auf weiterreichende Kommentierung und damit auf das Suggerieren kausaler Zusammenhänge.

Ähnlich verfährt Canetti bei der Beschreibung „seiner" Frankfurter Zeit. Am gemeinsamen Mittagstisch in der kleinen Pension im Frankfurter Zentrum, wo sich die Familie Canetti 1921 einquartierte, finden sich sehr unterschiedliche Personen ein, aus deren Sichtweise das Nachkriegsgeschehen im Deutschen Reich und damit die Vielfältigkeit politischer Anschauungen vom Erzähler wie auf einer Bühne präsentiert wird. Geprägt von persönlichen Kriegserfahrungen, von Herkunft, Temperament und Lebensalter beziehen alle Anwesenden in sehr kontroverser Form Stellung zur „Dolchstoßlegende", zum Aufstieg Stinnes und zur Ermordung Rathenaus. Der „Ausländer" Canetti (vgl. *Fackel*, S. 18), der zwar selbst nicht unter den Folgen der Inflation zu leiden hat, spürt aber die zunehmend feindlich werdende Atmosphäre. Auf politischen Versammlungen, Demonstrationen und Kundgebungen von Parteien und Interessenverbänden fühlt er sich jedoch als Fremder. Die besonderen historischen und regionalen Probleme der Weimarer Republik sind ihm verschlossen. Eine Erfahrung, die er zwei Jahre später auch in Wien machen wird. Der Freiheitskampf der Serben – eine Habsburgische „Erblast" – erscheint ihm wichtig aus der Perspektive der davon unmittelbar betroffenen Pensionswirtin.

Als Nichtbetroffener nimmt Canetti zunächst auch die soziale Not nach dem Ersten Weltkrieg wahr: „Eine Frau auf der Straße war ohnmächtig geworden und zusammengefallen. Die ihr aufhalfen, sagten ‚Hunger', sie sah furchtbar bleich und abgehärmt aus [. . .]" (*Fackel*, S. 45). Die Auseinandersetzung danach – im Streit mit der Mutter um die Nachmittagsjause ausgetragen – bleibt als das typische Aufbegehren eines Jugendlichen wirkungslos. Nach wie vor gibt es bei Canettis Honig zum Kaffee. Noch hält sich Elias Canetti „aus allem heraus", weigert sich, wirtschaftliche Zusammenhänge zu hinterfragen, von denen er selbst nicht betroffen ist.

Erst mit der Darstellung der Wiener Arbeiteraufstände vom 15. Juli 1927, in deren Verlauf es zahlreiche Tote gab, die in Österreich das Ende einer politischen Ära markierten und zugleich den Mittelpunkt der dreiteiligen Autobiographie bilden, ändert sich der Stellenwert politischer Geschehnisse für Canetti.[37]

Der Spanische Bürgerkrieg bildet den politischen Schlußpunkt der Erinnerungen. Als am 26. April 1937 beim Angriff der deutschen Luftwaffe auf Guernica 1645 Menschen ums Leben kommen[38], so erinnert sich Canetti später, hatte die Vision eines Wiener Gesprächspartners den Untergang Europas in den Flammen der Fliegerbomben vorweggenommen. Noch einmal wird am Schluß, beim Besuch Prags auf den unmittelbar bevorstehenden Kriegsbeginn angespielt, für den der „Mann mit dem unaussprechlichen Namen" (vgl. *AS*, S. 66 und 166) verantwortlich ist, der von Canetti, dem mächtigen Erzähler, als Person ignoriert wird.[39]

## 2. Jüdische Realität: Zwischen Antisemitismus und zionistischem Aufbruch

> „[. . .] es ist gewiß nicht der Sinn der Welt, aus ‚Nationen' zu bestehen und aus Vaterländern, die, selbst wenn sie wirklich nur ihre kulturelle Eigenart bewahren wollten, noch immer nicht das Recht hätten, auch nur ein einziges Menschenleben zu opfern. [. . .] Sie haben kein Vaterland, die Juden, aber jedes Land, in dem sie wohnen und Steuern zahlen, verlangt von ihnen Patriotismus und Heldentod und wirft ihnen vor, daß sie nicht gerne sterben. In dieser Lage ist der Zionismus wirklich noch der einzige Ausweg: wenn schon Patriotismus, dann lieber einen für das eigene Land."[40]

Joseph Roths Überlegungen, die vor 1933 von vielen Juden geteilt wurden, besonders unter den assimilierten Intellektuellen Anhänger fanden, gelten nicht für Canetti.

Schon in der Schule in Wien hatte der Neunjährige die Möglichkeit der Pervertierung der Sprache zu griffigen Formeln erfahren. Die Parole „Jeder Schuß ein Ruß" (*GZ*, S. 108) hatte vor allem das böhmische Dienstmädchen abgestoßen. Auch die rassistische Diskriminierung lief über die Sprache. Noch schützte der mütterliche Hochmut, das Bewußtsein als Jude spanischer Herkunft „etwas Besseres zu sein". Als Canetti in Wien von Klassenkameraden beschimpft wurde, bezog die Mutter es lediglich auf diejenigen seiner Mitschüler, die keine „Spaniolen" waren.

Privilegiert erlebte Canetti dann die Kriegsjahre fern antisemitischer Ausschreitungen in der Schweiz, deren demokratische und liberale Gesinnung er stets betonte (wie übrigens auch die Judenfreundlichkeit der Bulgaren). Erstmals wird Elias Canetti im Frankfurt der Weimarer Republik massiv mit Judenhaß konfrontiert (vgl. *Fackel*, S. 27 ff.). Im Dialog mit einem Klassenkameraden, dessen kleiner Bruder als Provokateur zitiert wird, beschreibt Canetti die Vergeblichkeit rationaler Erklärungen. Das breite Spektrum deutscher Vorurteile, von Canetti nur auf wenigen Seiten als Widerspruch in sich entlarvt, deklassiert den fragenden Mitschüler, der Assimilationsbereitschaft und Festhalten an der Andersartigkeit gleichermaßen attackiert. Am Ende imponiert nur die aggressive Gebärde: „Dein Bruder soll sich zum Teufel scheren [. . .]" (*Fackel*, S. 29).

Die Begeisterung für den Zionismus fehlt bei Canetti, dem Massenbewegungen ebenso verdächtig sind wie Nationalismus. Selbst als Negation sind sie kein Thema. Eher reserviert erinnert er sich an die Zeit der Auswanderung nach Palästina, an die Aufbruchstimmung, in der sich viele Verwandte befanden, die inzwischen aus Rustschuk in die bulgarische Hauptstadt übergesiedelt waren und sich zur Auswanderung anschickten.

> „Palästina [. . .] war ihr gelobtes Ziel [. . .] Die ganze Spaniolengemeinde in Sofia [. . .] hatte sich zum Zionismus bekehrt. Es ging ihnen nicht schlecht in Bulgarien, sie standen unter keinerlei Verfolgung, es gab keine Ghettos, auch keine drückende Armut, aber es gab Redner unter ihnen, deren Funken gezündet hatten [. . .]" (*Fackel*, S. 88).

Die Informationen, die Canetti anläßlich seiner Ferienreise im Sommer 1924 seinen Lesern gibt, sind eher spärlich. Nachdrücklich betont er, daß nicht Repressionen gegen die Juden die Ursache für die massenhafte Auswanderung gewesen seien. Daß sich bereits im Europa des Jahres 1924 kaum ein Ort für Juden fand, zumal, wenn es sich um eingewanderte Ostjuden und nicht um privilegierte Großkaufleute handelte, wird von Canetti nur indirekt angedeutet.

Canetti, der selbst erst nach dem Anschluß Österreichs Wien endgültig verließ, thematisiert weder in der Autobiographie noch im übrigen literarischen Werk Paß- und Visa-Probleme.[41] Daran ändern Exil und Krieg nichts. 1944 schreibt er:

> „Ich habe meine Freunde verachtet, wenn sie sich aus den Lockungen der vielen Völker losrissen und blind wieder zu Juden, einfach zu Juden wurden. Wie schwer wird's mir jetzt, es ihnen nicht nachzutun. Die neuen Toten, die lange vor ihrer Zeit Toten, bitten einen sehr [. . .]. Aber sind die neuen Toten nicht überall, auf allen Seiten, von jedem Volk? Soll ich mich den Russen verschließen, weil es Juden gibt [. . .] den Deutschen, weil sie vom Teufel besessen sind? Kann ich nicht weiterhin allen gehören wie bisher, und doch Jude sein?“[42]

## 3. Der Auftrag des Künstlers

Für Elias Canetti, der als Enkel eines reichen Kaufmanns Probleme finanzieller Art nicht kennt, bilden Wohlhabenheit und kulturelle Intelligenz sowie Assimilationsfähigkeit eine Voraussetzung für ein über nationale, religiöse und ideologische Grenzen hinausgehendes Wirken als Künstler. Bereits das genaue Wahrnehmen sozialen Elends trennt Canetti von jenen Mitgliedern seiner Familie, die übernationales Denken vor allem als Chance gesellschaftliche Aufstiegs und ökonomischen Einflusses verstanden.

Beim Besuch in Berlin, 1928, wird die Begegnung mit Isaak Babel, dem elf Jahre älteren Juden aus Odessa, zu Canettis Schlüsselerlebnis. Von hier aus vollzieht sich Canettis Entwicklung zum Schriftsteller. Babel, der 1920 als Kriegsberichterstatter am russisch-polnischen Krieg teilgenommen hatte, war einer, der „nicht weggesehen hat“. 1926 erschienen seine Erzählungen „Die Reiterarmee“ und „Geschichten aus Odessa“, harmlos scheinende Beschreibungen des Alltags auf dem Balkan. Doch die friedlichen Genrebilder münden in grotesken Disharmonien und brutalen Darstellungen von Judenprogromen.

Die genaue und den Leser nicht schonende Art der Darstellung nobilitiert Babel in den Augen Canettis. Nicht um ein oberflächliches politisches Engagement geht es dem russischen Intellektuellen, sondern um den Dienst an der Sache der Kunst, die zunächst eine genaue Wahrnehmungsbereitschaft verlangt. Von der moralischen Forderung des genauen Sprechens, Hinhörens und Hinsehens, als dem einzigen Auftrag des Künstlers metaphorisch in den Titeln der Lebenserinnerungen aufgenommen, leitet Canetti auch die Beurteilung anderer Zeitgenossen ab.[43] So wie Canetti selbst in der „Blendung" konsequent bis zum Schluß „nicht weggesehen hat", weder den Wahnsinn noch den Tod aus seiner Darstellung ausspart, so wird dies zum Maßstab der Glaubwürdigkeit der Kunst seiner Kollegen und damit des Verhältnisses des Erzählers zu ihnen. Je nachdem werden sie vom Erzähler beiläufig oder ausführlich gewürdigt. Während Franz Werfel schonungslos der Lächerlichkeit preigegeben wird und als Marionette Alma Mahlers erscheint, bleibt die Abwertung von Carl Zuckmayer und Stefan Zweig als „Alltagsliteraten" eher summarisch. Ähnlich negativ ist das Urteil über Emil Ludwig, dessen schriftstellerischen Erfolg Canetti verachtet.[44] Die ausführliche Charakterisierung und Würdigung Hermann Brochs knüpft zunächst auch an dessen Biographie an. Die Entscheidung des Textilingenieurs und Fabrikbesitzers, sich literarischen und wissenschaftlichen Studien zu widmen, nötigte dem ehrgeizigen Dichter Canetti besonderen Respekt ab. Robert Musil, dem ein großer Teil des „Augenspiels" gewidmet ist, erscheint als Dichter des „Mannes ohne Eigenschaften", als ein von seinem Auftrag besessener Autor, der ohne praktischen Realitätssinn, auf seine Umgebung angewiesen, von der Notwendigkeit seiner Aufgabe überzeugt ist.

Broch und Musil zählen nach Vorstellung Canettis zur wahren Künstleravantgarde: beide sind unbestechlich, uninteressiert am schnellen Erfolg, verachten das Geld und sind gekennzeichnet von unbedingter Hingabe an ihr Werk.

Canettis dichterisches Selbstverständnis, das der Literatur als einer für alle verbindlichen moralischen Instanz höchste Autorität beimißt, erklärt sich aus seiner speziellen Sozialisation. Wo andere Wertordnungen versagen und ausschließlich der Kunst die Aufgabe der Vermittlung humanitärer Gesinnung zufällt, ist vom Dichter ein besonderes Berufsethos gefordert.

Als Canetti bei einem Aufenthalt in Berlin erfährt, daß Bertolt Brecht sich ein Gedicht für einen Automobilkonzern mit einem Wagen der Firma honorieren läßt, kann er seine Verachtung kaum verbergen und provoziert den anderen regelmäßig.[45] Wo Aufopferung, Kompromißlosigkeit und Selbstdisziplin so hoch bewertet und darüber hinaus im Sinne Trakls vom Schriftsteller eine besondere Leidens- und Mitleidensfähigkeit verlangt wird, da halten nur wenige der Prüfung stand. Weder aktuelle Entwicklungen des Theaters noch etwa Tendenzen der Exilliteratur oder Antikriegsschriften erfährt der Leser von Canetti. Vergeblich sucht er Namen wie Franz Nabl[46], Anna Seghers, Ödön von Horváth, Joseph Roth, Egon Erwin Kisch, Heinrich Mann. Die „Ärzte" Benn und Döblin werden mit Hochachtung genannt, doch so knapp wie Heimito von Doderer, Thomas Mann und Jakob Wassermanns Witwe.

## III. Die Autobiographie – Zukunftsperspektive für Europa?

Canettis Autobiographie endet 1937, vor dem Beginn des Exils: Die Ereignisse der folgenden Jahrzehnte, Exil, Krieg und Judenvernichtung faßt Canetti in die fragmentarischen Erinnerungen und aphoristischen Gedanken „Provinz des Menschen 1942–1972" zusammen. Das Schreiben, der Dialog mit dem „grausamen Partner", wird für den aus Wien vertriebenen Juden zur Überlebensstrategie: „Wenn ich trotz allem am Leben bleiben sollte, so verdanke ich es Goethe [. . .]."[47] Die deutliche Bezugnahme auf den deutschen Klassiker galt vielen Rezensenten der Autobiographie als Ärgernis: Canettis Selbststilisierung als Dichter und Seher und seine Harmonisierung der Realität, die politische und soziale Konflikte nur am Rande streift, löste Kritik aus. Man warf dem Autor die unzeitgemäße Behandlung einer Bildungsgeschichte vor, deren teleologische Ausrichtung vor dem Hintergrund der politischen Realität des 20. Jahrhunderts ebenso unangemessen sei wie die beschwörende Geste eines weitausholenden Erzählers. Wie Goethe demonstriere der „Experte der Macht"[48] außerdem, wie man auf subtile Weise mit seinen Zeitgenossen abrechne und sich selbst zur Unsterblichkeit verhelfe. Man rügte den selbstherrlichen Umgang mit dem biographischen Material, das einzig dazu verwendet wurde, den Versuch eines betagten Dichters, seinem Leben in der Rückschau als europäischen Bildungsbürger Sinn zu verleihen, zu unterstützen.

Was nützt es Canetti da, wenn er beteuert: „In meiner Lebensgeschichte geht es gar nicht um mich."[49]

Auf die Popularität der Erinnerungen hatte diese Diskussion keinen Einfluß. Die begeisterte Aufnahme beim nichtprofessionellen Publikum, das sich weder an dem von Kritikern monierten fehlenden Problembewußtsein Canettis stieß, noch durch unzureichende poetologische Reflexionen abgeschreckt wurde, zeigt, daß Canettis Entwurf von Europa als Kultureinheit die Leser überzeugt hat. Das friedliche Miteinander, über sprachliche, ethnische und nationale Grenzen hinweg, das die Lebensgeschichte beschreibt, wird damit auch als Vorlage für eine multikulturelle Gesellschaft verstanden.

Doch erschöpfen sich Canettis Erinnerungen keinesfalls in sentimentalen Reminiszenzen oder in der Beschwörung einer kulturellen Idylle. Dies dokumentiert bereits im ersten Teil die Auseinandersetzung mit dem Tod.

Elias Canetti war sechs Jahre alt, als sein Vater starb, zweiunddreißig beim Tod der Mutter. Das Motiv des Todes, bei Canetti immer assoziiert mit Schrecken, Gewalt und Herrschaft, durchzieht als kulturgeschichtliches und allgegenwärtiges Thema Canettis Autobiographie, weit über das Biographische hinausreichend. Als Leitmotiv kehrt die Farbe Rot wieder: die herausgesteckten Zungen der Wölfe aus den schrecklichen Geschichten der bulgarischen Mägde, die rote Farbe im Matthias Grünewalds apokalyptischen Visionen, die Totentanzmotive in den Bildern Brueghels[50], der brennende Justizpalast während der Wiener Unruhen. – Es sind die Bilder des „verworfenen Paradieses" (vgl. *GZ*, S. 308), die der Jude Canetti, in Anspielung auf das Alte Testament, gestaltet. Sie signalisieren Canettis Herkunft, wenn auch „die jüdischen Glaubensinhalte [. . .] in dieser Lebensgeschichte säkularisiert, d. h. zu einer strengen, aber diesseitigen Ethik transponiert [. . .]" sind.[51]

Deshalb kann sie Canetti auch mit christlichen Vanitasmotiven kombinieren und für seine Totenklage literarische Zeugen – etwa das „Gilgamesch-Epos" – bemühen.[52]

Nur in der Auseinandersetzung mit dem Tod, den Canetti selbst als zentrales Thema seines Werkes bezeichnet, wird das Bekenntnis zum Leben glaubwürdig. Das monumentale Requiem schließt alle diejenigen ein, die als Andersartige, Fremde ausgestoßen und verfolgt werden.

„Der erste Flüchtling in meinem Leben [. . .]" (*GZ*, S. 18), den der Junge beobachtet, während dieser im Hof der Eltern Holz spaltet, ist ein junger Armenier, der die Türkei verlassen mußte, nachdem man in Istanbul seine Familie ermordet hatte. Er trauert. Während er auf das Holz einschlägt, singt er gleichzeitig Lieder in der Sprache seiner Heimat.[53] Das Bild prägt sich dem Knaben Elias ein.

In der Totenklage um die Mutter, mit der Canettis in Paris lebender Bruder die Autobiographie beschließt, wird all jener Millionen kommender Opfer gedacht, die im Inferno Europa in den vorangegangenen wie in den darauffolgenden Jahren den Tod gefunden haben.

Doch „es kann nicht Sache des Dichters sein, die Menschheit dem Tode auszuliefern."[54] Canetti hält auch eine Zukunftsvision Europas dagegen.

Bereits in den Porträts der Eltern und Großeltern sowie seiner Frau Veza hat der Schriftsteller Canetti das Bekenntnis zum Leben in kultureller Vielfalt eingelöst und damit auch beschrieben, wie ein Zusammenleben jenseits tradierter politischer Formen in Europa aussehen kann. An ihnen hat er die besonderen Fähigkeiten herausgestellt, die notwendig sind, um ein friedliches Miteinander zu verwirklichen: Großzügigkeit, Offenheit, „daß man so Vieles und so Gegensätzliches in sich fassen kann, daß alles scheinbar Unvereinbare zugleich seine Gültigkeit hat, daß man es fühlen kann, ohne vor Angst darüber zu vergehen, daß man es nennen und bedenken soll, die wahre Glorie der menschlichen Natur [. . .]" (*GZ*, S. 189).

Die Betonung von Individualität, die bewußte Absetzung gegen jegliche kollektive Vereinnahmung, akzentuieren besonders der zweite und dritte Teil der Autobiographie, die vor allem der Schilderung unterschiedlichster Personen dienen, die Canettis Lebensweg kreuzten. Jedes einzelne menschliche Schicksal fügt sich so in das Mosaik europäischer Vielheit ein.

> „Der Wert eines Menschen bestand darin, daß er alles enthielt, was er erfahren hatte und es weiter erfuhr. Dazu gehörten die Länder, in denen er gelebt, die Sprachen, die er gesprochen, die Menschen, deren Stimmen er vernommen hatte. Dazu gehört auch seine Herkunft [. . .] keineswegs bloß etwas Privates, [. . .] zu den Nachrichten über eine Vertreibung gehörte alles, was vorangegangen war [. . .]". (*AS*, S. 278f.)

Universalität als Grundlage einer sozialen Gemeinschaft ist nur möglich aus der Wahrnehmungsbereitschaft und Kenntnis multikultureller Tradition heraus. Für Canetti (wie später etwa für den orientalisch-deutschen Schriftsteller Salim Alafenisch) hat „jeder seine eigene Geschichte", die nicht in nationalen oder religiösen Ordnungssystemen aufgehen darf.

So wie Danilo Kiš dieses Postulat in die Metapher der „Enzyklopädie der Toten" faßt, so greift Canetti in seinen Lebenserinnerungen zum Beispiel des Orchesters. Wenige Wochen nach Hitlers Machtergreifung nahm Canetti als Gast an einem Musikerkongreß in der französisch verwalteten Stadt Straßburg teil, „in der man einen deutschen Dialekt sprach". (*AS*, S. 66) Die Musiker-Avantgarde traf sich im Konservatorium. In der Tagungsstätte klang alles „neu und fremd, das einzelne so gut wie der Zusammenklang des Ganzen, und vielleicht war es eben das, was einen faszinierte und immer wieder hinzog." (*AS*, S. 67)

Zunächst erinnert sich Canetti an Sturm und Drang: Herder, Goethe, „und wie eine späte Gerechtigkeit zu sagen erfordert, in jenen Jahren nicht weniger einschneidend Lenz".[55] Die Stadt im Elsaß steht aber vor allem für die Literatur Georg Büchners, dessen Aufenthalt in Straßburg sich für Canetti untrennbar mit den dort präsenten Erinnerungen an die Französische Revolution verknüpft:

> „In Straßburg sind die Wirkungen dieser Revolution nicht erstickt wie im damaligen Deutschland. Büchner kommt in der Zeit des Bürgerkönigtums nach Frankreich, als in vielerlei Richtungen ein geistiges Leben sich zu entfalten begann, das von der Politik durchtränkt, von Meinungen über die öffentlichen Dinge befruchtet war, ein Leben, so rege und modern, daß wir in mancher Hinsicht auch heute noch davon zehren.

> In Straßburg hat Büchner sein erstes Massenerlebnis: wenige Woche nach seiner Ankunft der Empfang Ramorinos, des polnischen Freiheitskämpfers [. . .]".[56]

Auch in Canettis Erinnerungen verschmelzen Assoziationen an Pest und Kriegswirren, an religiösen Massenwahn, an die Geißlerbewegung und an Judenpogrome mit aktuellen Bildern.[57]

Draußen lassen sich bereits die kommenden Geschehnisse erahnen: Ein Streik der Müllabfuhr lähmt das öffentliche Leben. 1933 „stinkt es in Europa" bereits zum Himmel. Der Erzähler Canetti stellt die Ereignisse vierzig Jahre später aus der Retrospektive zusammen: „Zehn Jahre zuvor hatte in Deutschland eine wüste Inflation geherrscht. Zehn Jahre danach standen seine Truppen tief in Rußland [. . .]" (*AS*, S. 66). Im Straßburger Konservatorium, einer friedlichen Oase, herrschte die Kunst, während draußen das Chaos trotz hektischer Bemühungen täglich größer wird. Drinnen in der europäischen Begegnungsstätte, dem „Musikerparlament", ist ein Dirigent überflüssig, der sich draußen, jenseits des Rheins, gerade zum Herrn über Leben und Tod aufschwingt. Der Besucher Canetti wanderte zwischen beidem hin und her, beides schildernd, so wie es der Auftrag des Dichters verlangt.

Europa, so wie es sich in Canettis Vorstellung präsentiert, ist ein Gebäude der Kunst, das Platz für viele bietet – und für vieles. Und die Künstler sollen es auch sein, die das europäische Bauwerk beschreiben. Machtvoll hat Canetti dies als Vermächtnis und Auftrag aller, die er überlebte, in den drei Bänden seiner Lebenserinnerungen formuliert.

So wie der siebenjährige Elias „blitzrasch" sein „Europa-Puzzle" blind zusammenzusetzen vermochte, so vermag der Dichter Canetti in der Retrospektive Europa als erinnertes Orchester menschlicher Einzelschicksale zu arrangieren. Er verläßt sich dabei auf seine Spontaneität und seine Intuition. Die neue europäische Wirklichkeit, die so in der Poesie im Modell des europäischen Konservatoriums entsteht, leugnet ihre reale Basis nicht, verschweigt aber auch die immerwährende Gefährdung durch Massenwahn und drohende Kriege nicht. Der in Bulgarien geborene, in der Schweiz und in Österreich aufgewachsene, in England lebende spanische Jude mit türkischem Paß beschreibt sie in deutscher Sprache als „ein Europa aus lauter

Musikern, die neuen Versuchen huldigten, ein mutiges, ein zuversichtliches Europa, denn was wären das für Versuche gewesen, wenn sie nicht mit einer Zukunft gerechnet hätten." (*AS*, S. 66)

**Anmerkungen**

1) Elias Canetti: *Die gerettete Zunge. Geschichte einer Jugend.* München: Hanser, 1977 (Fischer TB 2083). Ders.: *Die Fackel im Ohr. Lebensgeschichte 1921–1931.* München: Hanser, 1980 (Fischer TB 5404). Ders.: *Das Augenspiel. Lebensgeschichte 1931–1937.* München: Hanser, 1985 (Fischer TB 9140). Zitate aus den drei Bänden der Autobiographie werden jeweils im Anschluß nachgewiesen. Folgende Abkürzungen gelten: *GZ, Fackel, AS.* Zitiert wird nach der Taschenbuchausgabe. Besonders Canettis Kindheitserinnerungen erreichten in Deutschland Rekordauflagen und fanden eine große Resonanz in der Tagespresse. Vgl. zu den Übersetzungen (u. a. ins Serbokroatische, Ungarische, Bulgarische, Spanische, Russische und Rumänische): Walter Bensel (Hg.): *Elias Canetti: Eine Personalbibliographie.* Bremerhaven: Drux 1989. Eine lesenswerte und materialreiche Einführung bietet Carol Petersen: *Elias Canetti.* Berlin, 1990. Vgl. zur kontroversen Diskussion um Canettis autobiographisches Werk den Überblick bei Waltraud Wiethölter: *Sprechen – Lesen – Schreiben. Zur Funktion von Sprache und Schrift in Canettis Autobiographie.* In: DVjS, 1990, Heft 2, S. 149–171. Ausführlich setzen sich folgende Arbeiten mit Canettis Autobiographie auseinander: Friederike Eigler: *Das autobiographische Werk von Elias Canetti. Verwandlung, Identität, Machtausübung.* Tübingen, 1988. Edgar Piel: *Wenn Dichter lügen . . . Literatur als Menschenforschung.* Zürich: Edition Interfrom, 1988. Klaus Peter Zepp: *Privatmythos und Wahn. Das mythopoetische Konzept im Werk Elias Canettis.* Frankfurt/M.: Lang, 1990.
2) Vgl. hierzu *Gerettete Zunge*, S. 57.
3) Ähnlich funktioniert die Briefmarkensammlung, wenn Canetti hierbei auch betont, daß nicht nur europäische Zentren, sondern vor allem die englischen Kolonien zum „Unterrichtsgegenstand" wurden.
4) 1986 erklärte die Stadt Wien Elias Canetti zu ihrem Ehrenbürger.
5) Zu diesem Zeitpunkt berieten Hermann Broch und Thomas Mann über eine Völkerbundresolution. Elias Canetti verließ Wien endgültig im November 1938.
6) Gerhard Heß: *Bulgarien. Landeskundlich-geographischer Überblick.* Leipzig, 1978, S. 165. Im Vergleich dazu hatte Sofia 20000 Einwohner. „Ruse war somit eine der wenigen bulgarischen Städte, deren Entwicklung während der Türkenperiode nicht unterbrochen wurde und die als Eckpfeiler des Osmanenreiches ihre politische und ökonomischen Funktionen sogar erweitern konnte." (Ebda.). Vgl. hierzu auch Klaus-Detlev Grothusen (Hg.): *Südosteuropa-Handbuch* Bd. VI. *Bulgarien.* Göttingen, 1990.

7) G. Heß a. a. O., S. 163.

8) Vgl. *Gerettete Zunge*, S. 116.

9) Inwieweit die Veränderung der politischen Situation – der Berliner Vertrag hatte 1878 Bulgarien unter türkische Oberhoheit gestellt, um den russischen Einfluß auf dem südlichen Balkan zurückzudrängen – für Canettis Familie entscheidend war, analysiert der Verfasser nicht. Lediglich die Förderung der reichen jüdischen Kaufleute durch den bulgarischen König Ferdinand I (1861–1948) nennt Canetti als Grund für die Übersiedlung der Familie nach Bulgarien. Vgl. zur politischen Entwicklung Joachim von Königslöw: *Ferdinand von Bulgarien. Vom Beginn der Throndiktatur bis zur Anerkennung durch die Großmächte 1886–1896.* München, 1970.

10) Ihre zahlenmäßige Bedeutung lag hinter der Minderheit der verschiedenen Zigeuner-Gruppen, die mit einem Anteil von ca. 2,35 Prozent (= 95 000) an der Gesamtbevölkerung deutlich größer war, die aber ähnlich unbehelligt wie die Juden leben konnte. Vgl. hierzu K.-H. Grothusen a. a. O., S. 31. Regelmäßig vor jedem Sabbat fand sich eine Gruppe von „Zinganas" im Haus des Großvaters ein, um ihren Tribut von der jüdischen Bevölkerung einzutreiben. Das Ritual ist notwendiger Teil eines scheinbar normalen, latent gefährdeten Alltags, wie sich der Erzähler erinnert. Vgl. hierzu *Gerettete Zunge*, S. 18 f.

11) Vgl. zu diesem für E. Canetti zentralen poetischen Verfahren den Überblick, den die Aufsatzsammlung *Hüter der Verwandlung, Beiträge zum Werk von Elias Canetti*, München: Hanser, 1985, gibt.

12) Vgl. *Augenspiel*, S. 277. Vgl. zur Rolle des Burgtheaters als Vermittlerinstanz den Ausstellungskatalog *Jugend in Wien. Literatur um 1900.* Stuttgart, 1974.

13) Vgl. *Gerettete Zunge*, S. 49.

14) Vgl. hierzu *Fackel*, S. 120–131. Canetti bezeichnet den Alten als eine Gestalt aus Dantes Hölle. Die patriarchalischen Strukturen hat Veza Canetti in ihrer Erzählung *Der Oger* in: Dies.: *Die gelbe Straße. Roman.* München: Hanser, 2. Aufl. 1990, S. 47–82 verarbeitet, erstmals in der *Wiener Arbeiter-Zeitung* 1932 abgedruckt.

15) Auch z. B. in *Die Stimmen von Marrakesch* (1967) betont Canetti sein Desinteresse an religiösen Fragen.

16) Vgl. *Gerettete Zunge*, S. 37.

17) Die Beziehung zwischen Mathilde und Elias Canetti, die ein zentrales Thema der Autobiographie darstellt, analysiert W. Wiethölter a. a. O.

18) Elias Canetti: *Das Geheimherz der Uhr. Aufzeichnungen 1973–1985.* München: Hanser, 1987 (Fischer TB 9577), S. 45 f.

19) Ders.: *Die gespaltene Zukunft. Aufsätze und Gespräche.* München: Hanser, 1972, S. 103.

20) Ders.: *Geheimherz der Uhr*, S. 94.

21) Ebd. Vgl. hierzu den Beitrag von Alfred Doppler: *Sprache: Kommunikation – oder Herrschaftsinstrument? (Bemerkungen zur Sprachauffassung E. Canettis).* In: Walter Weiss/Eduard Bentner (Hg.): *Literatur und Sprache im Österreich der Zwischenkriegszeit.* Stuttgart,

1985, S. 77–86. Vgl. hierzu auch Canettis Beschreibung eines Festes anläßlich des Pragbesuchs 1937. In den Reiseaufzeichnungen *Die Stimmen von Marrakesch* ist es das ihm fremde Arabisch, von dem sich der Autor angezogen und verunsichert zugleich fühlt.

22) Vgl. *Augenspiel*, S. 271 f.

23) Canettis Titel verweist bereits auf die Dominanz, die Karl Kraus hier beansprucht, dessen Vorlesungen (700 Veranstaltungen zwischen dem 13. 1. 1910 und dem 2. 4. 1936) über Wien hinaus die literarische Welt bewegten. Interessant im Vergleich zu Canettis ausführlicher Würdigung und den zahlreichen anekdotischen Erinnerungen (vgl. z. B. Milan Dubrovic: *Veruntreute Geschichte*. Wien/Hamburg: Zsolnay, 1985) erscheint die knappe Bewertung, die Canettis Kollege Manès Sperber (ebenfalls Jahrgang 1905) in seiner Autobiographie vornimmt: „Er war ein unvergleichlicher Polemiker, zuweilen ein Prophet biblischer Art. Er hatte Mut zu allem, nur nicht zum Judentum." (ders.: *All das Vergangene* ... Wien/Zürich: Europaverlag, 1983, S. 432) Vgl. dazu auch Stefan Kaszynski/Sigurd Paul Scheichl (Hg.): *Karl Kraus. Ästhetik und Kritik*. München: Edition Text und Kritik, 1989.

24) Vgl. *Gerettete Zunge*, S. 110. „Canetti liebt Mythen, in denen große Beweglichkeit herrscht, Mythen, in denen unerhörte Wege zurückgelegt werden und es sind fast immer Wege der Erkenntnis oder erst recht der Wiedererkenntnis. Es sind Reisen auf den Grund nicht nur individueller Erinnerung, sondern unserer Erinnerung überhaupt." Vgl. hierzu F. Eigler a. a. O, S. 118.

25) Vgl. *Fackel*, S. 204.

26) Vgl. *Fackel*, S. 275.

27) Vgl. *Augenspiel*, S. 232.

28) Die „Initiation in Liebe" erfolgt durch Kleists Penthesilea. Vgl. *Fackel*, S. 50. Vgl. a. a. O. S. 204.

29) Vgl. *Augenspiel*, S. 278.

30) Vgl. *Fackel*, S. 204.

31) Vgl. *Gerettete Zunge*, S. 16.

32) Elias Canetti: *Der andere Prozeß. Kafkas Briefe an Felice*. In: Ders.: *Das Gewissen der Worte*. Essays. München: Hanser, 2. Aufl., 1976 (Fischer TB 5058), S. 78–169.

33) Den *Don Quixote* verteidigt Canetti im Gespräch mit Broch als alleingültigen Maßstab für den Romanautor. Vgl. *Augenspiel*, S. 40 f.

34) Dos Passos, Hemingway, Faulkner, „Schriftsteller ungleich höheren Ranges, taten ihre Wirkung erst später [...]". *Fackel*, S. 250.

35) Im Auftrag Wieland Herzfeldes übersetzte Canetti für den Malik Verlag drei Werke Upton Sinclairs: *Leidweg der Liebe*, 1930, *Das Geld schreibt. Eine Studie über die amerikanische Literatur*, 1930, *Alkohol*, 1932. Upton Sinclairs Biographie, die er ebenfalls für den Malik Verlag verfassen sollte, kam nicht zustande (vgl. *Fackel*, S. 249 und 263 f.), lediglich ein Beitrag in der Zeitschrift *Querschnitt*. Der um die Rezeption vor allem russischer Autoren bemühte Malik-Verleger, der u. a. Werkausgaben von Majakowski, Gorki und Tolstoi publizierte,

bemühte sich auch um eine Gesamtwürdigung Upton Sinclairs. Vgl. hierzu Frank Hermann: *Malik. Zur Geschichte eines Verlages 1916–1947.* Düsseldorf, 1989, sowie den Ausstellungskatalog Berlin/DDR, 1967.

36) Während Ernst Bloch Heimat als das definiert, „worin noch keiner war", regte Martin Walsers Definition, Erwachsenwerden als Verlust von Heimat zu begreifen, die auch in der Forschung zunehmend populär werdende Auseinandersetzung neu an. Vgl. hierzu K. K. Polheim (Hg.): *Wesen und Wandel der Heimatliteratur. Am Beispiel der österreichischen Literatur seit 1945.* Bern u. a.: Peter Lang, 1989.

37) Von diesem Zeitpunkt an gab es in Österreich keine Verständigungsbasis mehr über Parteigrenzen hinweg. Vgl. A. Doppler a. a. O. Der ursprüngliche Titel der *Blendung, Kant fängt Feuer,* der sich in zahlreichen Übersetzungstiteln wiederfindet, spielte auf die Bücherverbrennung sowie auf das Autodafé bei den Wiener Justizpalastunruhen an. Vgl. hierzu Salman Rushdie: *Die Schlange der Gelehrsamkeit windet sich, verschlingt ihren Schwanz und beißt sich selbst entzwei.* In: Akzente 36, 1989, S. 153–157, sowie Gerald Stieg: *Frucht des Feuers. Canetti, Doderer, Kraus und der Justizpalastbrand in Wien.* Wien: Österreichischer Bundesverlag Edition Falter, 1990, S. 163.

38) Vgl. *Augenspiel,* S. 279f.

39) Nicht Hitlers Machtergreifung, sondern das Datum der Bücherverbrennung dient Canetti als Markierungspunkt in seinen Erinnerungen.

40) Joseph Roth: *Juden auf Wanderschaft,* (1927). In: Ders.: *Werke,* Bd. 2, Köln, 1990, S. 837.

41) Wie sie z. B. in Anna Seghers Roman *Transit* zu einem surrealistisch anmutenden Horrorszenarium werden. Auch der am 28. 2. 1933 aus Deutschland geflohene und 1937 in die USA emigrierende Bruno Frank hat seine Erfahrungen in einem entsprechenden Roman niedergeschrieben: *Der Reisepaß.* Amsterdam, 1937.

42) Elias Canetti: *Provinz des Menschen. Aufzeichnungen 1942–1972.* München: Hanser, 1973 (Fischer TB 1677), S. 61.

43) Vgl. F. Eigler, a. a. O., S. 43.

44) Daß Ludwig, ursprünglich zum Katholizismus konvertiert, sich während der Nazizeit wieder zum Judentum bekennt, verschweigt Canetti.

45) Vgl. *Fackel,* S. 256ff. Die moralische Qualifikation gilt auch für andere Künste. So kann sich Canetti beispielsweise nur schwer mit den sexuellen Verirrungen des von ihm bewunderten George Grosz abfinden. Vgl. hierzu auch Canettis Darstellung des Bildhauers Fritz Wotruba. Vgl. hierzu Manfred Durzak (Hg.): *Zu Elias Canetti,* Stuttgart, 1983.

46) 1975 erhielt Elias Canetti den Franz-Nabl-Preis der Stadt Graz. In seiner Dankrede, in der er ebenfalls die Ernsthaftigkeit Nabls hervorhebt, fordert er die Unbestechlichkeit des Dichters als besonderen Auftrag.

47) Elias Canetti: *Provinz des Menschen,* S. 42.

48) Vgl. Kurt Bartsch/Gerhard Melzer (Hg.): *Experte der Macht: Elias Canetti.* Graz, 1985. Zu dieser von Canetti selbst stammenden Formel vgl. oben S. 39.

49) Elias Canetti: *Geheimherz der Uhr*, S. 104. Auf die zentralen Themenkomplexe der Autobiographie geht Canetti in dem Essay: *Dialog mit einem grausamen Partner* In: ders.: *Das Gewissen der Worte* ein. Programmatisch ist seine Münchner Rede vom Januar 1976, Elias Canetti: *Der Beruf des Dichters* a. a. O.
50) Vgl. *Fackel*, S. 110–114.
51) Vgl. F. Eigler a. a. O., S. 35.
52) Vgl. *Fackel*, S. 215.
53) Vgl. F. Eigler a. a. O., S. 52.
54) Elias Canetti: *Der Beruf des Dichters* a. a. O., S. 290.
55) Elias Canetti: *Georg Büchner. Rede zur Verleihung des Georg-Büchner-Preises.* In: Ders.: *Das Gewissen der Worte*, S. 213.
56) Ebda.
57) Vgl. *Augenspiel*, S. 66 f.

JÜRGEN WERTHEIMER

# „Die Silbe Schmerz“[1] Paul Celans Sprachsuche nach der Shoah

Judenfragen

*Das leise Lachen*
*der alten chassidischen Frager*
*in welcher Betonkammer hat es geendet*
*in welchem Husten*
*mit welchen Kristallen*
*aus welchen Büchsen der Degesch*

*Und die klugen Witze*
*mit dem traurigen Achselzucken*
*(sorgfältig aufbewahrt*
*von Philosemiten)*
*wem sind sie zugeteilt worden*
*zur Wiedergutmachung*

*[. . .]*

(Erich Fried: Höre Israel, 1974)

Erich Frieds im Motto zitierte fragend-polemische Warnung vor selbstgenügsamem Philosemitismus und platonischen Wiedergutmachungs- und Versöhnungsgesten aus dem Jahr 1972 ist auch hier am Platz. Zumal im Fall Paul Celans, des als sanftmütig, introvertiert Geltenden, des „Dichters mit der großen dunklen Sprache", des „still von uns Gegangenen",[2] über den sich so trefflich feuilletonieren ließ. Wohingegen mancher bei Erich Fried eher geneigt war, zu prozessieren. Bei ihm nämlich war man unfein gezwungen zu verstehen, was gemeint ist.[3] Paul Celan jedoch verwendete codierte, chiffrierte Sprache und ermöglichte denen, die nicht verstehen wollten, nicht verstehen zu müssen. Er erregte keine Skandale, griff nicht die schnell saturierte BRD-Wohlstandsclique der 50er Jahre an, richtete das Wort nicht gegen, sondern an sie, wie z. B. 1958 in einer „Ansprache anläßlich der Entgegennahme des Literaturpreises der Freien Hansestadt Bremen":

> Denken und Danken sind in unserer Sprache Worte ein und desselben Ursprungs. Wer ihrem Sinn folgt, begibt sich in den Bedeutungsbereich von „gedenken", „eingedenk sein", „Andenken", „Andacht".[4]

Für die hellhörigeren unter seinen Zuhörern müßte freilich auch dieser ambivalente Modus des Danksagens unschwer als nur leichtverschlüsselte Anklage dechiffrierbar gewesen sein. So bekommt die konventionell-urbane Phrase:

> Erlauben Sie mir, meine Damen und Herren, Ihnen von hier aus zu danken.[5]

auf der Basis dieser auf Erinnern zielenden Lesart eine in ihrer Konsequenz nicht minder aggressive Schärfe wie die Aussagen Erich Frieds. Aus der Geste des Danks, der Verständigung wird Anklage jedes einzelnen unter der Prämisse seiner Zeugenschaft, seiner Teilnahme und seiner Erinnerungsfähigkeit. Meridian, Prüfungsfeld dieses Prozesses ist die Sprache:

> Erreichbar, nah und unverloren blieb inmitten der Verluste dies eine: die Sprache.
> Sie, die Sprache, blieb unverloren, ja, trotz allem. Aber sie mußte nun hindurchgehen durch ihre eigenen Antwortlosigkeiten, hindurchgehen durch furchtbares Verstummen, hindurchgehen durch die tausend Finsternisse todbringender Rede. Sie ging hindurch und gab keine Worte her für das, was geschah; aber sie ging durch dieses Geschehen. Ging hindurch und durfte wieder zutage treten, „angereichert" von all dem.[6]

Daß in diesen wenigen Zeilen Glaube und Absage an das Prinzip der Sprache und des Sprechens und ein künftiges poetologisches Programm beinhaltet sind, soll im folgenden überblicksartig gezeigt werden.

„Angereichert“ nämlich ist die Sprache Paul Celans in den 60er und 70er Jahren zum einen mit Erinnerungen an die „Gegend, in der Menschen und Bücher lebten“, jener der „Geschichtslosigkeit anheimgefallenen ehemaligen Provinz der Habsburgermonarchie“[7] der Bukowina als dem Archipel seiner Kindheit und Jugend. „Angereichert“ ist sie aber zugleich auch mit Erinnerung an die andere Seite der Geschichte, die verdeckte Seite des Wortes „Bukowina“, zu der ein sehr konkreter Sprachpfad führt: „Bukowina“, das beinhaltet auch „Buchenwald“, dieses wiederum steht für den Bereich des Holocaust, der Shoah, der Vernichtung. So beschreibt Celan einen makaberen Wanderweg des poetischen Bewußtseins, eine zerstörerische Grenzüberschreitung, das Überschreiten eines unsichtbaren Meridians, das Zuhalten der Sprache auf eine bisher nicht verbalisierbare und verbalisierte Inhumanität:

> Gedichte [. . .] sind unterwegs: sie halten auf etwas zu. [. . .] Und ich glaube auch, daß Gedankengänge wie diese nicht nur meine eigenen Bemühungen begleiten, sondern auch diejenigen anderer Lyriker der jüngeren Generation. Es sind die Bemühungen dessen, der, überflogen von Sternen, die Menschenwerk sind, der, zeltlos auch in diesem bisher ungeahnten Sinne und damit auf das unheimlichste im Freien, mit seinem Dasein zur Sprache geht, wirklichkeitswund und Wirklichkeit suchend.[8]

Jeder bisher vertraute und möglicherweise unbefangen verwendete Begriff erhält im Kontext dieser semantischen Bedeutungsdoppelung einen zweiten Signifikanten. Wie der Begriff der „Bukowina“ auch zur Chiffre für „Buchenwald“ wird, so beinhaltet der Begriff der „Anreicherung“ auch den technischen Terminus der „Vergasung“, der aus der jüdischen Ikonologie entnommene Terminus „Mandel“ die Assoziation des Mandelgeruchs des Giftgases[9], der für Celans Poetologie entscheidende Begriff der „Schleuse“, den der Schleuse, die zur Gaskammer führte.[10] Unter diesen Vorzeichen konnte Sprache als „Lingua Tertii Imperii“[11] nach dem Holocaust nicht nur in ihrer gewohnten Form nicht wieder verwendet werden, sondern bedurfte vielmehr einer umfassenden Neubestimmung. Grass' Befund der Schreibsituation nach 1945, den er mit vielen zeitgenössischen Autoren von Adorno bis Celan teilt, hat indes nur Geltung in bezug auf die Situation, nicht in bezug auf die Konsequenzen, die aus ihr gezogen werden. Retrospektiv, in einem Gespräch über Europa, aus dem Jahr 1989, schreibt Grass über die Zeit damals:

> Es war eine reiche Sprache gewesen, und sie mußte wieder reich werden. Also nicht: weg mit diesen Wörtern, die angeblich nicht mehr benutzt werden können, sondern: gebt ihnen den Sinn, den sie gehabt haben, wieder zurück, oder erfindet einen neuen Sinn.[12]

Exakt die von Grass skizzierten Wege indes wird Celan nicht gehen können. Ihm, der die deutsche Sprache unter ihm vielen anderen als Sprache seiner Dichtung möglichen wählte, wird es weder möglich sein, ihr „den Sinn wiederzugeben", den sie gehabt hat, noch im freien artistischen Spiel „einen neuen Sinn" zu konzipieren. Dort wo Sprache „wirklichkeitswund"[13], d. h. deckungsgleich an der Wirklichkeit der Erfahrung zu liegen kam, konnte weder das Modell der Rekonstruktion noch dasjenige des Spiels bestimmend werden. Celans einzige Möglichkeit wird es sein, jede poetische Äußerung unter den Vorzeichen einer Literatur des Erinnerns, des Andenkens, des Angedenkens zu verfassen.

Das Buch, das im folgenden im Zentrum der Analyse stehen soll, „Die Niemandsrose" aus dem Jahr 1963, ist denn auch einem Andenken gewidmet, dem Andenken des 1891 in Warschau geborenen und 1939 im KZ Vladivostok zu Tode gekommenen Dichters Ossip Mandelstam, dessen lyrisches Werk Celan fast vollständig übersetzte. In einem der letzten Gedichte Mandelstams wird es, Celans eigener Diktion angenähert, heißen:

> [. . .]
> er denkt – sein Knochen denkt; er fühlt – es fühlt sein
> Schläfenbein.
> Sein menschliches, sein Antlitz – er wills und wills
> erinnern.[14]

Eine solche Erinnerungsspur graben, mit den Worten nach der zerstörten Wirklichkeit suchen soll auch Celans Text, eine Suche, die in der Tat mit Graben, Gräbern und Erde, unmittelbar nach dem Moment der Auslöschung, einsetzen wird:

Es war Erde in ihnen, und
sie gruben.
[. . .][15]

Alles scheint zu diesem Zeitpunkt widerlegt; alle Verheißungen zerstört: was z. B. noch für Joseph Roths Figuren Geltung hatte, nämlich, daß sich im Moment der Zerstörung dennoch, ja gerade dann, auch eine Perspektive des Lebens andeuten kann, hat nun keine Geltung mehr. Es fällt schwer, in diesem Zusammenhang noch an Joseph Roths Buch „Hiob" und den Rabbi von Kluczýsk zurückzudenken, der dort dem leidenden Sohn Mendel Singers, Menuchim, zu prophezeien vermochte:

> Der Schmerz wird ihn weise machen, die Häßlichkeit gütig, die Bitternis milde und die Krankheit stark.[16]

Hier nun, in Celans Text, ist der Raum für solch positive Prophetie nicht mehr:

[. . .]
Sie gruben und hörten nichts mehr;
sie wurden nicht weise, erfanden kein Lied.
[. . .][17]

War Menuchim gleichsam eine Lemuren-Existenz, die zur Erlösungsfigur anthropomorphisiert werden sollte, so finden sich nun ihres Menschseins entäußerte konturlose Zombies, ohne Ich, ohne die Instanz eines Du, ohne Hoffnung auf ein kollektives Wir; – lediglich die anonyme Pronominalisierung einer in der dritten Person Plural angesprochenen Gruppe von Lebe- oder Todeswesen, in keiner wie immer gearteten Beziehung zu einer als göttlich apostrophierbaren Instanz verbleibt als Redeform. Wortloses Sich-Vergraben ist im Szenarium dieser Antigenesis der einzige verbliebene Gestus. Und doch ist es exakt diese Selbstnegation, die in ihrer Konsequenz den Ansatz zur Entwicklung einer neuen Sprechhaltung ergeben wird. Freilich wird dies erst auf der Basis einer radikalen, an die Wurzeln gehenden Selbst-„Auslöschung"[18] möglich sein. Durch radikales Verstummen, absolute solche Stille am Nullpunkt der Existenz, weit über die Erfahrung hinausgehend, die Joseph Roths Figuren machen, wenn dort aus der Verfluchung bereits die Segnung erwuchs:

Seine Augen werden weit sein und tief, seine Ohren hell und voll Widerhall. Sein Mund wird schweigen, aber wenn er die Lippen auftun wird, werden sie Gutes künden.[19]

Genau diese Qualität, die Möglichkeit der positiven Prophetie, der Verkündigung ist den durch den Holocaust niedergeworfenen Bewußtseinen der Figuren und Stimmen Celans genommen. Andererseits wird exakt aus dem Akt der Wiederaufnahme der korrumpierten, zerstörten, getöteten Sprache, aus Momenten einer sukzessive betriebenen Wiederversprachlichung, etwas wie eine qualitativ neue Haltung erkennbar werden. Freilich nicht über geläufiges Sprechen und Reden, über die Formulierung von Gesprächserwartungen, sondern auf dem Wege einer bis zu den Rändern der Sprachnegation reichenden Gegengrammatik, aus der sich mühsam Fragmente einer möglichen sprechenden Stimme gleichsam buchstabierend, deklinierend abzulösen beginnen:

[. . .]
Ich grabe, du gräbst, und es gräbt auch der Wurm,
und das Singende dort sagt: Sie graben.
[. . .][20]

Werden bereits in dieser Anfangsphase der Rückfindung zur Sprache durch den bloßen Akt des Sprechens, des Besprechens pronominal zum ersten Mal wieder die Positionen von Ich und Du gesetzt, so mündet, auf dieser Grundlage fortschreitend, die Schlußstrophe, die grammatikalische wie personale Paralyse gleichermaßen auflösend, in nachgerade hymnisches, jedenfalls pronominal wieder gerichtetes, das Gegenüber suchendes, mit dialogischen Qualitäten ausgestattetes, fragendes Sprechen:

[. . .]
O einer, o keiner, o niemand, o du:
Wohin gings, da's nirgendhin ging?
O du gräbst und ich grab, und ich grab mich dir zu,
und am Finger erwacht uns der Ring.[21]

Auf diese Weise einmal wiedergefunden wird das sprachlich neukonzipierte, fragile Ich in den weiteren Texten aufzubauen und zu halten gesucht. Es wird gleichsam durch Sprache gewahrt, vervielfältigt, problematisiert und neuerlich gerettet. Durch Sprache, oder genauer, durch den Vollzug des Sprechens mit und gegen die Position des anderen.

Das Gedicht „Zürich, zum Storchen" stellt einen solchen Text dar, in dem der Vorgang des Sprechens zwischen zwei einander nahestehenden dialogischen Instanzen sich selbst zum Thema wird. Es ist einer gleichfalls jüdischen Dichterin, Nelly Sachs, gewidmet, die im selben Jahre wie Paul Celan, 1970, sterben wird und die insbesondere mit ihrem Gedichtband „Fahrt ins Staublose" aus dem Jahre 1962 eine Vielzahl von Themen und Figuren der jüdischen Mythologie thematisierte. Freilich ist ihr Bezug zum Judentum wie zum jüdischen Gott auch und gerade nach dem Holocaust ein im Vergleich zu Celan gesicherter. Deshalb lotet Celans Gespräch, genauer: die erinnerte und erinnernde Rede über den Moment eines solchen Gesprächs zwischen ihm und Nelly Sachs am Himmelfahrtstag des Jahres 1960 in Zürich denn auch eher die Differenz als den Einklang zwischen den miteinander kommunizierenden Figuren aus:

> Vom Zuviel war die Rede, vom
> Zuwenig. Von Du
> Und Aber – Du, von [. . .]
> Jüdischem, von
> deinem Gott
> [. . .]
> Von deinem Gott war die Rede, ich sprach
> gegen ihn,
> [. . .][22]

Trotz dieses Moments der Abgrenzung, ja der Verflüchtigung des Dialogischen ist Celans Gesprächsparaphrase keineswegs als imaginärer Abgesang an das Prinzip Dialog zu betrachten, wie sich seine Rede insgesamt nicht im Bereich des Imaginären, Fiktiven bewegt. Seine Stichworte und Kürzel verweisen vielmehr auf sehr konkret faßbare Konstellationen, die sich in Glücksfällen auch konkretisierend nachweisen lassen.[23] Im vorliegenden Fall etwa nimmt die chiffrenartige Wendung vom „Zuviel und Zuwenig (der) Rede" unmittelbaren Bezug auf einen dritten, im Gedicht nicht genannten, dennoch präsenten Gesprächspartner. Es handelt sich um die seinerzeit in Zürich lebende Schriftstellerin Margarete Susman, die am Ende des zweiten Weltkriegs den Versuch unternommen hatte, die Geschichte des jüdischen Volkes noch einmal auf der Basis jüdischer Figuren, insbesondere der Figur Hiobs zu erklären. Sie beginnt ihr Buch in zugleich desillusionierter und motivierter Haltung:

> In diesem Augenblick einer Weltkatastrophe [. . .] kann eine Ergründung des Schicksals und Problems des jüdischen Volkes nicht mehr als ein bescheidener Versuch sein, ein Versuch, der darum gewagt werden kann, weil ein Ansatzpunkt für das Problem in dieser Katastrophe sich selbst bietet [. . .]. Worin ist diesem Geschehen gegenüber jedes Wort ein Zuwenig und ein Zuviel?[24]

So wird durch den zitierten Gegensatz ein inhärenter Widerspruch zwischen Rede und Wirklichkeit, wie er zum Schicksal einer ganzen Dichtergeneration werden sollte, formelhaft umrissen, ein spezifischer historischer Kontext abbreviaturartig charakterisiert. Intertextualität bedeutet in diesem Zusammenhang wie in allen anderen Konfigurationen Paul Celans nie Spiel mit der Sprache oder artistisches Experiment mit ihr, sondern Verkürzung der Rede auf signifikante Chiffren, die verlorengegangene Kontexte gleichsam in nuce mittransportieren.[25] So kann seine Rede im gegebenen Kontext immer nur Gegenrede und, indem sie Gegenrede ist, eben auch dialogische Rede sein. Widersprechen und Ansprechen sind in der Situation des Dichtens nach dem Holocaust kein Gegensatz, sondern letzte verbliebene kommunikative Grundlage. Ist Celan ungleich Nelly Sachs und Margarete Susman auch weder eine poetische noch eine theologische, noch eine teleologische Theodizee in irgendeiner Form möglich, so bleibt eben dem als Gestus des Zweifels und Widersprechens offenbar werdenden Dialog mit dem Du ein letztes, für ihn vielleicht konkretestes Hoffnungszeichen:

> Dein Aug sah mir zu, sah hinweg,
> dein Mund
> sprach sich dem Aug zu, ich hörte:
>
> Wir
> wissen ja nicht, weißt du,
> wir
> wissen ja nicht,
> was
> gilt.[26]

Celans Dialog suchende Anti-Theodizee holt die teleologische Hoffnung gleichsam auf die Ebene des mitmenschlichen Diskurses herab und findet „Offenbarung", insbesondere im Offenbleiben und Offenbelassen metaphysischer oder sinnstiftender Kategorien. Das gemeinsame Nichtwissen, weniger als das voraussetzungslose gemeinsame Wissen ist im Kontext dieses Denkens kostbarer Erfahrungswert und Möglichkeit der Wiederbegegnung in einem. Im Gestus des Zweifels liegt für ihn nicht zuletzt die Chance der Verständigung über die Notwendigkeit des Zweifels. Paul Celan kann hier an eine aus dem Judentum erwachsene Tradition anschließen, welche durch die Namen Martin Bubers und Franz Rosenzweigs exemplarisch bezeichnet wird. Werke wie Bubers „Ich und Du" aus dem Jahre 1923 oder Franz Rosenzweigs „Stern der Erlösung" von 1919 wiederum nehmen chassidisches Erbe auf, wenn sie ihre Metaphysik des Dialogischen entwickeln. Ihre Dialogtheorien setzen Dasein und Dialogizität nahezu synonym, wenn es etwa heißt: „Jeder von uns steckt in einem Panzer, dessen Aufgabe ist, Zeichen abzuwehren. Zeichen geschehen uns unablässig, Leben heißt, angeredet werden."[27]

Die Entdeckung der Existenz im Zwischenreich des Dialogs, zwischen Frage und Antwort, Position und Gegenposition, ist eine der zentralen Prämissen, die sich in den dialogischen Fragepartituren Paul Celans immer wieder an zentraler Stelle findet und so eine Verbindungsbrücke über Buber und Rosenzweig zurück zur chassidischen und kabbalistischen Gesprächskultur des Judentums schlägt. Daß dabei die Gesprächsbedingungen nicht nur formal dekliniert und konjugiert, sondern im gleichen Zusammenhang auch problematisiert werden, ist nicht als Widerspruch, sondern Bestätigung dieser gebrochenen Bezugshoffnung zu sehen:

> ich weiß,
> ich weiß und du weißt, wir wußten,
> wir wußten nicht, wir
> waren ja da und nicht dort,
> und zuweilen, wenn
> nur das Nichts zwischen uns stand, fanden
> wir ganz zueinander.[28]

Auf diese Weise beginnen zerstreute Teile verlorener Konzepte von Individualität in einen zerstückelten Dialog aus gebrochenen Satzfolgen und Wortresten einzutreten. Namen, Chiffren, erinnerte Daten, Versatzstücke einer zerstörten Sprache, Schibboleth-Losungsworte[29] werden durch die Schleuse der Vergessenheit getrieben. Das Gedicht wird zum sprachgestisch verbildlichenden Durchgang durch nicht nur metaphorische Gaskammern der Vernichtung.

Das Gedicht „Die Schleuse" stellt einen in diesem Zusammenhang sicher nicht primär metaphorisch zu verstehenden Sachverhalt dar. Die leer belassene Zeile nach dem Beginn bildet gleichsam jene Grenzbarriere ab, über die hinweg die verlorengegangenen Worte gerettet werden müssen.

DIE SCHLEUSE

Über aller dieser deiner
Trauer: kein
zweiter Himmel.
. . . . . . . . . . . . . .

An einen Mund,
dem es ein Tausendwort war,
verlor –
verlor ich ein Wort,
das mir verblieben war:
Schwester.

An
die Vielgötterei
verlor ich ein Wort, das mich suchte:
*Kaddisch.*

Durch
die Schleuse mußt ich,
das Wort in die Salzflut zurück-
und hinaus- und hinüberzuretten:
*Jiskor.*[30]

Erst im Überschreiten dieser Demarkationslinie der Erinnerung können die verlorengegangenen, vernichteten Worte – zum Teil – wiederbelebt werden. Bleibt auch der Begriff der Geschwisterlichkeit, Chiffre für Gemeinschaft, ebenso verloren wie der des Glaubens, der gesicherten religiösen Basis, umschrieben durch den jiddischen Begriff des „Kaddisch", des Totengebets, so wird doch das Prinzip des „Jiskor", des erinnernden Gedenkens im oben erwähnten Sinn, durch Dichtung, deren unverzichtbare Bedingung es darstellt, bewahrt, „hinaus – und hinüber[ge]rette[t]". Ein makaberer „Wanderweg" des poetischen Bewußtseins, zerstörerische Grenzüberschreitung eines unsichtbaren Meridians; – vom Zuhalten der Sprache auf eine bisher nicht verbalisierbare und verbalisierte Wirklichkeitsnähe ist bei Celan die Rede.

> Gedichte sind [. . .] unterwegs: sie halten auf etwas zu
> [. . .]
> wirklichkeitswund und Wirklichkeit suchend.[31]

Dennoch markiert der Durchgang weniger, unversehrt gebliebener Wörter durch die Schleuse keinen Durchstieg des Individuums zurück in intakte Lebenskoordinaten, keinen Wiedereinstieg in eine gesicherte Existenzform. Nur wenige Seiten später findet sich ein Anti-Psalm, der jede teleologische Hoffnung expressiv verbis negiert und den Schöpfungsvorgang als blinde Utopie entlarvt:

> Niemand knetet uns wieder aus Erde und Lehm,
> niemand bespricht unsern Staub.
> Niemand.[32]

Gleichwohl die Negation des Seins (Niemand, Nichts) wie auch die Negation des Lebens bzw. der Erlösung (Niemandsrose) als zentrale Chiffren den Psalm strukturieren, wäre es andererseits doch verfehlt, diesen Text nur in dieser negativen Lesart verstehen zu wollen. Celans dialektischer Abgesang an das Prinzip psalmodierender Wendung zu Gott beinhaltet zugleich auch eine neue Form des Sprechens, eines Sprechens freilich nicht nur jenseits der Menschen wie er an anderer Stelle sagen wird,[33] sondern auch jenseits eines biblischen oder wie immer definierten Gottes. Und wenn auch versprengte Theologeme wie das Symbol der Rose, der Krone oder des Dorns im Text erscheinen, so tun sie dies eben doch nur als Versatzstücke einer in sich widerlegten Theologie. Eigentlicher Zielpunkt des Textes und der Argumentation der ein Kollektiv repräsentierenden Stimme des Sprechers ist vielmehr eine neue Existenzform des Menschen, eine antipräsente und zugleich omni-absente Daseinsform jenseits planer Individualität, wohl auch Kollektivität, situierbar allenfalls im abstrakten Raum der Verschriftlichung. So ist es kein Zufall, daß der im Schlußteil des Psalms umschriebene Sang die Signatur eines utopischen Schreibprozesses zu umreißen scheint:

Mit
dem Griffel seelenhell,
dem Staubfaden himmelswüst,
der Krone rot
vom Purpurwort, das wir sangen
über, o über
dem Dorn.[34]

Es wäre insgesamt verfehlt, wollte man versuchen, die lyrische Produktion Celans in den 60er Jahren auf die Rekonstruktion einer neuen lyrischen Sprechstimme (bzw. auf deren Auflösung) zu reduzieren. Es scheint, als ließen sich seit der „Niemandsrose" zumindest drei divergierende, aufeinander reagierende Sprechformen ihrer Anlage nach unterschiedlicher Konvenienz nachweisen, die erst in ihrer Totalität etwas wie eine Gesamtstimme erkennbar werden lassen.

Zum einen finden sich immer wieder jene Formen, in denen über motiviertes Sprechen wieder zur Sprache und zum Sein zu kommen versucht wird. Diese Suche führt nie zu einer Steigerung konversationeller Kompetenz oder dialogischer Fähigkeit im gesellschaftlichen Sinn. Ganz im Gegenteil kommt es am Ende der sprachlichen Suchbewegungen gerade nicht zum Finden eines Losungswortes und Erlösungsbegriffs in der Art des Shibboleth, sondern wie etwa im Gedicht „Tübingen, Jänner" zur Entdeckung des Lallens als letzter verbleibender Redeform, wobei sicherlich nicht von ungefähr Hölderlins Konzept der Gesprächsabwehr ins Zentrum tritt.

[. . .]
nur lallen und lallen,
immer-, immer-
zuzu.

(„Pallaksch. Pallaksch.")[35]

Auf der anderen Seite dieser Sprachbewegungen zwischen Verstummen und unendlicher Deklination finden sich Formen wie „Radix, Matrix", ein Gedicht, das versucht, in verzweifeltem, sprachinflationärem Gestus gegen das Verstummen anzusprechen.

Wie man zum Stein spricht, wie
du,
mir vom Abgrund her, von
einer Heimat her Ver-
schwisterte, Zu-
geschleuderte, [. . .]

(Wurzel.
Wurzel Abrahams. Wurzel Jesse. Niemandes
Wurzel – o
unser.)[36]

Dagegen freilich steht jener Gedichttypus, in dem das beginnende Gespräch, die beginnende Sprechbemühung bereits im Ansatz ausgelöscht wird. Zeichen der Sprachzerfetzung, der Verstümmelung von Sprache, der Folterung der und durch die Sprache sind hierfür signifikant. Deutlich wird dies u. a. an einem Gedicht mit dem Titel „Einem, der vor der Tür stand", wo das Gespräch mit dem Rabbi Löw in abruptem Abbruch — es bleibt unklar, ob der Anlaß von außen oder von innen kommt — gestört, zerstört wird:

Diesem
beschneide das Wort,
[. . .]
Diesem.
. . . . . . . . . . . . . . . .

Wirf auch die Abendtür zu, Rabbi.
. . . . . . . . . . . . . . . . .

Reiß die Morgentür auf, Ra- —[37]

Weniger von einem Zerfall der normativen Syntax ist hier zu sprechen als von sprachgestischer Verdeutlichung der Grenzen von Rede, Dialog und Austausch. Das abrupt zerbrochene Schlußwort des Gedichts läßt keine Erinnerungen an spätromantische Fragmentkonzepte auftauchen, sondern gemahnt eher an das Zerschlagen von Stimmen. Neuere Berichte belegen, wie intensiv traumatische Erinnerungen an den Holocaust noch lange im Bewußtsein Celans nachwirkten.

Die omnipräsente, jederzeit stattfindende Begegnung mit den Überlebenden — Tätern wie Opfern — schaffen jene beklemmende, zuletzt von Claude Landsmann in seinem Film „Shoah" vergegenwärtigte Realität, die ihre vernarbten Spuren in den Texten Celans auf konkrete Art hinterläßt.[38]

Trotz dieser Einbrüche läßt sich eine dritte, auf Synthetisierung der Gegensätze zielende Sprechform in den lyrischen Texten Paul Celans nachweisen. Für diesen dritten Typus seien hier Gedichte wie „Benedicta" oder, programmatischer, „In Eins" genannt. In „Benedicta" löst die Instanz des lyrischen Ich sich gleichsam selbst zugunsten eines lyrischen Du auf, um die jiddische Frage nach dem „darf asoj sajn" in eine demütig reflektierte Gegenantwort des „'s mus asoj sajn"[39] umzuformen. Bevor dann auf der Basis dieser neuen, überindividuellen, synthetisierenden sprecherischen Instanz sprachliche, kontextuelle, soziale und religiöse Grenzen wiederum sprachgestisch aufgelöst werden, wenn sich der jiddische Begriff des „Benschens" in den christlichen Kontext des „Gebets" fügt. Die Abfolge der Begriffe

> Gebenedeiet.
>
> Ge-
> trunken.
> Ge-
> segnet.
> Ge-
> *bentscht.*[40]

bildet diese Hoffnung der Synthese auf der Basis der personenübergreifenden Sprachvermischung ab. Auflösung der Sprachgrenzen und Auflösung der Subjektgrenzen sind notwendige Voraussetzungen auf dem Weg zu einer Gesamtperspektive, der es gelingen soll, divergente Kontexte „In Eins" zu fassen. Innerhalb weniger Strophen wird hier ein politisch-ideologischer Erfahrungsbogen von der Französischen Revolution über die Russische Revolution, die Zeit des Spanischen Bürgerkriegs zurück bis zu den von Büchner in seinem „Hessischen Landboten" thematisierten frühmarxistischen Erfahrungen geschlagen:

Dreizehnter Feber. Im Herzmund
erwachtes Schibboleth. Mit dir,
Peuple
de Paris. *No pasarán.*

Schäfchen zur Linken: er, Abadias,
der Greis aus Huesca, kam mit den Hunden
über das Feld, im Exil
stand weiß eine Wolke
menschlichen Adels, er sprach
uns das Wort in die Hand, das wir brauchten, es war
Hirten-Spanisch, darin,

im Eislicht des Kreuzers „Aurora":
die Bruderhand, winkend mit der
von den wortgroßen Augen
genommenen Binde – Petropolis, der
Unvergessenen Wanderstadt lag
auch dir toskanisch zu Herzen.

*Friede den Hütten!*[41]

Traditionelle lyrische Positionen erscheinen in diesem Kosmos divergenter Signifikate, die sich nicht mehr unter dem grammatikalischen Primat einer lyrischen Instanz, sondern auf der Basis einer pluralen poeto-politischen Grundidee ordnen, irrelevant. Dabei können mit einzelnen Begriffen, Worten und Chiffren ganze kontextuelle Felder in verkürzter, jedoch historisch präziser Form abgerufen werden.

Die Wendung zur poetischen Großform wird im Langgedicht „Und mit dem Buch aus Tarussa", das nach einem Motto Marina Zwetajewas mit dem Satz „alle Dichter sind Juden" umschrieben ist, fortgesetzt. Die poetologische Chiffre der Flaschenpost, des Meridians, häufig als Schlagworte einer realitätsabgewandten Poetik des Hermetismus interpretiert, erhalten von hier einen konzentriert wirklichskeits- und geschichtsbezogenen Klang. Celan bricht mit dem Prinzip der Nachlaßverwaltung der bloß jüdischen Vergangenheit zugunsten jener Perspektive, die in Auflösung, Exiliertsein und Ausgesetztsein des Individiuums eine Kondition des modernen Daseins erblickt und damit Positionen reflektiert, die jenseits der religiösen oder ethnischen Selbstbeschau zu situieren sind. Die Konkretisierung der jüdischen Leiderfahrung dient zugleich und mit gleicher Gewichtung der Präzisierung außerhalb des Jüdischen wirksamer Unterdrückungsmechanismen. Seine Texte werden zum Plädoyer für ausgesetzte Minderheiten in vielen Kulturkreisen, die von der Totalität seiner Texte erfaßt werden sollen. Daß dieser Vorstoß in einer neue, konkrete Dimension von Universalität mit Selbstverzicht und Selbstauslöschung wenige Monate später gepaart sein wird, gehört zu jenen Paradoxa, die erwähnt, jedoch nicht bewertet oder „erklärt" werden sollen. „Schibboleth" ist Programm und Daseinsentwurf, aber im Ungenügen an der Realität auch Absage. Denn der „dreizehnte Feber" ist zum Zeitpunkt seiner Verschriftlichung ebenso widerlegt wie das „No pasarán" der Pasionaria, die Rufe des „Peuple de Paris" oder das Eislichtleuchten des russischen Revolutionskreuzes „Aurora". Celans „Niemandsrose" ist weder Abgesang noch Neufindung, auch nicht Dekonstruktion, allenfalls Konstrukt. Wider besseres Wissen mit Worten in die Welt und gegen die Welt gesetztes Konstrukt.

Der Schriftsteller und Celan-Forscher Klaus Voswinckel entwirft am Ende seines Essays „Jerusalem. Eine Reise in die Schrift" folgendes für die Situation des späteren Celan wohl überaus zutreffendes Szenarium, dessen Schauplatz ein gleichermaßen imaginäres wie reales Jerusalem ist:

> Freitag. Islamischer Feiertag.
> Sonnabend. Sabbat.
> Sonntag. Christlicher Ruhetag.
> Ich biege um die Ecke der Via Dolorosa in den Suq El Wad ein und sehe von verschiedenen Seiten Leute aufeinanderzugehen. Vor meinen Augen nehmen sie Gestalt an:
> Emmanuel Lévinas, Jacques Derrida mit einer Schale aus blauem Hebronglas in den Händen, links Gotthold Ephraim Lessing und, ganz fern, Paul Celan.[42]

Während die anderen Autoren und Gelehrten im weiteren über das Zusammenbrechen der eigenen Gedankengebäude unter dem Druck der Erfahrung „des Anderen" sprechen, bleibt Celan im Abseits hinter ihnen, auf dem Meridian zwischen Paris und Jerusalem und memoriert, gerade noch hörbar:

*Kleide die Worthöhlen aus*
*mit Pantherhäuten,*

*erweitere sie, fellhin und fellher,*
*sinnhin und sinnher,*

*gibt ihnen Vorhöfe, Kammern, Klappen*
*und Wildnisse, parietal,*

*und lausch ihrem zweiten*
*und jeweils zweiten und zweiten*
*Ton.*

Der zweite Ton, das ist der andere, zweite Klang im Wort. Es ist die Öffnung der Sprache über das Eine und Einsinnige hinaus zu etwas unkontrollierbar immer schon in ihr vorhandenem Weiteren, ein Gegensinn und Gegenklang ist da, der die offizielle Wahrheit Lügen straft.[43]

**Anmerkungen:**

1) Paul Celan, Gedicht: „Die Silbe Schmerz", in: *Niemandsrose.*
2) Selbst die niveauvolleren unter den Nachrufen waren in dieser Tonlage gehalten; vgl. z. B. W. Weber: „Du sei wie du. Zum Tode von Paul Celan", in: *Die Zeit*, 15. Mai 1970.
3) So merkt Fried z. B. im als Motto zitierten Gedicht beim Begriff „Degesch" an: „Degesch: ‚Deutsche Gesellschaft für Schädlingsbekämpfung', Hersteller von Zyklon B für die Gaskammern in den Konzentrationslagern."
4) Paul Celan: Ansprache anläßlich der Entgegennahme des Literaturpreises der Freien Hansestadt Bremen. In: *Gesammelte Werke* Bd. 3, Frankfurt a. M., 1983, S. 185.
5) Ebenda.
6) Ebenda, S. 185f.
7) Ebenda, S. 185; vgl. zur „Bukowina": H. Gold (Hg.): *Geschichte der Juden in der Bukowina*, Tel Aviv, 1958–1962, 2 Bde.
8) Ebenda, S. 186.
9) Vgl. Paul Celan: „Eine Gauner- und Ganovenweise gesungen zu Paris Emprès Pontoise von Paul Celan aus Czernowitz bei Sadagora." In: *Werke*, Bd. 1, S. 229f. Derridas Begriff der „différance" könnte hier nutzbringend verwendet werden.
10) Vgl. Paul Celan: „Die Schleuse". In: Werke Bd. 1, S. 222.
11) Vgl. Victor Klemperer: *„LTI"* Die unbewältigte Sprache. München, 1969.
12) G. Grass/F. Giroud: *Wenn wir von Europa sprechen*, Frankfurt a. M., 1989, S. 74f.

13) Paul Celan: Bremer Rede, a. a. O., S. 186. Vgl. auch H. Burgers Ansatz in: *Paul Celan. Auf der Suche nach der verlorenen Sprache*, Frankfurt a. M., 1989.
14) Paul Celan: *Werke*, Bd. 5, S. 155.
15) Paul Celan: *Werke*, Bd. 1, S. 211.
16) Joseph Roth: *Hiob. Roman eines einfachen Mannes*. Köln, 1974, S. 19.
17) Paul Celan: *Werke*, Bd. 1, S. 211.
18) Es ist gestattet, hier – nicht ganz willkürlich – den Leitbegriff Thomas Bernhards zu verwenden.
19) Joseph Roth: *Hiob*, S. 19.
20) Paul Celan: *Werke*, Bd. 1, S. 211.
21) Ebenda.
22) Ebenda, S. 214.
23) Vgl. Th. Sparr: Das Gespräch im Gedicht. Paul Celans Gedicht „Zürich, Zum Storchen", in: *Züricher Zeitung 272*, 23. 11. 1990. Vgl. auch H. Birus: Celan – wörtlich, in: P. Celan: *Atemwende. Materialien* (hg. v. G. Buhr/R. Reuß), Würzburg, 1991, S. 125–166.
24) Margarete Susmann: *Das Buch Hiob und das Schicksal des jüdischen Volkes*. s. l., 1945, S. 8.
25) Vgl. hierzu die Studie von Th. Sparr: *Celans Poetik des hermeneutischen Gedichts*, Heidelberg, 1989. Insbesondere die exemplarische Analyse der Transformationsstufen des Gedichts „Blume". In eine ähnliche, die semantischen Felder der Celan-Texte entschlüsselnde Interpretationsrichtung zielen neben den bekannten Arbeiten von Bernhard Böschenstein die Studien der Gruppe um Jean Bollack: *Sur quatre poèmes de Paul Celan. Une lecture à plusieurs.* Paris 1991.
26) Paul Celan: *Werke*, Bd. 1, S. 214.
27) Martin Buber: *Ich und Du*, Frankfurt a. M., 1982, S. 129. Vgl. Jürgen Wertheimer: Einführung, in: J. W.: *„Der Güter Gefährlichstes, die Sprache." Zur Krise des Dialogs zwischen Aufklärung und Romantik*, München, 1990, S. 7–10. Den gebrochenen dialogischen Gestus der Sprache Celans scheint mir der kurze, faszinierende Aufsatz Giuseppe Bevilaquas zu erfassen. C. f. G. B./B. Böschenstein: Paul Celan. Zwei Reden. Marbach 1990, S. 21–38.
28) Paul Celan: *Werke*, Bd. 1, S. 217.
29) Vgl. Jacques Derrida: *Schibboleth*, Paris, 1986.
30) Paul Celan: *Werke*, Bd. 1, S. 222.
31) Paul Celan: *Werke*, Bd. 3, S. 186.
32) Paul Celan: *Werke*, Bd. 1, S. 225.
33) Vgl. hierzu auch E. Frieds Antwort im Gegengedicht: „Beim Weiterlesen eines Gedichts von Paul Celan" (in: *Die Freiheit den Mund aufzumachen*), wo auf diese Zeilen („es sind /noch Lieder zu singen jenseits/der Menschen") geantwortet wird („Doch nicht ein einziges Lied/jenseits der Menschen").
34) Paul Celan: *Werke*, Bd. 1, S. 225.
35) Ebenda, S. 226.
36) Ebenda, S. 239.

37) Ebenda, S. 242f.

38) Neben den Antisemitismen der Pariser Alltagsszene („Les juifs au four!") erinnert der Celan-Freund Franz Wurm in diesem Zusammenhang an eine von René Char vermittelte Episode, die hierfür kennzeichnend ist. „René Char hat mir einmal erzählt, er sei eines Nachts in den ersten Morgenstunden von ihm angerufen worden: er möge bitte kommen, in einem Hauseingang gegenüber stünden zwei Kerle, die schauten immer wieder zu seinem Fenster herauf ... Char habe über den Pyjama den Regenmantel angezogen, sei im Taxi hingefahren und habe – Hüne, der er war und der nötigenfalls so aufzutreten verstand, daß Widerrede von vornherein nicht in Frage kam – ihre Ausweise verlangt und notiert und sei, da auch ihm die beiden bedenklich vorgekommen waren, Auskünften nachgegangen. Sie lauteten auf zwei ehemalige Lager-Schergen." Zit. nach Franz Wurm: „Erinnerung an Paul Celan", in: *Züricher Zeitung 272*, 23. 11. 1990.

39) Paul Celan: *Werke*, Bd. 1, S. 249.

40) Ebenda.

41) Ebenda, S. 270.

42) Klaus Voswinckel: *Jerusalem. Eine Reise in die Schrift*, Wien 1991, S. 63.

43) Ebenda, S. 74f.

HEINZ GOCKEL

# Poésie engagée: Zur Lyrik Erich Frieds

1948 erschien Jean-Paul Sartres großer Essay „Qu'est-ce que la littérature". Hier wurde zusammengefaßt und zugleich fortgeführt eine Diskussion, die sich am Begriff der littérature engagée entzündet hatte. Sartre wendet sich gegen die Vorstellung, das Wort sei ein Zephir, der nur leicht über die Oberfläche der Dinge hinsäuselt und die Dinge aufblühen läßt, ohne sie zu entstellen. Das heißt: er wehrt sich gegen die Auffassung vom nur beschreibenden und darstellenden Charakter der Literatur, um gegen diese Auffassung seine provozierende These zu formulieren: „Parler c'est agir." Sprechen ist Handeln. Jedes Ding, das man benennt, ist schon nicht mehr ganz dasselbe; es hat seine Unschuld verloren.[1] Sprechen ist Handeln, allerdings nicht im Sinne der direkten Aktion. Sprechen ist Handeln, indem es benennt. Indem es aber benennt, enthüllt es, macht es erkennbar. Sartre wählt ein Beispiel: Wenn man das Benehmen eines Menschen benennt, dann hat man es ihm offenbart: er sieht sich. Und da man es gleichzeitig allen anderen benennt, weiß er sich in dem Augenblick, in dem er sich selber sieht, gesehen. Sprechen also ist Handeln, indem es benennend enthüllt und damit öffentlich macht, was möglicherweise als Privates verdeckt bleiben könnte. Damit bekommt das Benannte eine neue Dimension: etwas Flüchtiges, Vergängliches wird, indem es benannt wird, zu einem von anderen Erfahrbaren, es beginnt, wie Sartre sagt, für alle zu existieren, „gewaltig“ zu existieren. Das meint: es ist seiner Unschuld beraubt. Nun ist aber Benennen nie interesseloses Benennen. Wer etwas benennt, hat ein Interesse, eine Absicht, ein Ziel. Er will die Dinge nicht so belassen, wie sie sind, das heißt, er will verändern. Parler c'est agir. Geht man von diesem Satz aus, muß man sich seinen Konsequenzen stellen und kommt zuletzt zum Begriff der littérature engagée und zu einer Literatur, die verändert, indem sie benennt, und nicht nur, wenn sie in der Benennung Veränderbares aufzeigt. Ein Interesse aber, das zudem auf Veränderung aus ist, ist nicht denkbar ohne ein Werte-System. Sartre: „Wie soll man begreifen, was sich lohnt, wenn nicht mit Hilfe eines transzendenten Werte-Systems?“

Im Jahre 1951, drei Jahre nach Sartres Antwort auf die Frage „pourquoi écrire“, hält Gottfried Benn seine große Rede über Probleme der Lyrik. Sie mag zur nachträglichen Rechtfertigung seiner eigenen statischen Gedichte gehalten worden sein, sie war nicht weniger provozierend als Sartres Essay. Provozierend deshalb, weil sie den Begriff der Artistik in den Mittelpunkt stellt. Ein Gedicht ist „ein Kunstprodukt“. Das ist freilich für sich noch keine provozierende Äußerung, da man weiß, daß ein Kunstwerk in der Absicht, ein Kunstwerk zu sein, produziert wird. Provozierend wird dieser Satz erst dadurch, daß in seiner Konsequenz die Kunst sich selbst zum Gegenstand wird. „Artistik ist der Versuch der Kunst, innerhalb des allgemeinen Verfalls der Inhalte sich selber als Inhalt zu erleben und aus diesem Erlebnis einen neuen Stil zu bilden, es ist der Versuch, gegen den allgemeinen Nihilismus der Werte eine neue Transzendenz zu setzen: die Transzendenz der schöpferischen Lust.“[2] Gegen das transzendente Werte-System Sartres wird die Transzendenz der schöpferischen Lust gesetzt. Schöpferische Lust aber entsteht erst durch die artistische Formung der Sprache. So kommt Benn zu seiner These: Die Form **ist** das Gedicht. „Die Inhalte eines Gedichtes, sagen wir Trauer, panisches Gefühl, finale Strömungen, die hat ja jeder, das ist der menschliche Bestand, sein Besitz in mehr oder weniger vielfältigem und sublimem Ausmaß, aber Lyrik wird daraus nur, wenn es in eine Form gerät, die diesen Inhalt autochthon macht, ihn trägt, aus ihm mit Worten Faszination macht.“[3] Das Stichwort ist gefallen: autochthoner Inhalt, der in der Form zu sich selbst kommt. Und Benn zitiert gerne Hugo von Hofmannsthal: „Es führt von der Poesie kein direkter Weg ins Leben, aus dem Leben keiner in die Poesie," um diesen Satz dahingehend zu deuten, daß die Poesie, also das Gedicht, autonom ist, ein Leben für sich. Wovon er spricht: vom „absoluten Gedicht", vom Gedicht „ohne Glauben", vom Gedicht „ohne Hoffnung", vom Gedicht, „an niemanden gerichtet", vom Gedicht, aus Worten „faszinierend" montiert. „Das absolute Gedicht braucht keine Zeitwende, es ist in der Lage, ohne Zeit zu operieren, wie es die Formeln der modernen Physik seit langem tun."[4]

1960, am 22. Oktober, erhält Paul Celan den Georg-Büchner-Preis. Seine Rede anläßlich der Verleihung ist weniger provozierend, vielleicht deshalb, weil Celan sich weniger sicher ist als Sartre und Benn. Aber auch er spricht vom absoluten Gedicht und von der littérature engagée. Freilich vorsichtiger als seine Vorgänger. Celan zitiert den Anfang der Büchnerschen Lenz-Novelle: „Den 20. Jänner ging Lenz durchs Gebirg." Das ist ein historisch überliefertes Faktum. In Oberlins Aufzeichnungen lesen wir: „Den 20. Januar 1778 kam er hierher." Celan vermerkt zum Novellenanfang: „Er: der wahre, der Büchnersche Lenz ... er, nicht der Künstler und mit Fragen der Kunst Beschäftigte, er als ein Ich."[5] Und Celan weiß: das Gedicht, indem es spricht, ist seiner Daten eingedenk. „Vielleicht darf man sagen, daß jedem Gedicht sein „20. Jänner" eingeschrieben bleibt?" Eine bemerkenswerte Äußerung im Munde Celans, denn der 20. Jänner meint all das, was zu dem Gedicht geführt hat: das Zeitgeschichtliche, das Aktuelle, auch die Zeitenwende. Weiter: das Gedicht – eingedenk des 20. Jänner – ist immer auch gerichtet auf den anderen, zu dem es spricht, und läßt ihm, was seines ist: seine Zeit. So bleibt es offen, mündet ins Offene und Leere. Indem es von sich spricht, spricht es den anderen an, überläßt sich ihm; indem es vom Persönlichen, vom Privaten spricht, wird es öffentlich; indem es vom Aktuellen spricht, wird es allgemein. „Wovon spreche ich?" fragt Celan. „Ich spreche von dem Gedicht, das es nicht gibt! Das absolute Gedicht – nein, das gibt es gewiß nicht, das kann es nicht geben! Aber es gibt wohl, mit jedem wirklichen Gedicht, es gibt, mit dem anspruchlosesten Gedicht, diese unabweisbare Frage, diesen unerhörten Anspruch."[6] Dieser unerhörte Anspruch: zugleich hermetisches Gedicht und poème engagée zu sein.

Die Koordinaten sind abgesteckt: littérature engagée – poésie pure.

1948 hatte Erich Fried zwei Gedichtbände veröffentlicht, mit den bezeichnenden Titeln „Deutschland" und „Österreich", mit den Titeln also der verlorenen Heimat. Im Vorwort zum Gedichtband „Deutschland" schreibt er: „Die Gedichte setzen jene Vertrautheit mit unserer Zeit voraus, der wir uns ohnehin nicht entziehen können, und die Erinnerung an einige bekannte Kinderreime und alte Lieder, die in einigen dieser Verse variiert sind."[7] Schon hier wird ein poetologisches Programm erkennbar, das sich sowohl der poésie pure wie der littérature engagée verpflichtet weiß. Haben doch alle diese Gedichte, indem sie Vertrautheit mit der Zeit voraussetzen, ihren 20. Jänner, ihren konkreten Anlaß, von dem sie sprechen, um ihn öffentlich zu machen, damit er „gewaltig existiere". Haben sie doch aber auch die Tendenz zur sprachlichen Artistik, indem sie anspielend verschlüsseln und in der Verschlüsselung einen neuen Kontext des Verschlüsselten erstellen. Dieses schon früh erkennbare Verfahren wird sich bis in die späten Gedichtbände durchhalten und ist vor allem in jenen zu finden, die dezidiert Stellung nehmen, die, wie die Mehrheit der Kritiker eher mißbilligend feststellte, ausschließlich politische oder „öffentliche" Gedichte enthalten; gemeint sind die Gedichtbände „und Vietnam und" und „Höre, Israel!".

Das Verfahren: Erich Fried hat es selbst an einem späteren Gedicht erläutert.[8]

> Wenn Leitern sterben,
> Wer weiß,
> Grünen zwei schwarze Katzen.
> Graue Soldaten tragen
> Den gelben Abschiedssand.
> Schneemann und Schneefrau
> Spielen sprachlos Vater und Mutter
> Und Käfige kehren heim
> Klirrend und leer und enttäuscht.

Das Gedicht erschließt sich auch bei wiederholtem Lesen nur schwer.

Seltsam die Personifikation toter Gegenstände, der Leitern und Käfige; unverständlich die Zeile „Grünen zwei schwarze Katzen", es sei denn man hebt auf die Farbwerte grün und schwarz ab; schwer verständlich auch die Methapher „Abschiedssand“. Immerhin: vom Sterben ist die Rede, vom Winter und von der Sprachlosigkeit. Dem literarisch Versierten klingt diese Zusammenstellung wie ein Zitat. Es ist ein Zitat. Und man braucht bei Erich Fried nicht lange zu suchen. Oft und gern nennt er seine Vorläufer, in diesem Fall Hölderlin und sein Gedicht „Hälfte des Lebens“.

> Mit gelben Birnen hänget
> Und voll mit wilden Rosen
> Das Land in den See,
> Ihr holden Schwäne,
> Und trunken von Küssen
> Tunkt ihr das Haupt
> Ins heilignüchterne Wasser.
>
> Weh mir, wo nehm' ich, wenn
> Es Winter ist, die Blumen und wo
> Den Sonnenschein
> Und Schatten der Erde?
> Die Mauern stehn
> Sprachlos und kalt, im Winde
> Klirren die Fahnen.

Daß mit der Zusammenstellung von Sterben, Winter und Sprachlosigkeit an Hölderlins „Hälfte des Lebens“ erinnert werden soll, wird vollends durch das direkte Zitat „klirrend“ deutlich. Aber Erich Fried zitiert nur die zweite Strophe, den Winter, die Sprachlosigkeit und das Klirren der Fahnen. Die eine Hälfte des Lebens mit gelben Birnen, Schwänen und heilignüchternem Wasser hat sich verabschiedet, es sei denn, man sähe im „gelben Abschiedssand“ noch eine bewußte Übernahme der ersten Zeile des Gedichtes von Hölderlin. Dann aber ist auch diese Zeile mit der Metapher „Abschiedssand“ in das Sterben hineingenommen. Nicht genug der Anspielung auf Hölderlin. Erich Fried erinnert sich eines seiner Lieblingsgedichte, ein böhmisches Volkslied, das Mörike an das Ende seiner Novelle „Mozart auf der Reise nach Prag“ gestellt hat, mit einem Inhalt derart, daß Franziska, die die einfachen Verse liest, heiße Tränen entfallen.

Ein Tännlein grünet wo,
Wer weiß, im Walde;
Ein Rosenstrauch, wer sagt,
In welchem Garten?
Sie sind erlesen schon,
Denk es, o Seele,
Auf deinem Grab zu wurzeln
Und zu wachsen.

Zwei schwarze Rößlein weiden
Auf der Wiese,
Sie kehren heim zur Stadt
In muntern Sprüngen.
Sie werden schrittweis gehn
Mit deiner Leiche;
Vielleicht, vielleicht noch eh
An ihren Hufen
Das Eisen los wird
Das ich blitzen sehe!

Zunächst die wörtlichen Zitate: ein Tännlein grünet, zwei schwarze Rößlein, heimkehren. Erich Fried komprimiert freilich und vertauscht. Aus „aus Tännlein grünet“ und „zwei schwarze Rößlein“ wird die Zeile „grünen zwei schwarze Katzen“. Aber wir finden die gleiche Intention bei Erich Fried und Eduard Mörike: das Tännlein wird auf dem Grab grünen; die munteren Rößlein werden schrittweise einen Sarg begleiten. Die Hälfte des Lebens wird zum Lebensende. Mörike und Hölderlin, zitatweise mit Lebens- und Todesgedichten. Nicht genug damit, Frieds Gedicht enthält eine weitere literarische Anspielung. Mit den letzten Worten „leer und enttäuscht“ zitiert es Rilkes zehnte Duineser Elegie.

Freilich, wehe, wie fremd sind die Gassen der Leid-Stadt
wo in der falschen, aus Übertönung gemachten
Stille, stark, aus der Gußform des Leeren der Ausguß
prahlt, der vergoldete Lärm, das platzende Denkmal.
O, wie spurlos zerträte ein Engel ihnen den Trostmarkt,
den die Kirche begrenzt, ihre fertig gekaufte:
reinlich und zu und enttäuscht wie ein Postamt am Sonntag.

Nun spricht Rilkes zehnte Duineser Elegie vom Tod, von den frühzeitig, zur Unzeit Gestorbenen zumal, und von der Rührung, die uns bestürzt, „wenn ein Glückliches fällt“. Erich Frieds Gedicht: mit diesen verschlüsselten Anspielungen wird es hermetisch. Zwiesprache hält es, wenn nicht mit sich selbst, so doch mit Seinesgleichen. Noch in dieser Zwiesprache verbirgt das Gedicht seinen konkreten Anlaß: das Begräbnis Rudi Dutschkes. Erich Fried: „Ich war an diesem Tag in der Frühe unter einer Leiter durchgegangen und hatte zwei schwarze Katzen gesehen. Beides nach österreichischem Aberglauben Unglücksvorzeichen, aber das hat mich kalt gelassen, hätte mich kalt gelassen, denn ich war ohnehin schon ganz unglücklich. Es war der Tag des Begräbnisses von Rudi Dutschke. Und „Graue Soldaten tragen den gelben Abschiedssand" – die Gehilfen auf dem Friedhof, die den Sarg getragen haben und die dann die Sandschale mit dem gelben Sand in den Boden gestochen haben, daß man Sand ins Grab nachwirft, die waren wie Soldaten uniformiert. Mich hat das in Anbetracht der Umstände nicht gestört. „Schneemann und Schneefrau spielen sprachlos Vater und Mutter" – die Kinder von Rudi Dutschke und einige Kinder von dänischen Freunden, die mitgefahren waren mit Gretchen, die lebten im Haus von Helmut Gollwitzer, und die Kinder hatten vor der Tür einen Schneemann und eine Schneefrau gebaut. Und „Käfige kehren heim / klirrend und leer und enttäuscht" . . . Eine Heimkehr ist nicht nur, daß die zwei schwarzen Rößlein heimkehren zur Stadt in munteren Sprüngen, sondern die Berliner Polizei war in großen Mengen angerückt in der Erwartung oder Hoffnung, einige Verhaftungen vornehmen zu müssen, aber dazu kam es nicht bei dem Begräbnis, und als wir vom Friedhof uns wegschlichen, da ratterten diese Gitterwagen heim, weg von Dahlem, klirrend und leer und enttäuscht."

Erst spät, 1973, hat sich Erich Fried zum Verhältnis von politisch engagierter und hermetischer Literatur geäußert. Anlaß war die Rezension seines Gedichtbandes „Die Freiheit den Mund aufzumachen" von Walter Hinderer.[9] In dem Gedicht „Neue Naturdichtung" glaubt Walter Hinderer, da er die Anspielung auf Günter Grass und Bert Brecht nicht erkennt und damit der Ironie des Gedichtes nicht gerecht wird, eine Absage Erich Frieds an l'art pour l'art-Dichtung sehen zu können, um der Kommunikation willen.

Neue Naturdichtung

Er weiß, daß es eintönig wäre
Nur immer Gedichte zu machen
über die Widersprüche dieser Gesellschaft
und daß er lieber über die Tannen am Morgen
schreiben sollte
Daher fällt ihm bald ein Gedicht ein
über den nötigen Themenwechsel und über
seinen Vorsatz
von den Tannen am Morgen zu schreiben

Aber sogar wenn er wirklich früh genug aufsteht
und sich hinausfahren läßt zu den Tannen am Morgen
fällt ihm dann etwas ein zu ihrem Anblick und Duft?
Oder ertappt er sich auf der Fahrt bei dem Einfall:
Wenn wir hinauskommen
sind sie vielleicht schon gefällt
und liegen astlos auf dem zerklüfteten Sandgrund
zwischen Sägemehl Spänen und abgefallenen Nadeln
weil irgendein Spekulant den Boden gekauft hat

Das wäre zwar traurig
doch der Harzgeruch wäre dann stärker
und das Morgenlicht auf den gelben gesägten Stümpfen
wäre dann heller weil keine Baumkrone mehr
der Sonne im Weg stünde. Das
wäre ein neuer Eindruck
selbst erlebt und sicher mehr als genug
für ein Gedicht
das diese Gesellschaft anklagt.

Walter Hinderer bemerkt zum Gedichtband und näherhin zu diesem Gedicht: „Lyrik wird hier in der Tat zu einem Kommunikationsmittel, in dem ein kritisches Subjekt seine Einsichten und Erfahrungen allgemein verfügbar macht. Aber es läßt sich an diesen Texten paradigmatisch studieren, wie der Gebrauchswert oder besser: der Informationswert proportional zur formalen Bewältigung wächst. In dem Gedicht „Neue Naturdichtung“ beispielsweise entwickelt Fried seine Position gegen l'art pour l'art-Programme aller Art . . . So differenziert und überzeugend er seine poetischen Mittel einsetzt, mit dem aufdringlichen Kommentar der letzten Zeile verdirbt er die Wirkung.“ Erich Fried antwortet „nicht aus Undankbarkeit“, sondern „um der Sache willen“ mit einer kleinen Anmerkung: „Mein Gedicht ist nicht . . . die Darstellung **meiner** „Position gegen l'art pour l'art-Programme aller Art", sondern ist ironische Kritik an der Selbstzufriedenheit und Selbstgenügsamkeit einer in ihrem eigenen Engagement erstarrten Dichtung." DIE ZEIT, in der Erich Fried die Anmerkung um der Sache willen in Form eines Leserbriefes machte, ließ gerade diese Passage aus, was Fried zu neuerlicher und deutlicherer Stellungnahme veranlaßte. Keineswegs sei er gegen l'art pour l'art, um diese Parteinahme mit einem bezeichnend politischen Argument zu begründen: „denn l'art pour l'art" ist „ursprünglich ein – wenn auch verallgemeinernder – Protest der Dichter und Künstler gegen den allesfresserischen platten Fortschrittsoptimismus der Gründerzeit gewesen, die alle Dichtung für ihre Nützlichkeitsillusionen einspannen wollte." Wer so von der politischen Intention der l'art pour l'art-Dichtung spricht, weiß, daß poésie pure und littérature engagée kein Widerspruch sind, ja er weiß, daß jede politische Dichtung als solche nur bestehen kann aufgrund ihrer ästhetischen Kompentenz.

Wieder zehn Jahre später, 1983, als ihm der Bremer Literaturpreis verliehen wird, sieht sich Erich Fried genötigt, noch einmal zur Frage ästhetischer Qualifikation und politischer Dichtung Stellung zu nehmen.[10] Anlaß war diesmal die Äußerung des Fraktionsvorsitzenden der CDU im Bremer Stadtparlament Bernd Neumann über Gedichte von Erich Fried: so etwas möchte er lieber verbrannt sehen – möglicherweise ein Ausrutscher in der Hitze des Gefechts – es ging um die Behandlung von Gedichten Erich Frieds im Unterricht – wenn denn nicht in einer Rundfunkdebatte mit Erich Fried ein „seltsames Argument" von Seiten des Politikers gefallen wäre: man könne ihn mit den Bücherverbrennern der Nazis nicht vergleichen, denn als Politiker enthalte er sich jedes ästhetischen Urteils und urteile nur politisch. „Da kann man sich nur fragen", antwortet Erich Fried, „wie denn überhaupt jemand glauben kann, ein Gedicht beurteilen oder verstehen zu können, wenn er das Ästhetische ausklammert." Das läßt rückschließen auf die eigenen politischen Gedichte. Ihre ästhetische Qualifikation erreichen sie im Sinne Sartres: „man muß wissen, worüber man schreiben will – über Schmetterlinge oder über das Los der Juden. Und wenn man das weiß, dann bleibt immer noch zu entscheiden, wie man darüber schreiben will."[11]

Wie man darüber schreibt: ein Beispiel, das zu ähnlich heftigen Kontroversen Anlaß gegeben hat: das Gedicht „Auf den Tod des Generalbundesanwalts Siegfried Buback“ aus dem Gedichtband „So kam ich unter die Deutschen“.

**1.**

Was soll ich sagen
von einem toten Menschen
der auf der Straße lag
zerfetzt von Schüssen

den ich nicht kannte
und nur wenig zu kennen glaubte
aus einigen seiner Taten
und einigen seiner Worte?

**2.**

Dies Stück Fleisch
war einmal ein Kind
und spielte

Dieses Stück Fleisch
war einmal ein Vater
voll Liebe

Dieses Stück Fleisch
glaubte Recht zu tun
und tat Unrecht

Dieses Stück Fleisch
war ein Mensch
und wäre wahrscheinlich

ein besserer Mensch
gewesen
in einer besseren Welt

**3.**

Aber genügt das?
Könnte man nicht dasselbe
von anderen Menschen sagen
die eingingen in die Geschichte
befleckt und verurteilt
vom Nachruhm
ihrer Unmenschlichkeit?

**4.**

Was er für Recht hielt
hat Menschen
schaudern gemacht

Was er für Recht hielt
hat dieses Recht
in Verruf gebracht

Seine Nachrufe waren
nur so
wie Nachrufe sind

**5.**

Was er getan hat
im Leben
davon wurde mir kalt ums Herz

Soll mir
nun warm ums Herz werden
durch seinen Tod?

**6.**

Der Abscheu vor ihm
half Herzen
verhärten wie seines

sein Tod
wird helfen
sein Lebenswerk fortzusetzen

Sein Tod wird helfen
Das Denken
auf ihn abzulenken

und so verdecken das Unrecht
von dem dieser Mensch
nur ein Teil war

Schon darum
kann ich nicht ja sagen
zu seinem Tod

vor dem mir
fast so sehr graut
wie vor seinem Leben

7.

Es wäre besser gewesen
so ein Mensch
wäre nicht so gestorben

Es wäre besser gewesen
ein Mensch
hätte nicht so gelebt.

Das Gedicht ist freilich dazu angetan, eine Diskussion über die Verantwortung des Lyrikers auszulösen. Hier wird offensichtlich Stellung bezogen. Der Satz „Dieses Stück Fleisch / glaubte Recht zu tun / und tat Unrecht“ wurde zum Stein des Anstoßes. Vor allem deshalb, weil man ihn aus dem Kontext löste und dadurch das Argument in der Hand hatte, Fried wende sich gegen den Rechtsstaat. Beläßt man es im Kontext, dann entsteht die ins Allgemeine gehobene Biographie eines Menschen, der in einer besseren Welt ein besserer Mensch geworden wäre: ein Kind, ein Vater, ein Mensch. Diesem Leben wird konfrontiert der tote Mensch, zerfetzt von Schüssen, als blutendes Fleisch auf der Straße liegend. Schon die Gegenüberstellung: „dieses Stück Fleisch“ – „ein Mensch“ offenbart die Brutalität des Geschehens. Vollends ins Unrecht gesetzt werden die Angriffe auf den „Verschwörungsneurotiker“ Fried, beachtet man das Verfahren des anspielenden Zitierens. Erich Fried selbst bezieht sich mit der durch die Anapher gesteigerten Wiederholung vom „Stück Fleisch“ auf Shakespeare, und zwar auf Marc Antons Klage an Caesar: „thou bleeding piece of earth“.[12] Eine Totenklage also wird zumindest zitiert. Mehr noch, im biblischen Kontext ist vom Fleisch die Rede, wenn von der Hinfälligkeit des Menschen in seiner zeitlichen Existenz gesprochen wird. So in Psalm 78, 39: Gott gedachte der Menschen, und er „war eingedenk, daß sie nur Fleisch sind, ein Hauch, der verschwindet und nicht zurückkehrt“.[13] Im Kontext des Gedichtes selbst und im Kontext der literarischen und biblischen Anspielungen ist Erich Frieds Gedicht alles andere als ein Angriff auf unseren Rechtsstaat.

Von der Verantwortung des Lyrikers: wie ein Leitmotiv durchzieht Erich Frieds Gedichte die Erinnerung an Brechts „An die Nachgeborenen“, vor allem an jenen Satz, der immer wieder zum Anlaß für die Auseinandersetzung mit engagierter Literatur geworden ist: „Was sind das für Zeiten, wo / Ein Gespräch über Bäume fast ein Verbrechen ist / Weil es ein Schweigen über so viele Untaten einschließt." 1937, als Brecht dieses Gedicht schrieb, konnte er noch nicht an Auschwitz denken. An Auschwitz hat mit Sicherheit Paul Celan gedacht, als er Brecht in seinem Gedichtband „Schneepart" antwortete:

> EIN BLATT, baumlos
> für Berthold Brecht:
>
> Was sind das für Zeiten
> wo ein Gespräch
> beinah ein Verbrechen ist,
> weil es soviel Gesagtes
> mit einschließt?

Nicht zufällig steht diese widmende Antwort in einem Gedichtband, der „Schneepart" betitelt ist. Weist das Gedicht doch zurück auf das alte Rätsel vom Vogel federlos. Die finsteren Zeiten Brechts sind zu immer kälteren geworden. Nicht nur ein Gespräch über Bäume, jedes Gespräch ist beinahe ein Verbrechen. Die Begründung für das mögliche Verdikt kommt freilich aus einer anderen Richtung als bei Brecht. Bei ihm ist das Vertrauen in die Wirkung des Wortes ungebrochen. Es kommt nur darauf an, auch für die Lyrik, mit den richtigen Worten von den richtigen Sachen zu sprechen. Solches Vertrauen kennt Celan nicht mehr. Nicht mehr das Schweigen macht schuldig, jedem Sprechen ist Schuld eingeschrieben, da die Wörter in finsteren Zeiten zu Instrumenten des Todes wurden.

Wenn Erich Fried Brecht zitiert, tut er dies nicht, ohne der Antwort Celans eingedenk zu sein.

> Gespräch über Bäume
> Für K. W.
>
> Seit der Gärtner die Zweige gestutzt hat
> sind meine Äpfel größer
> Aber die Blätter des Birnbaums
> sind krank. Sie rollen sich ein
>
> In Vietnam sind die Bäume entlaubt.
>
> Meine Kinder sind alle gesund
> Doch mein jüngerer Sohn macht mir Sorgen
> er hat sich nicht eingelebt
> in der neuen Schule
>
> In Vietnam sind die Kinder tot

Mein Dach ist gut repariert
Man muß nur noch die Fensterrahmen
abbrennen und streichen. Die
Feuerversicherungsprämie
ist wegen der steigenden Häuserpreise erhöht

In Vietnam sind die Häuser Ruinen

Was ist das für ein langweiliger Patron?
Wovon man auch redet
er kommt auf Vietnam zu sprechen!
Man muß einem Ruhe gönnen in dieser Welt:

In Vietnam haben viele schon Ruhe
Ihr gönnt sie ihnen

Das scheint ein Gedicht, das deshalb keiner ausführlichen Interpretation bedarf, weil es „unmißverständlich die Bedeutung des Engagements, der Anteilnahme des Autors und des Lesers an den Zeitereignissen" signalisiert.[14] Aber ist es wirklich so unmißverständlich auf Anteilnahme ausgerichtet? Ist es so eindeutig, weil seine Sprache so einfach ist? Schon der Titel läßt vorsichtig sein. Scheint er doch Brecht zurückzunehmen. Brecht hatte ein Gespräch über Bäume in den finsteren Zeiten „fast ein Verbrechen" genannt. Erich Fried teilt uns ein solches Gespräch wie unvermittelt mit. Haben sich die Zeiten denn derart geändert, daß Gespräche über Bäume wieder selbstverständlich geworden sind? Das wohl nicht. Das Stichwort „Vietnam" läßt doch Gegenteiliges erwarten. Für Brecht allerdings war das „Gespräch über Bäume" eine Metapher, eine Metapher für Lyrik, die sich der Bäume erinnert und des drohenden Krieges nicht. Erich Frieds „Gespräch über Bäume" hat mit dem, was wir uns unter einem lyrischen Gedicht über Bäume, und mit dem, was Brecht damit assoziieren wollte, wenig zu tun. Kein lyrisches Sprechen – Alltagssprache, Prosa in syntaktisch einfachster Form. Erich Fried scheint Brecht eines besseren belehren zu wollen. Aber diese Prosa wird gerade dadurch zu einem Gespräch in finsteren Zeiten, daß sie in der Konfrontation von Banalität und Faktum die sprachlichen Möglichkeiten ausschöpft, die es erlauben, auch die Unmenschlichkeit zu benennen. Dies schon dadurch, daß sie für die Mitteilung der Banalität vier Zeilen, für die des Faktums als Antwort jeweils nur eine Zeile braucht. Zudem die Sprechhaltung: „**meine** Äpfel, **meine** Kinder, **mein** Dach – **man** muß". Das wird konfrontiert mit der objektiven Aussage: „In Vietnam sind ..“. So gewinnt diese Sprache in der Benennung der Konfrontation zurück, was Celan von der lyrischen Sprache verlangte, näherhin von einem „Gespräch über Bäume“: erkennbar zu machen die Verbrechen, die ein Sprechen über Äpfel, Dächer und gesunde Kinder einschließt, indem es sie verschweigt.

Arbeit an der Erkenntnis der Unmenschlichkeit ist für Erich Fried Arbeit an der Sprache. Nach Auschwitz keine Gedichte mehr? Keine Gespräche über Bäume?[15] Im Gegenteil: Gedichte, Gespräche über Bäume nach Auschwitz sind „lebensnotwendig, überlebensnotwendig – um wieder sprechen zu lernen, um aus der Wortlosigkeit nach dem Trauma von Verhetzung, Demagogie, Sprach- und Weltzerstörung wieder zum Wort, zum guten Wort, zum wahren, zum kritischen Wort zu finden.“[16] Denn die Sprache war es ja gewesen, „die sich zuerst hatte verführen lassen“.[17] So kann es nicht darum gehen, nach Auschwitz zu verstummen, sondern darum, „Auschwitz im Rücken, den Menschen vor Augen, Gedichte zu machen, die, statt die Sicht zu vernebeln, für Klarheit am Hirnhimmel sorgen“.[18] Auch dann, wenn Auschwitz Vietnam geworden ist.

Als Erich Fried, 17jährig, ins Exil nach England ging und er im jüdischen Refugee Commitee nach seinen Berufsabsichten gefragt wurde, antwortete er: „Ich will ein deutscher Schriftsteller werden.“[19] Ein „deutscher“ Schriftsteller, das meinte vor allem die Zugehörigkeit zur deutschen Sprache, zu jener Sprache, die verführt, pervertiert, ja wortlos geworden war. Die fragende Behörde zeigte Unverständnis. Aber nach dem, was Fried erlebt hatte, mußte er schreiben, mußte er ins „gewaltige Existieren“ heben, was sonst hätte verschwiegen werden können: sein Vater von der Gestapo verhaftet und so mißhandelt, daß er am Tag der Entlassung starb, seine Großmutter im KZ umgebracht. „Nach dem deutschen Einmarsch in Wien, 1938, der mich aus einem österreichischen Oberschüler in einen verfolgten Juden verwandelte, und nach der Ermordung meines – unpolitischen – Vaters durch Gestapo-Beamte, nahm ich mir vor, wenn ich lebend entkäme, zu tun, was mein Vater in den letzten zwölf Jahren seines Lebens vergeblich tun wollte – Schriftsteller zu werden. Ich wollte gegen Faschismus, Rassismus und Austreibung unschuldiger Menschen schreiben.“[20] Das hat er schon mit den ersten Gedichtbänden getan und nicht erst seit 1966 mit dem

Band „und Vietnam und". Er schreibt in der Hoffnung, „daß man durch Worte vielleicht doch etwas ändern kann", und in dem Wissen, daß zwar Literatur nicht so unmittelbar wirkt wie Atombomben, ihre Wirkung aber nachhaltig, oft über Jahrhunderte hin, sein kann.[21]

Nachhaltig ist ihre Wirkung nur dann, wenn sie sich der Sprache als ihres zugleich politischen und ästhetischen Instruments bewußt ist. Erich Fried, gefragt nach der Aufgabe der Literatur, antwortet mit einem bezeichnenden Argument: „Ich glaube ja nicht, daß es die Hauptaufgabe der Literatur ist, eine dienende Magd der Politik zu sein, sondern daß es die Hauptaufgabe der Literatur ist, wie aller Kunst, gegen die Entfremdung zu kämpfen – für das wirkliche Hören, Sehen, Fühlen, Denken gegenüber den Schablonen und den denkfeindlichen und sehfeindlichen Mustern in unserer Gesellschaft."[22] Ein bezeichnendes Argument deshalb, weil hier scheinbar das Politische ausgeklammert wird. Das Wort „Entfremdung" aber ist ein politisches, zumindest ein gesellschaftskritisches. Es wird hier offenbar mit Unpolitischem verbunden: mit Hören, Sehen, Fühlen und Denken. Aber Fried weiß, daß diese Trennung des Politischen und scheinbar Unpolititischen nicht statthaft ist, weil sie nie statt hat. Denn jedes Gedicht, indem es ins „gewaltige Existieren" der Sprache erhebt, ist öffentlich und damit politisch. Eines seiner letzten Gedichte, ein Jahr vor seinem Tod geschrieben, spricht von dieser Überzeugung[23];

Was bleibt?

Viel weggebrannt
von Qualen der Zeit
von Qualen des eigenen Leibes –
Was bleibt
scheint wenig

Da aber scheidet es sich:
Entweder die Fertigkeit
das Glas noch zum Mund zu führen
den Unrat rechtzeitig zu entfernen
die Lage im Bett zu finden
die die leidigen Schmerzen
minutenlang abhält
Vielleicht sogar die Kunst
anzukämpfen

gegen den Krankheitsgeruch –
sonst nichts

Oder
zu sehen
und dann und wann zu verknüpfen
einige treibende
lange Gedankenfäden
Strophen von Hölderlin
mit der Marseillaise
Sätze von Hegel und Marx
oder Bloch und Schönberg
mit dem Herbstwind herüber vom nahen Wald
oder auch mit einigen von den Worten
die sie dem Juden
Jesus von Nazareth zugeschrieben haben

Dazwischen Bilder:
Rosa, Ulrike, Rudi,
Erzbischof Romero, Che, die Schatten der
Namenlosen
und Rauch von Auschwitz
und Lichtschein von Hiroshima

Worte bleiben
Gefühle
Gedanken
Wissen und Angst
Zorn bleibt und Widerstand
und keine Ruhe
Und Wünsche bleiben
auch einfache Wünsche für Menschen
(für sehr nahe und unbekannte)
und Hoffnungen auf eine Zukunft

Einiges bleibt
nach dem eigenen Bleiben
Die ganze Welt soll bleiben –

Oder bleibt nichts?

**Anmerkungen**

1) Jean-Paul Sartre: *Qu'est-ce que la littérature?* Paris, 1948, S. 29.
2) Gottfried Benn: *Gesammelte Werke*, hrsg. von Dieter Wellershoff, Wiesbaden, 1968, Band 4, S. 1064.
3) Benn: *Gesammelte Werke* 4, S. 1071 f.
4) Benn: *Gesammelte Werke* 4, S. 1091.

5) Paul Celan: *Gesammelte Werke*, hrsg. von Beda Allemann und Stefan Reichert, Frankfurt/Main, 1973, 3. Band, S. 194.
6) Celan: *Gesammelte Werke 3*, S. 199.
7) Erich Fried: *Frühe Gedichte*, Düsseldorf, 1986, S. 13.
8) Erich Fried widerspricht. Autobiographie und Werk. In: Sprache im technischen Zeitalter, 97 (1986), S. 303 f.
9) Vgl. Peter Bekes: *Deutsche Gegenwartslyrik von Biermann bis Zahl.* Interpretationen, München, 1982, S. 97 ff.
10) Erich Fried: *Ich soll mich nicht gewöhnen.* Dankrede zur Verleihung des Bremer Literaturpreises 1983. In: die horen. Zeitschrift für Literatur, Graphik und Kritik, 1984, S. 133–138.
11) Sartre: *Qu'est-ce que la littérature*, S. 34.
12) Ein abgewehrter Angriff? In: Kein schöner Land? Deutschsprachige Autoren zur Lage der Nation, hrsg. von U. Wandrey, Reinbeck, 1979, S. 96.
13) Vgl. Michael Zeller: *Gedichte haben Zeit.* Aufriß einer zeitgenössischen Poetik, Stuttgart, 1982, S. 176 ff.
14) Johann Holzner: *Gegenwartsnachrichten.* Zu den Gedichten von Erich Fried (1966–1974). In: Literatur und Kritik, 151 (1981), S. 117.
15) Theodor W. Adorno: *Kulturkritik und Gesellschaft I*, Prismen; Gesammelte Werke, 10, 1. Frankfurt/Main, 1977, S. 30.
16) Jürgen Wertheimer: *Erich Fried.* In: Die deutsche Lyrik 1945–1975, S. 351.
17) Wolfdietrich Schnurre in: Literaturmagazin 7 (1977), S. 198.
18) Wolf-Dietrich Schnurre: *Der Schattenfotograf.* Aufzeichnungen. München 1978, S. 457.
19) Erich Fried im Gespräch mit Lutz Liebelt. In: Rudolf Wolff (Hrsg.), Erich Fried. Gespräche und Kritiken, Bonn 1986, S. 46.
20) Erich Fried: *Höre, Israel!* Hamburg, 1974, S. 9 (Einleitung).
21) Dankrede zur Verleihung des Bremer Literaturpreises. In: die horen 1984, S. 137; vgl. Erich Fried: Das Unmaß aller Dinge. Erzählungen, Berlin, 1982, S. 57.
22) Gespräch mit Hanjo Kesting. In: Hanjo Kesting (Hrsg.), *Dichter ohne Vaterland*, Berlin/Bonn, 1982, S. 32.
23) Erich Fried: *Am Rande unserer Lebenszeit.* Gedichte, Berlin, 1990, S. 72 f.

PETER HANENBERG

# Erinnern und Erzählen. Jurek Beckers „Beliebteste Familiengeschichte"

Würde Jurek Becker die Geschichte seiner Familie erzählen wollen, so wäre dies ein trauervolles Unternehmen. Vom Ghetto in Lodz müßte er berichten, vom Tod in Maidanek und Auschwitz, von Ravensbrück und Sachsenhausen, vom Verlust der Mutter, fast aller Onkel und Tanten, von der List seines Vaters, ihn, den Sohn, mit einem fingierten Geburtsdatum (30. 9. 1937) vor den Häschern zu schützen, von der Odyssee der Trennung, an deren Ende Vater und Sohn sich wiederfinden und jedes Gespräch vermeiden, das die Vergangenheit berührt.[1] Jurek Beckers Familiengeschichte läßt sich nicht erzählen. Sie taugt schon gar nicht dazu, beliebt zu sein. Und dennoch hat Becker diese Geschichte immer wieder in seiner Prosa aufgehoben – auf eine Weise, die ihn zu einem beliebten Schriftsteller gemacht hat. Die Kunst, der Trauer einen heiteren Klang zu geben und gerade darin die Erinnerung an Verhöhnung und Vernichtung zu bewahren, ist Beckers unverwechselbarer Beitrag zur Literatur nach 1945. Mit „Jakob der Lügner"[2] war ihm dieses Kunststück zum ersten Mal gelungen – zur Überraschung der Literaturkritik und mit großem Erfolg bei seinen Lesern.[3] Hier hatte es einer gewagt, von der grausamen Realität eines Ghettos in erträglicher Weise zu erzählen und die Erzählung mit jener liebevollen Ironie auszustatten, die ein Schriftsteller braucht, der sich mit seinen Erfindungen – wie Jakob mit seinen Lügen – Hoffnung auf Leben erschreibt. Neben Jakob ist in diesem Roman der Erzähler der Held, nicht weil er Großes zu tun, sondern weil er zu erzählen versteht: gegen das Brechtsche Verdikt, wonach ein „Gespräch über Bäume“ „fast ein Verbrechen ist“[4] und gegen die Verdrängungsmechanismen zweier deutscher Gesellschaften, von denen die eine lieber nichts und die andere nur Heroisches aus jener Zeit zu hören bereit sein wollte.[5] Allerdings zählt Becker nicht zu denjenigen, die um Ideologien streiten oder belehren wollen: Sich nichts vormachen zu lassen und gegen die Irreführung durch die Behörden zur Not mit Lügen, am liebsten mit Geschichten aufzubegehren, das ist sein Programm.[6]

Dieses Programm hat Becker auch in seinen beiden anderen Romanen verfolgt, die sich thematisch an *„Jakob der Lügner“* anschließen. *„Der Boxer“*[7] ist die Geschichte eines Vaters, dem sein Sohn von den Nazis weggenommen wurde, der ihn nach dem Krieg unter Mühen wiederfindet und schließlich doch in der Wahlheimat DDR nicht halten kann. Nur mühsam bringt der Erzähler Aron Blank dazu, sich seiner Erfahrungen und seiner vergeblichen Bemühungen zu erinnern, den Sohn das Leben in Deutschland zu lehren. Von der List des Erzählens handelt der Roman ebenso wie von den Mühen der Erinnerung. „Ist es auf die Dauer ein erträglicher Zustand, Opfer des Faschismus und nichts anderes zu sein?“[8] fragt der Erzähler den angeblichen Boxer, der sich aus Angst vor fortbestehendem Antisemitismus Arno nennt. Und seine Geschichte verneint die Frage, indem sie zugleich zu erkennen gibt, daß etwas anderes zu sein, den Opfern ohne weiteren Schaden kaum möglich ist.

Mit Blick auf die jüngere Generation hat Becker diese Geschichte in *„Bronsteins Kinder“*[9] fortgeschrieben. Weil die ehemals Gemarterten keiner deutschen Justiz eine angemessenen Bestrafung der Täter und keine wahrhaftige Rehabilitierung der Opfer zutrauen, werden sie selbst zu Richtern und Folterknechten. Doch indem Arno Bronstein diese neue Rolle übernimmt, bringt er sich gleichsam selber um: Er stirbt an einem Herzinfarkt. Sein Sohn hat nun mit einer doppelten Last zu leben: mit der Erfahrung einer Unfähigkeit, die „Vergangenheit zu bewältigen“, und mit der Erinnerung an einen Vater, der gerade daran zugrunde ging. Sein Versuch, die ganze Geschichte „mit dem Verstand [zu] erledigen", bleibt dabei ebenso vergeblich, wie seine Bitte um „das steinerne Herz". Hans Bronstein ist ein Beobachter und ein Betroffener zugleich, sei es als Sohn eines „Opfers des Faschismus", als Liebhaber oder als Bürger der DDR. Aus dieser Spannung bezieht der Roman seine eigentümliche Leichtigkeit, in deren Mitte Becker denen ein Denkmal gesetzt hat, die ihre Form, mit der Erinnerung zu leben, stets aufs neue finden müssen. *„Wie ich ein Deutscher wurde"* – so hieß beziehungsreich der ursprüngliche Titel des Romans.

Von einem solchen Bedacht – so scheint es auf den ersten Blick – ist *„Die beliebteste Familiengeschichte"*[10] weit entfernt. Liest man die Erzählung allerdings ein zweites Mal – und sie steht ja in einer Tradition, „nach der die Geschichte immer wieder erzählt zu werden hatte" – dann enthält sie doch in Miniatur jene Themen und Erzählverfahren, mit denen sich Becker seinen Platz in der Literaturgeschichte erworben hat. Da ist zunächst die Lakonie, mit der die Erinnerung an die Zeit der Vernichtungen stets nur berührt wird. Wie nebenbei und gerade deshalb so eindringlich wird ein *Damals* erinnert, als „die Familie noch weitverzweigt" war. Was zwischen diesem *Damals* und heute geschah, ist beinah ausgeblendet, stünden da nicht jene kurzen Sätze, in denen die ganze Trauer eingefangen ist: „Gideon war schon ein sehr alter Mann, als sie ihn nach Maidanek brachten, aber trotzdem." Aber trotzdem – trotz des Alters bleibt der Verlust, trotz der Trauer bleibt diese „beliebte Geschichte".

Wie so oft in Beckers Prosa, so wird auch hier auf doppeltem Boden erzählt. Die eine Geschichte handelt von Gideon, dem Onkel aus Lublin, und seinen Erlebnissen in London. Die andere handelt vom Erzählen selbst, von der Situation im Kreis der Familie, von Erzählstrategien und von einem Erzähler, der zu neuen Geschichten aufbrechen will und sich deshalb die alte „vom Hals" schreibt. Mit großer Kunst hat Becker die verschiedenen Ebenen ineinander verwoben, etwa wenn es heißt: „Spätestens jetzt fingern die Damen Tüchlein aus ihren Taschen, während der Onkel durch einen Garten auf das Haus zuschreitet." Der Leser wird in solchen Sätzen gleich zweimal verführt: einmal in das Familientreffen im heiteren Kreis und ein zweites Mal in jenes Londoner Haus, in dem der Onkel den peinlichen Ausgang einer erfolgreichen Geschäftsreise zu erleben hat.

So recht will die Verführung aber nicht gelingen. Immer wieder senkt sich in sie die Erinnerung daran, daß beide Geschichten einem *Damals* angehören, dessen letzte Zeugen längst gestorben sind. Gerade weil nach dem Tod des Vaters die einzige Brücke zu jener Zeit abgebrochen ist, hat sich der Erzähler vorgenommen, mit dem ohnehin spärlichen Vorrat an Geschichten „sorgfältig umzugehen". Das Innehalten des Vaters mitten in der wiederholten Erzählung und sein Geständnis, „um wieviel lieber er die Geschichte hören würde, anstatt sie zu erzählen", sind selbst ein Bestandteil der Trauer in einer heiteren Erinnerung.

„Die Geschichte hat nämlich viele verschiedene Versionen", heißt es einleitend. Und so stellt sich der Erzähler die Frage, „ob nicht am Ende gerade darin das Geheimnis seines (des Onkels) überragenden Erfolges bestand". Auch die Erzählung von „Jakob dem Lügner" enthält verschiedene Versionen, und zwar in der Weise, wie sie zu Ende gebracht wird. Dort bietet der Erzähler zwei Varianten für den Schluß seiner Geschichte: die eine, die „häßliche" entspricht der 'historischen' Wahrheit, der endgültigen Vernichtung Jakobs und all derer, denen er mit seinen Lügen Hoffnung gemacht hatte. Die andere aber zeigt „ein Ende, bei dem man blaß werden könnte vor Neid, nicht eben glücklich [. . . ], dennoch unvergleichlich gelungener als das wirkliche Ende".[11] Mit diesen Varianten setzt Becker die Kraft der Fiktion und des erzählerischen Spiels ins Recht, die vielleicht eine Antwort gibt auf die Frage, die „das blaßwangige und verdrießliche, das wirkliche und einfallslose Ende" aufwirft: „Wofür nur das alles?"[12] Varianten und Versionen gehören zur Freiheit des Erzählens, die sich nicht mit dem zufrieden gibt, was als Geschichte einmal gewesen sein mag: eine Freiheit, mit der Beckers Erzähler einfallsreichlich ausgestattet sind.

In seinen Reflexionen über *„Die ‚beliebteste Familiengeschichte'"* gesteht der Neffe: „Ich finde sie nicht schlecht, so bedeutend aber auch nicht." In der Tat, nicht das, was in ihr erzählt wird, ist das Bedeutsame, sondern, daß sie erzählt und immer wieder erzählt wird, daß sie eine Tradition des Erzählens repräsentiert, in der die Erinnerung selbst die einzige Aufgabe ist: gegen den Sinnestaumel des Vergessens und die eilfertige Abwicklung des Vergangenen.

Becker hat die Geschichte seiner Familie nicht als Autobiographie erzählt und sie ist doch immer wieder in seiner Prosa gegenwärtig. In diesem Sinne ist auch *„Die beliebteste Familiengeschichte"* nur eine „Ersatzgeschichte", die für jene Erinnerungen steht, die nicht mehr zu rekapitulieren, die wohl auch nicht zu ertragen sind; eine 'Ersatzgeschichte' im besten Sinne des Wortes, die der historischen Erfahrung jene Heiterkeit abtrotzt, ohne die Literatur kaum sein kann. Das heitere und zugleich der trostlosen Erinnerung verpflichtete Werk Jurek Beckers löst die Erfahrung ein, „daß die Unfähigkeit zu trauern, wenn sie denn zu Recht diagnostiziert wird, nicht etwa auf ein Zuviel an Heiterkeit zurückzuführen ist, sondern einhergeht mit einer gleichfalls für die heutige Situation zu diagnostizierenden Unfähigkeit, heiter zu sein".[13] Der Leser schließlich, der sich von dieser Kunst in eine gute Stimmung versetzen und von der Lust des erinnernden Erzählens anstecken läßt, wird es nicht vergessen: In dieser Stimmung werden „einige Geschichten gar nicht erst erzählt und andere immer wieder".

**Anmerkungen:**

1) Zur Biographie Jurek Beckers vgl. das Interview mit Volker Hage unter dem Titel „Hinter dem Rücken des Vaters" in: „Deutsche Literatur 1986. Jahresüberblick", hg. von V.H. in Zusammenarbeit mit Adolf Fink, Stuttgart: Reclam, 1987 (= RUB 8403) sowie das „Begleitheft zur Ausstellung der Stadt- und Universitätsbibliothek Frankfurt a.M." (Frankfurt 1989) anläßlich Beckers Poetik-Vorlesungen. Die Vorlesungen sind unter dem Titel *„Warnung vor dem Schriftsteller"*, Frankfurt: Suhrkamp, 1990 (= es 1601) erschienen.
2) Jurek Becker: „*Jakob der Lügner.* Roman", Berlin u. Weimar: Aufbau Verlag, 1969 (auch als Suhrkamp Tb. 774).
3) Vgl. beispielhaft die Rezension von Marcel Reich-Ranicki: *„Roman vom Ghetto"*, in: M.R.-R.: *„Entgegnung. Zur deutschen Literatur der siebziger Jahre"*, Erweiterte Neuausgabe, Stuttgart: DVA, 1981, S. 351–355 (zuerst 1970).
4) „*Jakob der Lügner*" beginnt mit dem Satz: „Ich höre alle schon sagen, ein Baum, was ist das schon [. . . ]". Zur Bedeutung des Baums als Hoffnungssymbol vgl. John P. Wieczorek: *„Irreführung durch Erzählperspektive? The East German Novels of Jurek Becker"*, in: „Modern Language Review" 85, 1990, S. 640–652, hier S. 642.

5) Anders als Bruno Apitz in seinem Roman „*Nackt unter Wölfen*" (Halle: Mitteldeutscher Verlag, 1958), dessen erster Satz übrigens auch den Bäumen gewidmet ist, hat Becker auf eine Schilderung von Widerstandshandlungen im Ghetto verzichtet und damit den Anforderungen eines „sozialistischen Realismus" auf „positive Helden" entsagt. Zur Diskussion dieser Frage vgl. „Moral Issues in Jurek Becker's „*Jakob der Lügner*". Contributions to a Symposium", in: „Seminar", 1983, H. 4, S. 265–292.

6) Das gilt auch für Jurek Becker als Staatsbürger der DDR. Seine mutigen Äußerungen nach der Ausbürgerung Wolf Biermanns (1976; seit 1977 lebte Becker mit einem DDR-Visum, das pünktlich zur Vereinigung der deutschen Staaten auslief, im Westen) legen davon ebenso Zeugnis ab wie auf literarische Weise u. a. die Romane „*Irreführung der Behörden*" (Rostock: Hinstorff, 1973; auch als Suhrkamp Tb. 271) und „*Schlaflose Tage*" (Frankfurt/M.: Suhrkamp, 1978; auch als Suhrkamp Tb. 626).

7) Jurek Becker: „*Der Boxer.* Roman", Rostock: Hinstorff, 1977 (auch als Suhrkamp Tb. 526).

8) Ebd. (Suhrkamp Tb. 526), S. 249.

9) Jurek Becker: „*Bronsteins Kinder.* Roman", Frankfurt/M.: Suhrkamp, 1986 (auch als Suhrkamp Tb. 1517).

10) Sie ist ursprünglich abgedruckt in: Jurek Becker: „Nach der ersten Zukunft. Erzählungen", Frankfurt/M.: Suhrkamp, 1980 (auch als Suhrkamp Tb. 941, S. 40–61).

11) „*Jakob der Lügner*" (Suhrkamp Tb. 774), S. 258.

12) Ebd., S. 272.

13) Harald Weinrich: „*Kolleg über die Heiterkeit*", in: Merkur 43 (1989), H. 7, S. 553–567; hier S. 567.

JUREK BECKER

# Die beliebteste Familiengeschichte

Es ärgert mich schon sehr, daß die Gewohnheit, von der die Rede sein wird, vor meiner Zeit entstand und vor meiner Zeit verging. Damals war die Familie noch weitverzweigt – ich habe das Wort *unüberschaubar* im Ohr –, und um sie an einem Ort zu versammeln, brauchte es einen mächtigen Anlaß. Gewöhnliche Geburtstage genügten da nicht. Meine einzige Brücke zu jener Zeit, die mir am treffendsten mit *damals* bezeichnet vorkommt, war mein Vater. Als er starb, hatte ich nicht das Gefühl, umfassend über *damals* unterrichtet worden zu sein; die Informationen, die ich von ihm erhalten hatte, kamen mir plötzlich wichtiger vor als ehedem. Ich wußte, daß keine neuen mehr hinzukommen würden, von wem denn, und ich empfand die spärlichen Erzählungen jetzt wie einen Vorrat, mit dem ich sorgfältig umzugehen hatte.

Meist waren es Geburten, die von überallher unsere Familie zusammenbrachten. Nicht etwa, daß jemand es so beschlossen hätte, doch schrie, sooft mein Vater sich erinnerte, immer irgendwo im Haus ein Säugling, wenn alle beieinandersaßen. Zufall? hat er mich, der ich ja nur bei meiner eigenen Geburt dabeigewesen bin, einmal gefragt. Er hat ein bißchen abgewartet und dann den Kopf geschüttelt, so entschieden, als ginge mein Verdacht in eine selten dumme Richtung. Wenn aber kein Zufall, hat er mich gefragt, was steckte sonst dahinter? Ich habe dagesessen und getan, als quäle es mich, die Antwort nicht zu wissen; und dann, nachdem ich ihm lange genug mit den Schultern gezuckt hatte, erfuhr ich, daß Geburten sich aus verschiedenen Gründen für Familientreffen eignen: Erstens kommen sie selten vor, seltener als zum Beispiel Geburtstage. Zweitens hat jeder anständige Mensch das Bedürfnis, ein neues Familienmitglied zu sehen und anzufassen und zu küssen, denn Familiensinn ist, laut meinem Vater, nicht nur eine Theorie. Drittens kann man, nachdem man das neue Kind bewundert und die Geschenke abgegeben hat, ohne Umweg zum wahren Grund seines Besuchs kommen: Man kann sich gegenseitig fragen, was die Gesundheit macht, wie die Geschäfte gehen, was seit der letzten Geburt an Neuigkeiten anliegt, und kein Mensch fühlt sich übergangen: das Baby sowieso nicht, die Mutter ist mit ihrem Kind beschäftigt und mit den Geschenken, und der Vater ist entweder betrunken oder vor Glück ganz dumm. Und viertens, erklärte mir mein Vater, machen Geburten die Besucher auf sonderbare Weise fröhlich, sobald die Tür sich ihnen öffnet. Deshalb wohl, weil alle immer guter Stimmung waren, wurden einige Geschichten gar nicht erst erzählt und andere immer wieder.

Onkel Gideon, der Besitzer der beliebtesten Familiengeschichte, muß ein imposanter Mann gewesen sein. Meist ist es auf größeren Gesellschaften doch so, daß an die hundert Gespräche nebeneinander laufen, und was dem zufällig ins Zimmer Tretenden wie ein unverständliches Stimmengewirr vorkommt, hat in Wirklichkeit hundert verschiedene Bedeutungen. Wenn Onkel Gideon aber sprach, schwiegen die anderen. Er war nicht etwa der Reichste der Familie, das ganz gewiß nicht; er war auch nicht der Ärmste, doch mußte niemand fürchten, durch den Entzug seiner Gunst in eine Notlage zu geraten. Er ließ sich stets, bevor er die Geschichte zu erzählen anfing, eine hübsche Weile bitten, das wußte jeder. Man bat ihn so, als sei das Bitten schon ein Teil der Geschichte, als könne er gar nicht anfangen, bevor man ihn nicht lang genug gebeten hatte. Jeder spürte deutlich den Augenblick kommen, da unser Onkel an der Reihe war zu sagen: Na schön.

Er war schon ziemlich alt, als seine Geschichte zu solchem Ansehen gelangte. Mein Vater beschrieb mir seinen Mund und die Narbe auf seiner Stirn und sein Haar und auch die Art, wie er sich kleidete und was er beim Erzählen mit den Händen machte. Einmal sagte mein Vater: Gideon war schon ein sehr alter Mann, als sie ihn nach Maidanek brachten, aber trotzdem.

Aus welchem Grund die Geschichte so beliebt wurde, weiß ich nicht. Manchmal ist mir, als hätte ich sie vor langer Zeit irgendwo gehört, ohne daß mein Onkel Gideon darin vorgekommen wäre; doch kann es sein, daß ich mich täusche. Ich finde sie nicht schlecht, so bedeutend aber auch nicht. Ihr großer Erfolg muß mit Onkel Gideons Ausstrahlung zu tun gehabt haben, oder mit dem Geschmack der damals Anwesenden, auf jeden Fall mit etwas mir Verborgenem. Mein Vater hat sie mir zehn- oder zwanzigmal erzählt, als fühlte er sich verpflichtet, die Tradition fortzuführen, nach der die Geschichte immer wieder erzählt zu werden hatte. Erst ein so Starker wie der Tod hat es fertiggebracht, die Sache aufzuhalten. Und weil ich kein undankbarer Sohn sein will, andererseits aber auch keine Lust habe, so übertrieben lange bei ein und derselben Geschichte zu bleiben, schreibe ich sie mir nun vom Hals. Jedesmal hat mein Vater getan wie jemand, der eine Geschichte zum erstenmal erzählt. Er wollte meine Neugier spüren und meine Überraschung auskosten und mich immer wieder auf die Folter spannen. Doch gestehe ich, ob nun gern oder ungern, daß Onkel Gideons Geschichte auch mir von Mal zu Mal besser gefiel.

Bevor ich sie weitergebe, ist eine letzte Schwierigkeit zu überwinden, oder richtiger: ich will sagen, wie ich diese Schwierigkeit umgehe. Die Geschichte hat nämlich viele verschiedene Versionen. Bei jeder Erzählung meines Vaters klang sie anders, wenngleich es sich natürlich stets um Onkel Gideon handelte, der in jeder Version geschäftlich nach London fuhr. Nahezu alles Übrige aber muß mit Vorsicht angesehen werden, denn die meisten präzisen Angaben, die beim Geschichtenerzählen doch nicht immer vermeidbar sind, stellen gewissermaßen Mittelwerte dar. Ich habe sie mir aus den Abweichungen, die meinem Vater in fast jede Richtung hin unterliefen, selbst errechnet. Leider taucht mir jetzt erst, und viel zu spät, die Frage auf, ob nicht vielleicht schon Onkel Gideon Urheber der verschiedenen Versionen gewesen ist; und ob nicht am Ende gerade darin das Geheimnis seines überragenden Erfolges bestand. Die beliebteste Familiengeschichte also:

1922, während der kühlen Jahreszeit, fährt Onkel Gideon nach London. Nicht zu seinem Vergnügen etwa, wie ein Fremder vermuten könnte; zwei Maschinen sind zu kaufen für die Strumpffabrik, deren Direktor er so gut wie ist. Onkel Gideon haßt weite Reisen.

Groß verlassen hat er Lublin noch nie, obwohl er beinah sechzig ist, einmal ist er bis Lemberg gekommen, ein paarmal bis Krakau in die andere Richtung, nicht gerechnet die und jene Urlaubsreise, zumeist nach Zopot. Onkel Gideon hat es gern zu sagen: Reisen ist der Zeitvertreib der Unzufriedenen. Er pflegt hinzuzufügen: Wer nicht die Welt bei sich zu Hause findet, der ist auch nicht zu Hause in der Welt. Er läßt ein kleines Schweigen folgen, jedesmal, dann steckt er eine Zigarre in den Mund. Auf diese Reihenfolge ist Verlaß, und in der kurzen Pause zwischen beiden Sätzen nimmt Onkel Menachem schon die Schachtel mit den Hölzchen in die Hand. Jedenfalls, Onkel Gideon fühlt sich zu Hause wohler als an jedem anderen Ort. Er blickt zu seiner Frau wie zum Beweis, zu Tante Linda, da schauen alle anderen auch auf sie. Und schon wird rundherum zum ersten Mal gelächelt, weil Tante Linda ein wenig zu gewaltig ist, als daß man Onkel Gideons Worten so ohne weiteres glauben möchte. Am Ende meint er haargenau das Gegenteil, doch weiß das keiner, selbst Tante Linda lächelt und scheint sich über ihres Mannes Lob zu freuen.

Onkel Gideon reist also ohne Lust nach London, schon bei der Überfahrt, auf dem Kanal, hat er ein seltsames Gefühl. Das Wasser ist ruhig, nicht nötig die Angst vor der Seekrankheit; der Onkel hat dreierlei Tabletten bei sich, sein Magen ist von Kindheit an empfindlich. Der Steward verschüttet Kaffee auf den Plaid, der über Onkel Gideons Beine ausgebreitet ist, entfernt die Decke aber schnell genug, so daß Onkels Hose – die dunkelblaue aus belgischem Wollstoff, wirft Tante Linda ein – nichts abbekommt. In London dann ist Nebel, wie man es aus den Illustrierten kennt. Den Onkel überrascht das nicht. Es fährt ihn eine Kraftdroschke zu dem Hotel auf seinem Zettel. Nicht zwanzig Meter weit kann man sehen, der englische Chauffeur aber rast, als ginge es durch allerschönstes Wetter, er fährt sich um ein gutes Trinkgeld.

Das Hotelzimmer nach überstandener Angst ist wie ein Hotelzimmer, das Essen aber ganz und gar nicht wie ein Abendbrot. Mit der Suche nach einem koscheren Restaurant beginnt es, mit der vergeblichen, nach einer Stunde abgebrochenen. Onkel

Gideon will nicht so weit gehen zu behaupten, in ganz London gäbe es kein koscheres Restaurant; doch was er verantworten kann zu sagen ist, daß solch ein Restaurant, im Falle es existiert, von einem Fremden so gut wie nicht gefunden werden kann. Hungrig geht er zu Bett, bis der empfindliche Magen, man erinnert sich, ihm seinen tugendhaften Plan zerschlägt. Der Onkel wandert hin und her im düsteren Zimmer, auf Leibschmerzen zwar nicht vorbereitet, doch in jedem Augenblick gefaßt. Auf einmal bleibt er vor der Frage stehen, wie er die Woche London ohne Nahrung überleben soll. Er findet keine Antwort und stellt dieselbe Frage auch dem lieben Gott, selbst der muß überlegen. Ein längerer Disput, ein freundschaftlich geführter, hat zur Folge, daß Onkel Gideon sich wieder anzieht, ein wenig an zu Hause denkt, das Haarnetz ablegt und in das Restaurant hinuntergeht. Der Gott der Juden ist ein einsichtiger Gott, sagt, so mein Vater, Onkel Gideon, er läßt mit sich reden. Doch kein Wort weiter über englisches Essen im Hotel, sagt Onkel Gideon und scheucht mit der gespreizten Hand die Gedanken daran fort, schlägt mit der anderen ein paarmal auf sein spitzes Bäuchlein. Er sagt: Wenn dieses Essen doch nur so leicht zu schlucken wie zu vergessen wäre.

Worum es aber geht: Es ist ein Aufenthalt von einer Woche Länge vorgesehen, nach kaum drei Tagen sind die Maschinen schon gekauft. Zu günstigen Bedingungen, wie es sich fast von selbst versteht – schick Onkel Gideon etwas kaufen, und er kommt dir mit mehr Geld zurück, als du ihm mitgegeben hast. Rot vor Begeisterung, ruft Onkel Julian: Gideon, du alter Unmensch, warum zum Teufel wirst du nicht mein Kompagnon? Onkel Gideon antwortet ihm ruhig: Laß uns ein andermal darüber sprechen, wenn du deine Bücher bei dir hast, es ist dann leichter zu erklären. Natürlich lachen wieder alle, am lautesten Onkel Julian selbst, was hat er auch erwartet bei solch einer Frage.

Onkel Gideon aber hat vier freie Tage vor sich und weiß noch nichts mit ihnen anzufangen. Die meisten Sehenswürdigkeiten hat er nebenbei besichtigt, wer kann von früh bis nachts verhandeln, den Palast der Königin, gewisse Türme, gewisse Brücken, auch einen Platz mit italienischem Namen, auf dem es ähnlich wimmelt wie auf dem Markt von Lublin, auf dem es aber längst nicht so gut riecht. Museen sind nicht Onkel Gideons Sache. Er fragt sich, ob die vier Tage vielleicht dann am besten angelegt sind, wenn er die Rückfahrt vorverlegt und London London sein läßt, wenn er sich in den nächsten Zug setzt und seine Beine übereinanderschlägt. Andererseits ist das Hotelzimmer im voraus schon bezahlt, am dritten Tag kommt es einem nicht mehr ganz so fremd vor. Auch wäre, um die Rückfahrt umzubuchen, Hilfe nötig. Onkel Gideons Englisch versteht ja niemand hier. Und schließlich, nüchtern überlegt: Wann kommst du schon nach London? Nebel hin und Nebel her, immerhin ist es eine Weltstadt. Onkel Gideon entscheidet, daß Furcht und Heimweh übertrieben sind für einen Mann in seinem Alter. Er bleibt die volle Woche in der Stadt und gibt dem Kommenden gottlob die Möglichkeit, so sagt mein Vater, sich zu ereignen.

Wenigstens von Tee verstehen sie etwas, die Engländer, Tee nehmen sie ernst. Der Onkel lebt von Tee und Kuchen, der ihm nicht ganz so ungenießbar vorkommt wie die anderen Speisen. Und dabei ißt er zu Hause nie etwas Süßes, sagt Tante Linda manchmal unzufrieden. Am vierten Tag stellt unser Onkel fest, daß sich der Gürtel seiner Hose um zwei Löcher enger schnallen läßt, soll er sich nun darüber freuen oder nicht? Tante Linda sagt: Ich hab die Knöpfe an allen seinen Hosen, wie er heimgekommen ist, um solch ein Stück versetzt. Der Onkel nickt, dann sagt er: Aber vier Wochen später mußten sie zurück an die alte Stelle.

Am fünften Tag legt sich auf seine Schulter eine Hand, kaum hat er das Hotel zum Spazieren verlassen. Ein gewisser Silverstone hält ihn fest, einer von den Leuten, mit denen unser Onkel Verhandlungen zu führen hatte. Silverstone sagt: Hallo, alter Junge (so reden sie alle dort in England), ich denke, Sie sind längst wieder auf dem lausigen Kontinent?

Einen Moment lang hält Onkel Gideon das Wort *lausig* für den Ausdruck von Vorurteilen, betreffend die hygienischen Verhältnisse in Galizien. Er zieht die Augenbrauen schon hoch und will schon antworten, gerade in der letzten Nacht erst habe er in seinem so feinen Hotelzimmer nicht weniger als vier Wanzen töten müssen; doch schnell begreift er, daß Silverstone nur die allgemein übliche lässige Sprache spricht und sich nichts Böses denkt. Einmal fragt Tante Annette: Sag, Gideon, hast du wirklich vier Wanzen in dem Bett in dem Hotel gefunden? Und Onkel Gideon gibt zur Antwort: Ist das von Wichtigkeit?

Silverstone jedenfalls hört von des Onkels Absicht, sich ein paar Tage ohne Plan in London aufzuhalten, worauf er ausruft: Warum haben Sie denn nichts davon gesagt! Onkel Gideon beschreibt ihn als einen Menschen, der viel ruft und nicht so sehr viel sagt, das habe die Verhandlung mit ihm kolossal erleichtert. Der Onkel muß sofort sein Gast sein und muß sich mit ihm in ein Teehaus setzen, obwohl er den Frühstückstee kaum hinter sich hat. Doch ist für Silverstone der Tee nur Vorwand zum Whiskytrinken, für jeden bestellt er ein großes Glas, am Vormittag, an einem beliebigen Tag der Woche, so geht das zu in England. Noch heute schüttelt es unseren Onkel, sobald er daran denkt, wie er sich den Whisky Schluck für Schluck hinterquälen mußte, da half kein Sträuben. Ein Gläschen Wodka gießt er ein, bei dieser schrecklichen Erinnerung, und trinkt es leer in winzigen Schlückchen, und mein Vater zwinkert mir zu, wie Gideon seine Geschichte zu erzählen weiß.

Mr. Silverstone trinkt also gerne, da spielt die Tageszeit nicht die ausschlaggebende Rolle. Onkel Gideon muß sich mitbetrinken, erstaunlich gut hält sich sein Magen, nur wird er niemals wieder eine Auslandsreise unternehmen. Silverstone überschüttet ihn mit Ratschlägen, was an den zwei verbleibenden Londoner Tagen noch besichtigt werden sollte; doch Onkel Gideon weiß sofort, daß nichts davon ihn interessiert. Hunderennen, sagt er und hebt die Schultern hoch bis zu den Ohren. Könnt ihr euch vorstellen, fragt er, daß ein erwachsener Mensch sich ruiniert, weil der eine Hund schneller laufen kann als der andere? Ohnehin hat er sich für seinen letzten Abend ein Konzert vorgenommen, Mendelssohn in der Albert-Hall, da ist er ohne Englisch nicht im Nachteil.

Am Nachmittag, als London sich schon recht schnell um den Onkel dreht, hätte er auf ein Schläfchen Lust, doch nicht bei Silverstone. Unerbittlich führt der ihn immer weiter, kauft immer neue Gläser und hält sich für den besten Gastgeber. Kurz prüft Onkel Gideon den Gedanken, ob Silverstone sich gar auf diese Weise an ihm rächen will: weil die Verhandlungen so anders verlaufen sind, als er es sich wohl erträumt hat. Doch verwirft unser Onkel den Verdacht sofort, denn Silverstone fällt solche Hinterlist im Traum nicht ein. Man braucht ihn sich nur anzusehen, es handelt sich um Herzlichkeit, die zu ertragen harte Arbeit ist.

Zwischen zwei Schnäpsen auf der Straße schlägt Silverstone

dem Onkel plötzlich so derb auf den Rücken, daß dieser fast vom Weg abkommt. Ich hab's! ruft er, und unser Onkel fragt erschrocken: *Was* haben Sie? Silverstone schweigt jedoch und lächelt, er wiegt den Kopf nur hin und her wie jemand, der fast erstickt an einem guten Einfall, ihn aber nicht verraten will. Onkel Gideon hätte da schon stutzig werden müssen, heute weiß er es, heute ist er klüger. Damals wundert er sich nur ein bißchen und hält fast alles, was dieser Silverstone tut und läßt, für eine unverständlich englische Art, sich zu benehmen.

Silverstone fragt: Was halten Sie davon, alter Freund, in meinen Club zu gehen? Längst hat der Onkel aufgehört, sich zu wehren; er weiß genau, daß es nichts nützen würde zu sagen: Ich halte nichts davon. Er gibt zur Antwort: Meinetwegen in den Club. Silverstone schlägt die neue Richtung ein, durch ein paar krumme Straßen und durch ein paar gerade, auf einmal bleibt er stehen. Auf einmal will er wissen, ob Onkel Gideon schon je an einem Kostümfest teilgenommen hat. An einem Kostümfest? fragt unser Onkel, jetzt wirklich sehr erstaunt, was Sie nur reden.

Silverstone ist nämlich eingefallen, daß er für morgen zum Kostümfest eingeladen ist, zum besten in der ganzen Stadt. Unglücklicherweise ist er ausgerechnet morgen verhindert, für morgen abend hat sich ein türkischer Geschäftsfreund angemeldet, die Firma treibt Handel mit der halben Welt. Falls aber Onkel Gideon an seine Stelle treten möchte, so übernimmt er jede Garantie, daß es den Gastgebern des Festes eine Freude wäre und eine große Ehre noch dazu. Onkel Gideon muß wiederholen: Was Sie nur reden.

Dann sitzen sie im Club, zu dem nicht mehr zu sagen ist, als daß er sich in Lublin nicht einen Monat über Wasser halten könnte. In einem der Räume entdeckt Onkel Gideon Schachspieler. Er sieht ein wenig zu, bald weiß er, wie leicht er fertigwerden könnte mit den meisten hier: trotzdem läßt er sich nicht ein mit ihnen, denn sie spielen lächerlich ernsthaft, sie schweigen sich verbissen an und strafen dich für jedes unschuldige Wort mit bitterbösen Blicken. Silverstone kommt immer wieder auf diese Kostümfestangelegenheit zu sprechen, und unser Onkel schüttelt immer wieder den Kopf. Dabei hat er schon angefangen sich zu fragen, warum er so dagegen ist. Er fragt sich auch, was will ich sonst hier tun? Die Kirchen interessieren mich nicht und die

Schlösser nicht und nicht die Ausstellungen, wozu bin ich hiergeblieben, wenn nicht die Sitten und Gebräuche dieser merkwürdigen Menschen kennenzulernen? Das alles fragt sich Onkel Gideon, und schließlich fragt er Silverstone: In welcher Sprache aber soll ich mit den Leuten sprechen?

Da weiß Silverstone, daß er gewonnen hat. Er antwortet, die Gastgeber sprächen, wenn auch nicht polnisch, so doch ganz vorzüglich deutsch, und er strahlt über sein unschuldiges Gesicht. Viel zu spät, erst heute, fragt sich Onkel Gideon, was einer so zu strahlen hat, nur weil ein anderer bereit scheint, an seiner Stelle ein Kostümfest zu besuchen. Mendelssohn kann ich auch bei uns zu Hause hören, denkt unser Onkel damals nur, wahrscheinlich besser als in irgendeinem London. Silverstone schreibt schon den Namen jener Leute auf, darunter die Adresse, gleich morgen früh wird er sie antelefonieren, damit der Onkel auch erwartet wird.

Als was man hierzulande zu einem Kostümfest denn so geht, fragt unser Onkel im Verlauf des Abends. Darüber soll er sich nur nicht den Kopf zerbrechen, wird ihm gesagt, man zieht sich an, was einem gerade in die Finger kommt. Er, Silverstone, habe es immer so gehalten, daß ihm die Andeutung eines Kostüms schon als Kostüm genügte. Ein Hütchen sei da ausreichend oder die erste beste Pappnase, sagt Silverstone und lacht sich plötzlich halb kaputt. Sollte Onkel Gideon allerdings, was die Verkleidung angeht, irgendeinen Ehrgeiz spüren, sagt Silverstone, so ließe sich mit ziemlicher Gewißheit ein Kostümverleiher finden, sogar in der Umgebung des Hotels. In London gäbe es Kostümverleiher wie Sand am Meer. Onkel Gideon als Dschingis Khan, sagt Silverstone und lacht von neuem, und diese Vorstellung findet selbst der Onkel spaßig, *damals*. Wie sie so sitzen und trinken und später wieder essen und sich unterhalten, da kommt ein Augenblick, in dem der Onkel klar und überzeugend spürt: zu einem Kostümfest eingeladen zu werden ist eigentlich das Beste, was einem Fremden in London widerfahren kann.

Dann ist der nächste Tag da, am frühen Morgen schon fangen des Onkels Probleme mit dem Abend an. Er liegt behaglich auf dem Rücken, als ihm unverhofft der Gedanke kommt: Was hat ein Jude aus Lublin auf einem englischen Kostümfest zu suchen? Ein paar Minuten quält er sich mit dieser Frage, bis ihm eine andere einfällt: Warum soll ein Lubliner Jude in England nicht auf ein Kostümfest gehen? Die klingt ihm überzeugender, die duckt sich nicht so vor dem Ungewohnten. Und in der Badewanne überlegt er bereits, wie er sich kleiden soll. Beim Frühstück denkt er an seinen alten Grundsatz, der ihn zu dem gemacht hat, was er heute ist: Wenn du schon etwas tust, dann tu es richtig. Als Folge davon muß der Kellner kommen und muß ihm die Adresse des nächsten Kostümverleihers beschaffen; der ist nicht weit, wie Silverstone es prophezeit hat.

Unser Onkel wandert zwischen Kleiderständern umher und weiß nicht, wie sich entscheiden, denn er hat keine Lust, von den Räubern und Piraten oder von den Königen und Edelmännern einer zu werden. Fast will er schon als Onkel Gideon aus Lublin gehen oder gar nicht, da packt ihn ein alter Kinderwunsch, genau vor dem Regal für Kopfbedeckungen: der traurige bleiche Clown zu sein, über den man nur deshalb lacht im Zirkus, weil er nichts versteht und sich doch immer für den Klügsten hält. Er leiht sich alles, was dazugehört, die Pluderhose, ein silberfarbenes Seidenhemd mit großen schwarzen Knöpfen, die hohe spitze Mütze, die unterm Kinn von einem Bändchen gehalten werden muß. Im Hotel fällt ihm ein, daß sein Clown nicht nur bestimmte Kleider trug, daß er auch ein bestimmtes Gesicht hatte, ein unglaublich weißes mit runden schwarzen Augen drin. Da kauft der Onkel auch noch weiße Schminke und schwarze Schminke, und Tante Linda muß den Kopf schütteln, was für verrückte Einfälle ihrem Gideon früher gekommen sind.

Den halben Tag steht er vor dem Spiegel und zieht und malt sich an. Es dauert lange, bis das Gesicht ihm einigermaßen so gelingt, wie er es in Erinnerung hat. Die Augen, sagt er, die Augen haben mich zur Verzweiflung gebracht. Immer wieder wäscht er sich die Farbe vom Gesicht, nimmt schließlich, als die Haut schon rot vom vielen Reiben wird, ein Blatt Papier zu Hilfe, auf dem er immer wieder Augen ausprobiert. Erst spät entdeckt er seinen Fehler: er hat die Wimpern wie normale Wimpern gemalt, in Wirklichkeit müssen es dicke kurze Striche sein, wie Strahlen rings um eine Kindersonne. Und mitten unter jedem Auge muß ein kleiner runder Punkt sein, der Gott weiß was zu bedeuten hat, den Blick jedoch verwundert und irgendwie auch traurig macht. Onkel Gideon überträgt den Entwurf vom Papier auf sein Gesicht und ist am Ende doch zufrieden.

Es wär' gelogen zu sagen, gesteht der Onkel, daß er sich nicht ein wenig überwinden mußte, in seinem Aufzug das Zimmer zu verlassen. Aber auf welchem anderen Wege, fragt er, hätte man zu dem Kostümfest kommen können, und niemand weiß es. Natürlich zieht er einen langen Mantel über alles. Auf den Kopf setzt er seinen gewöhnlichen Hut, den jeder kennt, die spitze Mütze wird in Papier gewickelt und unterm Arm getragen. Er geht die Treppe hinunter, begegnet keinem Menschen, und die Hotelhalle ist auch leer. Des Onkels Entschlossenheit, von spöttischen Blicken nicht beschämt zu sein, ist ganz umsonst, denn bis zur Straße trifft ihn kein solcher Blick. Es ist längst dunkel, und es regnet zum Glück nicht, so muß er sich um sein Gesicht nicht sorgen. Er setzt sich in ein Taxi und sagt: In London mußt du gut auf deine Hände achten, warum? Kaum streckst du eine aus, schon hält ein Taxi. Er zeigt dem Fahrer seinen Zettel, der nickt und weiß, wie er zu fahren hat.

Dann steht der Onkel vor dem Haus am Stadtrand. Das Gelächter greift um sich, weil jeder ahnt, was gleich geschehen wird; und wer es noch nicht ahnt, der weiß es doch zumindest. Spätestens jetzt fingern die Damen Tüchlein aus ihren Taschen, während der Onkel durch einen englischen Garten auf das Haus zuschreitet. Er bleibt ein letztes Mal stehen, zählt die Fenster, die erleuchtet sind, und kommt auf eine Zahl, die keiner glauben würde. Und hat vor dem Anklopfen ein letztes Problem, die Sache mit den Hüten. Einen trägt er auf dem Kopf, den Kostümhut noch immer unterm Arm, doch Onkel Gideon will nicht jemand sein, der nachher dasteht mit zwei Hüten in der Hand. Einen muß er beim Klopfen also aufbehalten, er weiß im Augenblick nicht, welchen. Nach kurzem Klären trifft er die Entscheidung: die hohe spitze Mütze kommt auf den Kopf, der gewöhnliche Hut wird ins Papier gewickelt und im Gebüsch versteckt. Dem Onkel ist, als dringe aus dem Haus Musik, doch kann er sich auch täuschen. Er zieht die Glocke, und als man Schritte durch die Tür hindurch vernimmt, steht unser Onkel Marian auf, um sich das Übrige im Stehen anzuhören.

Es wird ja schon die Tür geöffnet von einem Butler, wie man ihn vom Lubliner Stadttheater kennt. Sekundenlang denkt Onkel Gideon, die backenbärtige Person gehöre, wie er selbst, als Gast zu dem Kostümfest. Der Mann stellt eine Frage, die Onkel Gideon natürlich nicht versteht, doch rechnet er sich geistesgegenwärtig ihren Sinn aus. Er kramt ein Visitenkärtchen aus der Tasche und legt es aufs Tablett, das ihm der Butler hinhält und das, wenn unser Onkel sich nicht täuscht, aus Silber ist. Jetzt endlich gibt man ihm den Weg frei, doch unterschätzt der Onkel die Höhe der Mütze auf seinem Kopf. Sie stößt gegen den Türrahmen, rutscht in des Onkels Genick und würgt ihn ein wenig mit dem Bändchen, der Butler schließt die Tür. Noch einmal sagt er ein paar von seinen Worten, dann rückt er einen Stuhl zurecht und geht davon mit dem Visitenkärtchen. Der Onkel setzt sich aber nicht, weil ihm der Spiegel an der Wand jetzt wichtiger ist. Er rückt die Mütze an ihren Platz zurück, er prüft den Sitz der Bluse, vor allem prüft er sein Gesicht, mit dem er nach wie vor zufrieden ist bis auf die Stirn, dort ist aus irgendwelchen Gründen ein Loch im Weiß. Dann hört er eine weit entfernte Stimme, die einem englischen Kind gehört, und hört im gleichen Augenblick, daß doch keine Musik im Haus ist, wie er draußen meinte. Zum erstenmal spürt er einen Hauch von Unbehagen, er weiß noch nicht genau warum. Doch Onkel Menachem, mit der Krawatte in der Hand, ruft jetzt schon: Geh endlich rein ins Zimmer, wer hält denn das noch aus!

Der Butler kommt zurück und hat noch immer nicht begriffen, daß unser Onkel seine Sprache nicht versteht. Er nimmt dem Onkel den Mantel aus der Hand, wenigstens das versteht man, es heißt soviel wie: man erwartet Sie. Der Onkel folgt ihm, um viele Ecken, in einen großen, nicht sehr hellen Raum, der etwas kühl ist, wie alle Räume offenbar in England. Vom Kamin her kommt der Hausherr Onkel Gideon entgegen, ein unscheinbarer Mensch, so wie man ihn zu Dutzenden im Club gesehen hat; er kommt mit einer ausgestreckten Hand, in die der Onkel seine legt. Der Hausherr sagt, wie außerordentlich ihn der Besuch des Onkels freue, in gut verständlichem Deutsch. Der Onkel bedankt sich in der gleichen Sprache für die Einladung, wobei er sich über das einfallslose Kostüm des Hausherrn ein wenig wundert: schwarze Jacke, graue Hose, weißes Hemd, Krawatte und nichts dazu. Erst dann bemerkt er die Dame in ihrem Lehnstuhl, und er geht zu ihr. Sie hält, bezaubernd lächelnd, die Hand auf eine Art und Weise hoch, daß Onkel Gideon sie zur Begrüßung küssen muß, soviel versteht er von der Sache. Er tut es, gleichzeitig hält er mit der freien Hand die hohe Mütze, weil sie nicht fest genug für seine Verbeugung sitzt. Das Kleid der Dame kommt ihm schon origineller vor, es ist ein bodenlanges rotes mit weißem

Spitzenkragen, wie es vor siebzig oder achtzig Jahren die feinen Damen in Galizien trugen. Sonst ist noch niemand da.

Der Onkel sitzt im Sessel am Kamin und ärgert sich, weil er so früh gekommen ist, weil Silverstone wahrscheinlich eine falsche Anfangszeit gesagt hat. Der Butler quält und quält ihn, indem er neue Fragen stellt. Onkel Gideon blickt um Hilfe. Der Hausherr übersetzt, ob Sherry oder Portwein oder Tee gewünscht wird, und Onkel Gideon entscheidet sich für Tee, solange er der einzige Gast ist. Dann, während man auf die Getränke wartet, sieht er einen Hund im Zimmer liegen. Doch was sag ich Hund, sagt Onkel Gideon und hält sein Weinglas hoch, damit ihm nachgegossen wird, bei uns in Lublin sagt man Pferd dazu. Dann sieht er auch, daß keine Gläser in dem Zimmer stehen und nirgends Flaschen mit Getränken, und auch daß keine Stühle da sind für weitere Gäste, was soll denn das für ein Kostümfest werden? Und zum zweitenmal spürt der Onkel dieses Unbehagen, jetzt ziemlich heftig.

Mein Vater, wenn ich das einflechten darf, war immer ziemlich aufgelöst bei diesem Stand der Dinge, meist schon davor. Meist kam ich ihm nicht amüsiert genug vor, doch war das nie ein großes Hindernis. Nur einmal hat er geseufzt und zu erzählen aufgehört, bis ich ihn fragte, was geschehen ist. Da hat er mir gestanden, um wieviel lieber er die Geschichte hören würde, anstatt sie zu erzählen. Ich habe lange überlegt, ob ich ihm nicht den Vorschlag machen sollte, unsere Rollen zu tauschen. Ich habe darauf verzichtet, weil es mir irgendwie ungehörig zu sein schien. Vielleicht wäre er auch gar nicht darauf eingegangen. Er führte mir schon vor, wie unser Onkel dasitzt, unter der hohen Mütze mit dem Tee. Der Hausherr möchte wissen, ob Onkel Gideon zum erstenmal in London ist. Dann fragt er, wie lange unser Onkel Herrn Silverstone schon kennt. Der Onkel sagt die Wahrheit: persönlich erst sein ein paar Tagen, von Briefen schon geraume Zeit. Der Hausherr wechselt einen Blick mit seiner Dame, einen beunruhigend langen, bevor er traurig lächelt und sagt: Er ist schon immer ein etwas eigenartiger Mensch gewesen, dieser Herr Silverstone.

Von einem Augenblick zum nächsten beschließt der Onkel, sich von der Mütze zu befreien, um jeden Preis. Er denkt: Ich werde es ja wohl fertigbringen, eine Mütze vom Kopf zu nehmen. Er beugt sich vor zu einem kleinen Tisch und stellt die

Tasse mit dem Tee ab, da hebt der Hund den Kopf und knurrt. Das Pferd! schreit Tante Esther oder Tante Moira und schlägt dem derb auf seine Schulter, der gerade vor ihr sitzt. Onkel Gideon aber führt trotzdem seinen Plan aus: er öffnet das Riemchen unterm Kinn, er nimmt seine Mütze ab, er stellt sie auf den Boden neben den Stuhl. Er spürt im selben Moment eine Erleichterung, die wir, die nie in solcher Lage gewesen sind, ihm gar nicht nachempfinden können.

Die Dame erkundigt sich, wie London Onkel Gideon gefällt. Der Onkel sagt nicht ganz die Wahrheit, indem er London lobt, als habe er die Aufgabe, es zu verkaufen. Nur über die englische Art zu essen beklagt er sich ein wenig, das wird man dürfen nach den Qualen. Die Dame entgegnet, Geschmack sei eine Sache der Gewöhnung, sie könne gut verstehen, daß jeder seine heimatliche Küche für die beste halte. Das streitet Onkel Gideon ab. Er bittet die Dame, sich vorzustellen, daß ein Mann vom, sagen wir, Mond zur Erde kommt und die englische Küche mit, sagen wir, der französischen vergleicht. Der Hausherr sagt: der Mann vom Mond ißt lieber auf französisch, da bin ich sicher. Der Onkel lächelt aus Höflichkeit, es ist nicht seine Sache, für nichts und wieder nichts zu streiten. Allmählich fängt er an zu überlegen, was Silverstones Motiv gewesen ist, ihm diesen Abend anzutun. Der Butler kommt zurück mit frischem Tee; unser Onkel nimmt die Tasse zurück vom Tisch und fügt hinzu, der englische Tee dagegen sei der beste weit und breit.

Dann hört man Klingeln an der Tür. Unserem Onkel hüpft sofort das Herz bei dem Gedanken, nun seien doch noch andere Gäste da, nun kämen doch noch die Toreros und die Schönen Helenas. Insgeheim annulliert er die Morddrohungen gegen Silverstone und macht die Flüche ungedacht; schon fällt sein Blick auf die Mütze am Boden, die gleich, wenn alles gutgeht, ihren Dienst wieder anzutreten hat. Der Hausherr und die Dame sprechen ein paar Worte miteinander, der Onkel schlürft den heißen Tee und richtet seine Ohren starr nach draußen. Die Tür geht auf, im Rücken Onkel Gideons leider, der Selbstbeherrschung genug besitzt, nicht den Kopf zu wenden. Die Dame sagt, vorbei an Onkel Gideon, in ihrer Sprache einen Satz, der einen Vorwurf zu enthalten scheint, dem Klang der Stimme nach. Wenn unser Onkel sich nicht täuscht, sind ihre Worte an ein Kind gerichtet. Er rafft sich auf und überwindet seine Selbstbeherrschung und dreht den Kopf, doch viel zu spät, die Tür ist wieder zu. Der Onkel sieht noch, wie sich die Klinke nach oben bewegt bis zum Anschlag. Der Hausherr entschuldigt sich für den kleinen Zwischenfall, und Onkel Gideon weiß gar nicht, was geschehen ist. Ihm fällt das Sprechen noch schwerer von diesem Augenblick an, denn immer mächtiger muß er an Silverstone denken.

Du armer, armer Mann, sagte Tante Miriam, und niemand weiß, ob sie dem Lachen oder dem Weinen nah ist. Onkel Menachem sagt: Ich hätt' ihn umgebracht, ich schwör' es dir, ich hätt' ihn umgebracht. Der Onkel antwortet ihm: Das war mein einziger Gedanke an diesem Abend.

Ach unser Onkel denkt jetzt nur noch ans Überleben; er taugt nicht mehr für ein Gespräch, an dem er sich mit halbem Ohr beteiligt, von Zeit zu Zeit erschießt er Silverstone und stößt ihn von einem hohen Berg hinunter. Er sagt nur ja und nein und ist ein miserabler Gast, bis ihn, ganz unverhofft, ein starkes Mitleid mit der Dame und mit dem Hausherrn packt. Er stellt sich vor, wie jemandem zumute sein muß, der mit einem normalen Besucher rechnet und, ohne eigenes Verschulden, dann einen Gast wie ihn bekommt. Er stellt sich vor, wie diesen Menschen das Blut im Leib erstarrt ist, als er mit seiner Mütze, mit seinen verrückten Augen und was da sonst noch ist, auf einmal in der Tür gestanden hat. Wie sie ihn für einen Wahnsinnigen gehalten haben müssen, bevor sie sich vielleicht die Frage stellten, ob so die armen Juden in Galizien immer angezogen sind. Wie sie den Abend zu den unbegreiflichen Ereignissen in ihrem Leben zählen und trotzdem tun, als fänden sie ihn ganz alltäglich. Nein, meint der Onkel, das ist schon mehr als reine Höflichkeit, das ist bewundernswert.

Man müßte ihnen die Sache erklären, denkt er wenig später. Dann aber ist er stolz und denkt: Soll der erklären, der sie angerichtet hat. Als tief im Haus eine Uhr zu schlagen anfängt, steht Onkel Gideon auf. Er muß noch ins Konzert, das sagt er, Mendelssohn in der Albert-Hall, und vorher muß er ins Hotel, die Kleider wechseln. Das sehen beide ein, die Dame bedankt sich für den reizenden Besuch. Sie sieht dabei nicht aus wie jemand, der dieses sagt und jenes meint. Der Hausherr schüttelt kräftig Onkels Hand, der Hund ist nirgends mehr zu finden. Zum Abschied erinnert Onkel Gideon daran, daß seine Adresse auf dem Visitenkärtchen steht, nur für den Fall, daß seine Gastgeber irgendwann einmal über Lublin reisen sollten.

Dann steht er vor dem Haus und weiß nicht mehr, in welchem Busch sein wunderbarer grauer Filzhut liegt. Er atmet tief die kalte Luft und geht die dunkle Straße entlang zu einer helleren, während die Gesellschaft sich allmählich beruhigt nach dem Abenteuer. Die Ersten spüren langsam Hunger, es dringen die verrücktesten Gerüche durch die Küchentür ins Zimmer, und der Onkel streckt die Hand aus, um einen Wagen anzuhalten. Im Taxi muß er nießen und sich die Nase putzen, davon bekommt sein Taschentuch weiße Flecken. Zum Andenken an London hat er die Schächtelchen mit schwarzer Schminke und mit weißer aufgehoben. Jetzt fällt ihm wieder ein, er hatte ja versprochen, sie diesmal mitzubringen. Man möge ihm verzeihen, er ist ein alter Mann, beim nächsten Mal wird er, mit Tante Lindas Hilfe, daran denken.

Mit freundlicher Genehmigung des Suhrkamp-Verlag, Frankfurt. Aus: Nach der ersten Zukunft – St. 941

ORTWIN BEISBART/MICHAEL KREJCI

# Nazismus und Holocaust in der deutschsprachigen Kinder- und Jugendliteratur

## Einleitung

*„Einige werden bleiben. Und mit ihnen das Vermächtnis.“* lautet der Titel des vorliegenden Bandes, der vom „Beitrag jüdischer Schriftsteller zur deutschsprachigen Literatur des 20. Jahrhunderts“ handelt.

„Vermächtnis“ meint in diesem Kontext kulturelles Vermächtnis: jenes reiche literarische Erbe, das die deutsche Literatur jüdischen Autoren verdankt und dessen Reichtum weit größer ist, als daß es durch das Werk von nur sieben Schriftstellern schon faßbar gemacht wäre.

Uns geht es hier auch um ein „Vermächtnis“ jüdischer Menschen, allerdings um eines anderer Art: um jenes Vermächtnis des Schreckens, des Grauens, des Entsetzens, das uns diejenigen jüdischen Menschen übergeben wollen, die Verfolgung und Holocaust überlebt haben, das auch dann weitergegeben werden muß, wenn die, die geblieben sind, eines Tages nicht mehr sind. Weitergegeben werden muß dieses Vermächtnis, weil es für uns alle überlebenswichtig ist, im physischen wie auch im psychischen, im geistig-moralischen Sinne. Weitergeben heißt, davon zu sprechen, davon zu berichten und zu erzählen. Leicht ist dies den Überlebenden nicht gefallen – und die Zuhörer und Leser haben sie auch nicht immer gefunden, die sie gebraucht hätten. Allzu häufig sah es so aus, als ob man schweigen wollte darüber: die Opfer aus Schmerz und die, die nicht zu den Tätern gerechnet werden wollten, aus Scham. Doch es gab und gibt die Kinder und Enkel, die Fragen stellen. Es wachsen neue Generationen heran, die sich der Verantwortung nicht entziehen. Sie können als Leser das Vermächtnis bewahren; sie wissen, daß Leser auch und immer wieder neu erst gewonnen werden müssen. Auch in Bilder-, Kinder- und Jugendbüchern haben nun Autoren versucht, ihre Leser aufmerksam zu machen und herauszufordern, sich mit dem so bedrückenden Thema des aufkommenden und sich ausbreitenden Antisemitismus, der Judenverfolgung und schließlich des Holocaust zu beschäftigen.

Wohl steht Kinder- und Jugendliteratur stets in einem unauflöslichen Spannungsfeld zwischen den Erwartungen der Erwachsenen und den Interessen der jungen Leser selbst, zwischen dem Anspruch, „Sinn" zu entwerfen und zu vermitteln, und dem, sprachlich-ästhetisch geglückt genannt werden zu können. Wohl haben Erwachsene, die von ihrem schweren Schicksal erzählen, oder andere, die versuchen, eigene Schuld erzählend aufzuarbeiten, nicht schon in jedem Fall Zuhörer und Leser. Bloßer guter Wille der Autoren, der Pädagogen und Didaktiker führt leicht in Trivialität – bezüglich der Texte –, in Peinlichkeit – bezüglich der Inhalte –, zu Penetranz – in pädagogischer Betriebsamkeit –, zu Überdruß und Ablehnung – auf seiten junger Leser.

Aber trotzdem bleibt der Stachel: Wie anders letztlich als lesend können die nachwachsenden Generationen davon erfahren, wie anders als lesend solches für ihre Generation verarbeiten? Bilder und Filme können Denkanstöße geben, Fragen und Gespräche provozieren. Lektüre führt weiter und tiefer. Gerade deshalb wollten wir zeigen, in welcher Weise das Thema in der Kinder- und Jugendliteratur behandelt wurde und wird, wie in den nun schon fast 50 Jahren seit der Befreiung der Überlebenden die literarischen Versuche aussehen, das Vermächtnis an die jeweils nächste Generation weiterzugeben. Auf die Anforderung, über diese Literatur nachzudenken, darf man aber nicht verzichten: Die jungen Leser können und sollen nicht nur Geschichtskenntnisse erwerben. Vielmehr sollte eine verantwortliche kinder- und jugendliterarische Verarbeitung des Themas dem jungen Leser die Augen öffnen für die Abgründe im Menschen, aber auch für die Ursachen, die in den Abgrund der Jahre 1933 bis 1945 führten, sie sollten ihn befähigen, durch die Lektüre erfahrener zu werden, sensibel für die Betroffenheit der Autoren, zu denen auch eine Reihe jüdischer Schriftsteller gehören, für inhumane Tendenzen in ihrer Welt, aber auch für den Reichtum an Menschlichkeit, an religiöser und kultureller Tradition in der jüdischen Kultur.

So kann schließlich auch der Weg in die Erwachsenenliteratur, zu den Schriftstellern, wie sie in diesem Band vorgestellt werden, wie zu vielen weiteren, vorbereitet werden. Die Zahl der Bücher zum Thema, die auf deutsch und in deutscher Übersetzung aus mehr als einem halben Dutzend Sprachen zwischen 1945 und 1990 vorgelegt wurden, ist groß, es werden wohl an die 100 sein. Da das Thema heutige Kinder und Jugendliche nicht immer unmittelbar interessiert, ist es für die Erwachsenen, vor allem für Lehrer und Erzieher, wichtig, sich einen Überblick zu verschaffen, ein Urteil zu bilden, um ein behutsames und kritisches Gespräch mit den jungen Lesern führen zu können. Die folgenden Ausführungen können die Lektüre und eigene Beschäftigung mit den Büchern nicht ersetzen; sie können und wollen lediglich ein Wegweiser sein.

## Funktionen und Arten von Kinder- und Jugendliteratur zum Thema Nazismus und Holocaust

Für die unverzichtbare Weitergabe des hier gemeinten Vermächtnisses, erwachsen in der Erfahrung, die jüdische Menschen unter dem Nazismus und im Holocaust machen mußten, kann die Bedeutung von Literatur gar nicht hoch genug eingeschätzt werden. Literatur im weiteren Sinn: (Bild-)Dokumentationen und Sachbücher, Biographien, Tagebücher und Autobiographien, poetische Literatur, Erzählungen, Romane und Bilderbücher. Sachlich ausgerichtete Kinder- und Jugendliteratur zielt primär ab auf Information, auf Unterrichtung, auf Kenntnisvermittlung. Daraus soll freilich auch immer wieder Erkenntnis erwachsen – Kinder- und Jugendliteratur ist nicht frei von pädagogischen Absichten!

Sachlich ausgerichtete Kinder- und Jugendliteratur zum Thema zielt dann ab auf Erkenntnis der Furchtbarkeit der von Deutschen begangenen Verbrechen, auf Aufklärung der historischen Zusammenhänge, auf Erkennen von Schuld; sie strebt nach der Erkenntnis, daß sich Ähnliches niemals mehr ereignen dürfe und daß es deshalb gelte, schon allen eventuellen Anfängen zu wehren. Durch Wissenstradition verhindern, daß vergessen wird, was niemals vergessen werden darf, damit nicht erneut schreckliche Wirklichkeit wird, was schreckliche Wirklichkeit war, ist die Methode und ihr Ziel. Es ist rational aufklärende Literatur, bisweilen in ein Erzählgewand gekleidet, geleitet von der Hoffnung, es möge aus Wissen Erkenntnis und aus Erkenntnis letztlich humanes politisch-soziales Verhalten und Handeln erwachsen. Aber wir wissen längst, wie leicht solche lediglich rationale Aufklärung scheitert.

Dieses Scheitern resultiert zum einen aus der Eigenart dessen, was es zu vermitteln gilt, also aus der Eigenart von Erfahrung. Des weiteren ist es bedingt durch die Eigenart dessen, was erreicht werden soll, nämlich Verhalten und Handeln. Und es hängt im Falle der rational-aufklärerischen Kinder- und Jugendliteratur auch ab von der Eigenart ihrer Adressatengruppe, also der Kinder und Jugendlichen selbst. Gerade sie lesen und lernen nämlich nicht nur mit dem Kopf. Verhalten und Handeln sind keineswegs lediglich Funktionen von Wissen oder Erkenntnis. Und Erfahrung ist keineswegs nur ein kognitiver Prozeß bzw. dessen Ergebnis. Sinnenhaftigkeit und emotionale Betroffenheit kennzeichnen „Erfahrung“, die wir im Leben machen oder machen müssen. Wir werden dann nicht nur sinnlich berührt, sondern auch emotional betroffen, je schlimmer die Erfahrung, desto mehr und desto nachhaltiger. Und das gilt in besonderem Maße für die schrecklichen Erfahrungen, die jüdische Menschen unter dem Nationalsozialismus machen mußten.

Für unser Problem der Vermittlung dieser Erfahrungen an die junge Generation bedeutet das, daß schon in Hinsicht auf die Eigenart dessen, was es da zu vermitteln gilt, sachlich ausgerichtete, rational aufklärende Kinder- und Jugendliteratur allein nicht genügen kann, so wichtig und deshalb unverzichtbar sie andererseits auch immer wieder ist. Nur wenn Wissen oder Erkenntnis auch auf ihnen gemäße Einstellungen oder Haltungen treffen, oder aber wenn sie diese zu modifizieren, oft überhaupt erst zu initiieren imstande sind, kann aus ihnen entsprechendes Verhalten und Handeln erwachsen. Einstellungen und Haltungen zu aktivieren und zu bestärken oder überhaupt erst anzubahnen und zu entwickeln, ist ebenfalls nicht allein auf kognitivem Wege möglich. Gerade Einstellungen und Haltungen entwickeln sich in Lernprozessen, die gekennzeichnet sind durch ein hohes Maß an Sinnenhaftigkeit und Emotionalität.[1]

Daß beim Lesen ebenso wie beim Lernen neben dem Verstand umso stärker sinnliche und emotionale Zugänge zu suchen und zu finden sind, je jünger die Leser bzw. die Lerner sind, gilt in pädagogisch-theoretischen Gesprächen zumeist als ausgemacht, wird aber bei pädagogisch-praktischem Handeln – wir denken hier vor allem an Schulunterricht – oft vernachlässigt. Wenn wir also auf das zu Vermittelnde schauen, auf Erfahrungen nämlich (und im Falle des Holocaust schlimmste Erfahrungen!), wenn wir ferner das Ziel dieser Vermittlung betrachten: aus entsprechenden Einstellungen erwachsendes humanes politisch-soziales Verhalten und Handeln, und wenn wir, wie soeben geschehen, auch Eigenarten der Kinder und Jugendlichen als Leser wie auch als Lerner beachten, zeigt sich, wie wichtig poetische Literatur ist: Literatur also, die den Leser nicht nur rational, sondern aufgrund ihrer Gestaltung auch, oft sogar zuvörderst, sinnlich und emotional anspricht, die von daher auch zur Vermittlung von Erfahrung besonders geeignet ist und die aus den gleichen Gründen auch den für Verhalten und Handeln so wichtigen Bereich der Einstellungen und Haltungen zu beeinflussen vermag. Allerdings bedeutet diese Einsicht nicht, daß damit eine pädagogische und didaktische Auseinandersetzung mit der Kinder- und Jugendliteratur unnötig wäre. In jedem Fall ist zu fragen, ob die faktisch-historische Komponente sichtbar wird. Es ist zu prüfen, welches und wieviel an Hintergrundwissen, an historischen Fakten und Zahlen, dem Leser in den erzählenden Texten mitgeteilt wird, wie die Leser motiviert eingeführt werden über Klappentext, Nachwort und Zeittafel. Vor allem ist zu klären, ob es geglückt ist, das Unfaßbare, Inhumane und Barbarische über Erfahrungen der Protagonisten, der Identifikationsfiguren – vielfach jüdische Kinder oder Jugendliche – jungen Lesern erfahrbar zu machen, ob es dargestellt ist als Verhängnis bzw. als Handeln einer anonymen Macht, der sich der jüdische, ggf. auch der nichtjüdische Protagonist zwar entgegenstemmen kann, ihr gegenüber aber letztlich doch machtlos bleibt; oder ob die von ideologisierten Menschen begangenen Verbrechen sichtbar, auch als solche erfahrbar werden, so daß sie künftig – vielleicht! – vermeidbar werden.

Und ebenso muß die erzählerische Darstellung menschlicher Erfahrung und konkreten Handelns in den Blick kommen – Hoffnung und Enttäuschung, Angst und Zuversicht, Einsamkeit und Zuwendung, ideologische Verführbarkeit und moralische Widerstandsfähigkeit, Todesangst und Befreiung, Lebensbedrohung und Neuanfang, dabei immer auch deren Mischung; denn lediglich vordergründige Schwarz-Weiß-Malerei wäre der Sache abträglich. Immer wieder neu aber ist auch zu fragen, wie sich das Grauen des Geschehens, die Brutalität der Handelnden, an solche Leser vermitteln läßt, die Lektüre suchen, in der Modelle glückender Beziehungen dargestellt sind. Geht nicht, über der Darstellung eines happy ends, der Blick für die ganze Wirklichkeit verloren oder leistet es ein solches Lebensmodell vielleicht doch auch, eigenes Handeln positiv zu motivieren? Vielfach erzählen die Autoren – durchaus mit guten Gründen – ganz aus der Perspektive der Kinder, sei es in Autobiographien, sei es in erzählenden Texten: Hier ist zu diskutieren, wie eng diese Perspektive bleiben, wie uninformiert und naiv die dargestellten Kinder sein dürfen, etwa die kleine Anna in Judith Kerrs *„Als Hitler das rosa Kaninchen stahl"*, oder das kleine Mädchen in Inge Auerbachers Autobiographie: *„Ich bin ein Stern"*. Ebenso ist zu erörtern, wieviel an brutaler Grausamkeit den Kindern zugemutet werden darf, Texte und Bilder voller Düsternis und Hoffnungslosigkeit, wie sie Roberto Innocentis *„Rosa Weiss"* vermitteln, stellen eine erhebliche Anforderung an junge Leser und an die sie begleitenden Erwachsenen.

Poetische Kinder- und Jugendliteratur kann Sinnlichkeit und Emotionalität ansprechen, um so auch einen Weg zu rationaler Auseinandersetzung zu bahnen, sie kann aber auch in Gefühligkeit und falsche Ideologisierung, zu der auch bloßes Mitleid zählen dürfte, führen. Auch darüber muß die Diskussion weitergehen. In ihr wird man sich schließlich auch immer wieder der grundsätzlichen Problematik stellen müssen, daß Kinder- und Jugendliteratur – auch bei ihrer Behandlung im Unterricht – gerne ihre „Gemachtheit" zu verbergen sucht, weil sie zuerst nicht Literatur, sondern Medium zur Durchsetzung bzw. Aufrechterhaltung von Erwachseneninteressen – und sei ihr moralischer Wert noch so unbestritten — darstellt. So ist zu wünschen, daß auch die Kinder- und Jugendliteratur zum Thema nationalsozialistischer Judenverfolgung und Holocaust junge Leser weniger mit der „richtigen“ Ansicht bedrängt, sondern ihnen Erfahrungsmodelle für ein humanes Verhalten zeigt. Dieses muß freilich in seiner auch für die jungen Leser erfahrbaren Gefährdung dargestellt sein, etwa wie es Alan Silverman erfährt im Widerstreit seiner Beziehung zu seinem Schul- und Sportkameraden Shaun auf der einen und seiner nur widerwillig aufgenommenen, aber wachsenden Hinwendung zu dem „verrückten“ jüdischen Mädchen Naomi, das in Wahrheit von bedrohlichen Erinnerungen an die Verfolgung und den Tod des Vaters durch die Nazis gequält wird. (Myron Levoy: *„Der gelbe Vogel“*)

## Kinder- und Jugendliteratur zum Thema Nazismus und Holocaust: Historische Voraussetzungen, Entwicklung, Themen[2]

Stellen wir nun – aus der Sicht des Jahes 1991 – die Frage: Wie sind die Erwachsenen seit 1945 der Aufgabe gerecht geworden, im Medium Kinder- und Jugendbuch die Wirklichkeit, und zwar die ganze Wirklichkeit des Antisemitismus, des Nazismus, der Judenverfolgung und Judenvernichtung aufzuhellen, erfahrbar zu machen? Ein Blick auf die zurückliegenden 45 Jahre soll einen Überblick geben, vor allem aber auch anregen, selber zu lesen.[3]

In den Jahren 1945 bis 1950 findet sich in der deutschsprachigen Kinder- und Jugendliteratur so gut wie nichts zu unserer Thematik. Dieses Schweigen korrespondiert mit dem Schweigen der inneren Emigration, korrespondiert auch mit dem Schweigen aus der Scheu oder Hemmung, das eigene, selbsterfahrene Lebensschicksal aufleben zu lassen oder gar kritisch zu verarbeiten. Man muß diesen ja bekannten Erklärungsversuchen jedoch einen weiteren hinzufügen: Wie hätten denn überhaupt die auch in den Köpfen junger Menschen sitzenden Bilder vom Juden so schnell verändert werden können? Entstanden waren sie aufgrund eines jahrtausendealten latenten und immer wieder aufbrechenden und geschürten Antisemitismus; sie waren geformt durch schon lange wirkende Volksliteratur in Form von Spottliedern, Schauergeschichten und verächtlichmachenden Schwänken; und sie resultierten nicht zuletzt aus der unmenschlichen antisemitischen Nazi-Kinder- und Jugendliteratur, z. B. der „Stürmer"-Bücher.[4]

Das Schweigen hatte aber wohl noch einen Grund: Die Nachkriegszeit war lange von einer Bewahrpädagogik gekennzeichnet, die glaubte, die Kinder möglichst vor allem Belastenden bewahren zu müssen, um so das – rousseauisch-romantisch gedacht – Gute zur Entfaltung kommen zu lassen: Da störten Einblicke in eine finstere Vergangenheit nur. Unter den wenigen, die anders dachten, finden wir eine Emigrantin, die Märchenerzählerin und Jugendbuchautorin Lisa Tetzner, seit 1933 im Exil in der Schweiz, die in ihrem Zentralwerk politische und soziale Probleme in ungewohnter Klarheit und Direktheit anging. *„Erlebnisse und Abenteuer der Kinder aus Haus Nr. 67. — Die Odyssee einer Jugend"* in neun Bänden: Zwölf Jahre Nazismus, Krieg und die Folgen, dargestellt mit so mutiger Klarheit, daß dies für damalige deutsche Käufer wohl zu viel war. Erst aus heutiger Sicht erweist sich das Werk als „Klassiker". 1950 kam in deutscher Übersetzung *„Het achterhuis"* heraus, das *„Tagebuch der Anne Frank"*. Die dokumentarischen Aufzeichnungen dieses 13- bis 15jährigen Mädchens über die Zeit ihres Untertauchens und der Bericht über ihren Tod lösten bei Jugendlichen wie bei Erwachsenen „ein breites, emotional betontes Echo"[5] aus; sie tun dies noch heute. Die Dramatisierung des Stoffs durch die Amerikaner F. Goodrich/A. Hackett erreichte ab Ende 1956 die meisten deutschen Theater, auch die Jugendvorstellungen. Ernst Schnabel hat 1958 mit *„Anne Frank. Spur eines Kindes"* einen Lebensbericht vorgelegt. Im Vorsatzblatt steht: „Für meine Kinder, daß sie es wissen". Dies zu leisten war sehr verdienstvoll, die Wirkung war groß. Doch allzu schnell konnte daraus auch ein anrührendes Einzelschicksal gemacht werden[6] – wenn man nicht gar, wie geschehen, das Tagebuch als Fälschung bezeichnete.[7] Aufarbeitung der Zusammenhänge, Verarbeitung der Schuld und die Herausforderung, neuen Anfängen zu wehren, konnte allein damit nicht geleistet werden. In der Zeit des Wiederaufbaus und der ersten politischen Versuche, Wiedergutmachung mit Geld zu leisten, war dafür jedoch kein Platz.

Erst gegen Ende der 50er Jahre änderte sich die Situation: Angesichts der DRP und anderer rechtsradikaler Gruppierungen wurde einer bislang naiven Öffentlichkeit klar, daß der Schoß noch fruchtbar war. Mit dem Eichmann-Prozeß (1960/1961) in Jerusalem und dem Auschwitz-Prozeß (1961–63) in Frankfurt wurden zusätzliche Fragen nach den Zusammenhängen angestoßen – zugleich in der Erwachsenenliteratur[8] wie in der Jugendliteratur: Man spricht vom „Klima für eine erste zeitgeschichtliche Problem- und Vergangenheitsbewältigungsliteratur".[9] Interessanterweise ist hier vorrangig Hans-Peter Richters: *„Damals war es Friedrich"* (1961) zu nennen, ein Buch, das geradezu einen pädagogisch-didaktischen Siegeszug in den Schulen erlebte. Es geht vor allem auf die Vorgeschichte ein und erzählt die nazistische Judendiskriminierung und die Verfolgung am Beispiel eines nichtjüdischen Jungen und seines jüdischen Freundes Friedrich in Episoden aus den Jahren 1925 bis 1942, bis zum Tod Friedrichs bei einem Fliegerangriff – Juden war jede Zuflucht in Schutzräume verwehrt. Zeitlich zurück geht Willi Fährmanns Buch: *„Es geschah im Nachbarhaus"* (1968), das den authentischen Fall eines Pogroms in Xanten im ausgehenden 19. Jahrhundert zum Thema hat. Auch dieses Buch ist eine beliebte Schullektüre.

Allein Clara Asscher-Pinkhof führt mit ihrem Buch *„Sternkinder"*, in Holland bereits 1946 erschienen, auf deutsch jedoch erst 1961, die jungen Leser auf den Leidensweg der vielen tausend Jungen und Mädchen, die unter Hitlers Judenstern leben und sterben mußten, indem sie Einzelschicksale der anonymen Opfer in Szenen erzählt. 1962 erhielt dieses Buch den renommierten einzigen Staatspreis der Bundesrepublik Deutschland, den „Deutschen Kinder- und Jugendbuchpreis". In dieser Preisvergabe artikulierte sich auch eine aufgeschreckte Öffentlichkeit. Doch noch immer dominierte in dieser Zeit eine bewahrende Pädagogik, man lese die Begründung der Preisjury: „Der Stern, unter dem diese Kinder leben, ist Hitlers Judenstern. [. . .] Der Gewalt und dem Schrekken ausgeliefert, bleiben sie doch Kinder, von einem unzerstörbaren Vertrauen oft wunderbar beschützt. Von solchem Vertrauen durchleuchtet, wird das furchtbare Geschehen zu dichterischem Gleichnis und einer Botschaft von Hoffnung und Versöhnung." Die Intensität und die Spannweite der

Geschichten des Buches sind in diesem Urteil nur bedingt getroffen.

Die 70er Jahre weckten endlich in größerer Breite bohrende Fragen nach den Zusammenhängen. Für die Kinder- und Jugendliteratur wurde auch die Beachtung politischer, historischer, sozialgeschichtlicher und sozialpsychologischer Ursachen gefordert. Die Anzahl der Titel auch zum Thema Judenverfolgung und Holocaust nahm zu – allerdings in großer Konkurrenz zu anderen Themen, die der Aufklärung bedurften, bislang ebenfalls tabuisiert und totgeschwiegen, wie Sexualität, Sterben und Tod, Krieg, Dritte und Erste Welt, Gastarbeiter, Ost-West-Konflikt, Drogen, usw. Endlich wurde damals auch die Bandbreite der Textarten für unser Thema größer: Nun erschienen zahlreiche Sachbücher. Aber vor allem autobiographische Texte wandten sich an die jungen Leser, so das schon erwähnte Buch von Judith Kerr *„Als Hitler das rosa Kaninchen stahl"*, 1972 englisch, 1973 auf deutsch erschienen, ferner das Buch von Barbara Gehrts *„Nie wieder ein Wort davon?"* (1975), das sich den Vorwurf gefallen lassen muß, Reflexion, Nachdenken zu verhindern. An diesem Buch ließe sich die Frage der literarisch-didaktischen Wege zu Erfahrung und Reflexion junger Leser diskutieren. Wer allein auf Information, Aufklärung und direkte Belehrung setzt, die sicher nötig sind, wird dieses Buch kritisieren müssen. Es gewinnt seine Leser, indem aus der Perspektive eines jungen Mädchens Erfahrungen der Jahre 1939 bis 1943 erzählt werden über den Berliner Alltag, der immer wieder von Schweigen und Stillhalten gekennzeichnet ist, auch wenn es um das Schicksal jüdischer Freunde und Nachbarn geht, ja selbst als der Vater als Widerstandskämpfer verhaftet und schließlich hingerichtet wird. Wer aber Betroffenheit auch als einen Weg zu einer kathartischen Wirkung ansieht, wird auch Barbara Gehrts' Roman ein wichtiges Buch nennen.[10]

In dieser Zeit wurde einiges an Aufklärungsarbeit geleistet, aber die modisch forcierte Flut von Titeln im Bereich der Erzählliteratur war oft von bescheidenem intellektuellem Zuschnitt und von minderer literarischer Qualität. Gewiß, man war damit moralisch und politisch ehrenwert[11] – auf der richtigen Seite und folglich entsprechend selbstgerecht. Diese Selbstgerechtigkeit verhinderte aber wirkliche Erinnerungs- und Erfahrungsarbeit und Verarbeitung.

Hervorzuheben ist aus dieser Zeit Leonie Ossowskis *„Stern ohne Himmel"* (1978). Das Buch war schon 1958 in der DDR erschienen, blieb dort wenig beachtet und fand in der Bundesrepublik zu der Zeit keinen Verlag. Und dies, obgleich es, durch die unmittelbare Erinnerung geprägt, auch das eigene Nachdenken der Leser herausfordert, über Mitmenschlichkeit und Gerechtigkeit, Fanatismus und Rassenhaß der Figuren des Romans nachzudenken, als ein dem KZ entflohener jüdischer Junge in einer schlesischen Stadt auftaucht, die kurz vor der Eroberung durch die Rote Armee steht[12]. Positiv zu nennen sind u. a. auch Renate Finkhs: *„Mit uns zieht die neue Zeit"* (1978) und Ilse Koehns: *„Mischling zweiten Grades"* (1979).

Die 80er Jahre waren dann ein Zeitabschnitt von besonderer Bedeutung: Die Mitleidsangebote der 50er und 60er Jahre, die Aufklärungs- und Informations- sowie die Zeigefingerbücher der 60er und 70er Jahre hatten es schwer gegen die Phantasie- und Fantasy-Welle, gegen Tagträume und Ichfindung der 80er Jahre.

Es ist zu beobachten

1. ein breitgefächertes Angebot unterschiedlicher Bücher zur Thematik, mehr als 60 Kinder- und Jugendbücher zu Nazismus und Holocaust. So erschien – um zuerst einen Blick auf Sachbücher zu werfen – 1988 eine *„Geschichte der Juden"* als Jugendbuch von Robert Hess. 1990 wurde mit Israel Bernbaums eindrucksvollem, inzwischen preisgekröntem Buch *„Meines Bruders Hüter. Der Holocaust mit den Augen eines Malers gesehen"* auch im Sachbuchbereich eine neue Dimension erreicht.
2. Ist zu beobachten, daß sich das Aufklärungsinteresse jüngeren Kindern zuwendet. Mit Ilse Burfeind: *„Das Kind im Koffer"*, einem Bilderbuch in Anlehnung an den 1958 erschienenen DDR-Roman *„Nackt unter Wölfen"* von Bruno Apitz, ehemals kommunistisches Kultbuch, soll Arbeit schon mit Vorschulkindern betrieben werden, wobei das Bessere wohl in dem klugen und informativen Nachwort steht. Die gleiche Schwierigkeit ist bei Elisabeth Reuter festzustellen: *„Judith und Lisa"* – eher Mystifizierung des Verschwindens der jüdischen Freundin als Hilfe zum Verstehen. Auch das Bilderbuch von Roberto Innocenti *„Rosa Weiss"* verzichtet auf die Verdeutlichung historischer Zusammenhänge und führt wirk-

lichkeitsfremde, zudem die Kinder durch düstere Hyperrealität abschreckende Bilder vor.

3. Wir beobachten ferner, daß in den 80er Jahren auch die Zahl der Erinnerungsbücher von Opfern der Verfolgung noch einmal zunimmt. Deutlich wird darin meist ausgesprochen, wie lange die Betroffenen gebraucht haben, sich der Erinnerungsarbeit auszusetzen. Doch sind auch nicht alle diese Bücher hilfreich[13]. Hervorzuheben sei Inge Auerbacher: *„Ich bin ein Stern"* – ein schlichter authentischer Bericht, übrigens von einer Nachfahrin des bekannten deutschen Volksschriftstellers Berthold Auerbach (eigentlich Moses Baruch Auerbach, 1812–1882). Von ganz anderer, jedoch sehr bedrückender Art sind die nun auch auf deutsch vorliegenden Comic-Strips von Art Spiegelman *„Maus. Die Geschichte eines Überlebenden"*, wohl schon am Rande der Jugendbuchszene. Auch auf die Bücher des hebräischen Autors Uriel Orlev ist hier hinzuweisen.
4. Und schließlich begann man in den 80ern über die Einsicht nachzudenken, daß vieles, was des Menschen Einstellungen, Meinungen und Vorurteile beherrscht, nicht einfach durch Falschinformation bestimmt ist und durch Aufklärung gerichtet werden kann, sondern, daß es darum geht, den psychischen Mechanismen von Ängsten und Hoffnungen, von Abwehr und Projektionen, von Ermutigung und Ich-Stärkung auf die Spur zu kommen und dazu „Lesehilfen" zu geben. Es wird jedoch dafür kein Patentrezept geben. So seien am Ende drei literarische Möglichkeiten unterschiedlicher Art nebeneinandergestellt:

*4.1* Die jüdische Autorin Lea Fleischmann hat nach ihrer Auswanderung 1979 nach Israel in ihrem Buch *„Dies ist nicht mein Land"* – das kein Jugendbuch ist – mit der Bundesrepublik abgerechnet. Mit ihren *„Jüdischen Geschichten": „Nichts ist so, wie es uns scheint"* (1985) eröffnet sie, auch Überliefertes adaptierend und nachdichtend, märchenhaft-mystisch-orientalische Dimensionen der Erfahrung, so wie schon Maurice Sendaks Bilderbuch *„In der Nachtküche"*, das bereits 1971 bei uns erschienen ist, voller verschlüsselter Symbole, Zitate und Anspielungen an den Chassidismus ist[14].

*4.2* Von ganz anderer Art ist die *„Mäuse-Parabel" „Der überaus starke Willibald"* von Willi Fährmann (1983). Sie zeigt nicht nur die Gefahren der grausamen Willkürherrschaft eines einzelnen, die Verführung der großen Zahl, die Ausgrenzung von Minderheiten und Außenseitern, sondern auch die Möglichkeit der Rettung durch Toleranz und Menschlichkeit. Daß des „Helden" Fähigkeit zu lesen nicht unwesentlich zum Erfolg beiträgt, führt wieder auf das Anliegen der Kinder- und Jugendbuchliteratur, ja dieses Beitrags zurück.

*4.3* Und noch einmal anders ist der Zugang, den Jugendliche über das Buch von Morton Rhue *„Die Welle"* gewinnen können. Das „Faschismus-Experiment", mit dem ein Lehrer das Gros seiner Schüler von sich abhängig macht, zeigt die Gefährdung vieler junger Menschen, blind einem Führer zu folgen, Minderheiten auszugrenzen, auch wenn es von Anfang an Widerstand gibt, der schließlich dazu führt, gerade noch rechtzeitig auszusteigen, die Schüler auf den Weg selbstverantwortlichen Denkens und Handelns zurückzuführen.

Damit sind wir in der Gegenwart angekommen. Es liegt weiterhin an den Erwachsenen, ob sie auch die jungen Leser, auch die der kommenden Generation, erreichen.[15]

## Schlußbetrachtung: Probleme und Fragen

Kinder- und Jugendbücher zum Thema Nazismus und Holocaust stehen in großer Zahl zur Verfügung. Ihr Erscheinen war und ist nicht unbeeinflußt von der jeweiligen Entstehungszeit, vom Schicksal und von den Interessen der Autoren: Der thematische Zugriff, der inhaltliche Ausschnitt, die ästhetische Gestaltung, das in den Blick gerückte Lebensalter der jungen Leser haben von dort unterschiedliche Ausprägungen erfahren.

Zugleich aber gerät das Thema selbst von Jahrzehnt zu Jahrzehnt mehr in den Nebelkreis der Geschichte, der Vergangenheit. Nicht bedeutungslos ist die Rezeption erwachsener Leser, die als Leser und Bibliothekare, als Mütter und Erzieherinnen große Verantwortung tragen. Aber hier beginnen auch bereits die Probleme. So kann die Reaktion des einen nach der Lektüre etwa von Willi Fährmanns *„Der überaus starke Willibald"* sein: „geschmacklos"; die eines anderen „gekonnt gemacht". Der eine Leser findet vielleicht die Geschichte und die Bilder von

Roberto Innocentis Bilderbuch *„Rosa Weiss“* „aussagekräftig und eindrücklich“, der andere fürchtet die bedrückende Wirkung auf seine kleinen Leser und Betrachter, ein dritter kritisiert die zu geringe Aufklärungsleistung des Textes, nennt ihn „gefährlich, weil verharmlosend“. Wie sich verhalten? Welche Grundsätze sollen gelten bei der Einführung junger Leser in die Thematik Nazismus und Holocaust, wenn man da Thema eben nicht einem notwendig aufklärerisch angelegten Geschichtsunterricht überlassen will? Stellt man diese Frage, drängen sich zuerst eine Reihe von unauflösbaren Widersprüchen vor:

- die zwischen poetischer Gestaltung und bedrückender Realität;
- die zwischen ausgestalteter Einzelfalldarstellung und dem Holocaust, dem Völkermord;
- die zwischen erzählten Lichtblicken, etwa aufkeimender Freundschaft, neuer Hoffnung, überzeugender Menschenstärke und dem Wissen um die Verzweiflung so vieler Millionen;
- die zwischen mitreißender Spannung und bedrückendem Ende;
- die zwischen Versöhnungswillen und Aufklärungspflicht;
- die zwischen literarpädagogischem Aufklärungsoptimismus und dem immer drohenden Rückfall in faschistisches Denken und brutales Verhalten.

Antworten auf die gestellten Problemfragen sind nicht leicht, zumal Forschungen über die Wirkung von Kinder- und Jugendliteratur zeigen, daß ein ganzes Bündel von Einflußgrößen pädagogisches und didaktisches Handeln immer wieder relativiert[16].

Wahrscheinlich gilt, daß alle direkten und massiven Einflußnahmen eher Gegenreaktionen hervorrufen, weil sie als gegen die Freiheit des Lesers gerichtet empfunden werden[17].

Folgende Überlegungen mögen helfen:

1. Bezüglich der Bücher selbst:

*1.1* Es kommt nicht darauf an, daß jedes Buch gewissermaßen eine „vollständige“ Darstellung des Geschehens bringt, samt Ursachen, Auswirkungen auf Opfer und Täter, geschichtliche Vorstufen und Zusammenhänge; das wäre auch gar nicht zu leisten: Oft sind knappe Hinweise für den sensiblen oder aufmerksam gemachten Leser wichtiger als der Anspruch des Verfassers, „umfassend“ zu informieren.

*1.2* Auch die Strategie mancher Autoren, sich vor (notwendiger) Information und (grausamer) Genauigkeit zu drücken, eine Vermeidungsstrategie also, ist falsch. Was die spezifische Thematik der einzelnen Erzählung braucht, sollte das Buch auch enthalten, im Zweifelsfall kann ein Anhang nützlich sein.

So hat im Hinblick auf die Geschichte nur der Grundsatz zu gelten, daß keine blanke Geschichtsfälschung stehen bleiben darf, und im Hinblick auf die Erzählhaltung das, was der Amerikaner Jacob Bronowski einmal sagt: „Eine Gesellschaft erhält ihren Zusammenhang durch den Respekt des Menschen vor dem Menschen“[18]. Dies – und sei es implizit oder eben vom Gegenteil her, daß eine Gesellschaft zerfällt, wenn sie ihre humanen Wurzeln verloren hat – muß in den Büchern sichtbar werden.

2. Bezüglich der jungen Leser:

*2.1* Primär verlangen die jungen Leser – aber tun dies nicht die Erwachsenen auch? – nach Unterhaltung, nach Spannung, nach der Möglichkeit einer Fluchtwelt. Es ist nutzlos, an deren Stelle Überredung und bloße Sachinformation setzen zu wollen.

*2.2* Ein solches Verhalten bedeutet aber nicht notwendig triviales Ausweichen, keine Vereinseitigung, die für das Aufwachsen fatale Folgen hätte. Gert Ueding: „Bücher werden von Kindern als Initiationsszenarien erfahren, als Einweihung in Existenzmöglichkeiten, Einrichtungen und Verhaltensmodelle, die gleichrangig nebeneinanderstehen, ohne daß etwa die einen, weil sie von ihren Eltern als realistisch angesehen werden, vor anderen, für die das nicht gilt, ausgezeichnet wären.“[19]

*2.3* Die Lesererwartungen junger Leser sind nicht mit dem kognitiven und systematischen, aufklärerischen oder auch ideologisch bedingten Interesse der Erwachsenen identisch. Deren Leseverhalten ist anders. So sind uns z. B. Leser bekannt, die Myron Levoys *„Der gelbe Vogel“* wiederholt bis zu der Passage gelesen haben, an der es Alan gelingt, Naomi Kirschenbaum in die Schulgemeinschaft einzuführen. Diese Leser haben bewußt darauf verzichtet, den bedrückenden und hoffnungslos scheinenden Rückfall in die Verfolgungsangst immer wieder neu lesend zu erfahren.

3. Bezüglich der betreuenden Erwachsenen:

*3.1* Wichtig ist zuerst, daß die Kinder Gelegenheit bekommen, Literatur als eine Möglichkeit, sich und die Welt und damit Modelle des Verhaltens und der menschlichen Begegnung kennenzulernen.

*3.2* Wichtig ist sodann, daß die jungen Leser die Möglichkeit haben, Nazismus und Holocaust, aber auch dessen Folgen für den einzelnen und deren Auswirkungen auf die heutige Situation der Juden bei uns, in Israel und anderswo zu begegnen: in Bibliotheken und Vorlesestunden, auf dem eigenen Büchertisch.

*3.3* Und schließlich sollte der erwachsene Erzieher bereit sein, zuzuhören ohne gleich sich, seine Meinung, an die erste Stelle zu setzen, auf Fragen zu antworten, ohne die Fragenden zu überfordern, aufmerksam zu werden auf Einflüsse, die den Kindern und Jugendlichen aus anderen, nicht immer akzeptablen Quellen zukommen und die ihr Denken, Fühlen und Verhalten bestimmen können.

In diesem Sinne haben die Gedanken Erich Kästners, des großen Pazifisten und optimistischen Aufklärers, noch immer Gültigkeit, die er der deutschen Erstausgabe der „Sternkinder" von Clara Asscher-Pinkhof 1961 vorangestellt hat:

„Wer sich daran begeistert, wie schnell und wie hoch der Mensch zu fliegen imstande ist, der muß auch wissen, wie rasch und wie abgrundtief er sinken kann. Beides gehört zusammen. Und auch die Schulkinder, wenigstens die älteren, sollten erfahren, wie damals Kindern mitgespielt wurde. Sie werden Fragen stellen und von den Eltern und Lehrern Auskunft erwarten. Die Aufgabe ist schwer. Aber sie ist unabwendbar. Den Abgrund der Vergangenheit verdecken, hieße, den Weg in die Zukunft gefährden. Wer die Schuld aus jenen Jahren unterschlüge, wäre kein Patriot, sondern ein Defraudant. Wer aus der schuldlosen Jugend eine ahnungslose zu machen versuchte, der fügte neue Schuld zur alten."

## Kinder- und Jugendliteratur – Bibliographie-Auswahl

Akavia, Mirjam: *Herbsttage. Das Schicksal eines jüdischen Jungen 1942.* Gütersloh: Mohn Verlag, 1983 (Siebenstern Taschenbuch 1081).

Asscher-Pinkhof, Clara: *Sternkinder.* Hamburg: Cecilie Dressler Verlag, 1961 (erstmals niederländisch 1946) (Hamburg: Oetinger Verlag, 1986; Berlin-DDR: Der Kinderbuchverlag, 1989).

Auerbacher, Inge: *Ich bin ein Stern.* Weinheim: Beltz Verlag, 1990.

Baumann, Janina: *Als Mädchen im Warschauer Ghetto. Ein Überlebensbericht.* Aus dem Englischen von Reinhard Wagner. München: Hueber Verlag, 1986.

Bernbaum, Israel: *Meines Bruders Hüter.* München: Kovar Verlag, 1989.

Bosch, Martha: *Judith.* Stuttgart: Spectrum Verlag, 1963.

Bresler, J.: *Du sollst nicht mehr Jakob heißen. Kindheit in Ghetto und KZ.* Dokumentation einer Sprachlosigkeit. Wien: Orac Verlag, 1988.

Brodmann, Aliana: *... und du bist ab.* München: Deutscher Taschenbuch Verlag, 1976 (dtv Junior pocket 7373).

Bruckner, Winfried: *Die toten Engel.* Ravensburg: Otto Maier Verlag, 1976 (Ravensburger Taschenbuch 361; zuerst Wien: Jungbrunnen Verlag, 1963).

Burfeind, Ilse/Hebisch, Sylvia: *Das Kind im Koffer – Eine Geschichte aus dem KZ Buchenwald.* Hamburg: Kinderhaus Verlag, 1987.

David, Janina: *Ein Stück Himmel. Erinnerungen an eine Kindheit.* München/Wien: Hanser Verlag, 1981.

Deutschkron, Inge: *Ich trug den Gelben Stern.* Köln: Verlag Wissenschaft und Politik, 1978 (Deutscher Taschenbuch Verlag, 1985; dtv junior pocket 10402).

Diekmann, Miep/Hilarová, Dagmar: *Ich habe keinen Namen.* Aus dem Niederländischen. Würzburg: Arena Verlag, 1987 (Arena Taschenbuch 1510, zuerst 1982).

Fährmann, Willi: *Der überaus starke Willibald.* Würzburg: Arena Verlag, 1983.

Fährmann, Willi: *Es geschah im Nachbarhaus. Die Geschichte eines gefährlichen Verdachtes und einer Freundschaft.* Würzburg: Arena Verlag, 1968 (Arena-Taschenbuch 1242, 1984).

Fenelon, Fania: *Das Mädchenorchester von Auschwitz.* München: Deutscher Taschenbuch Verlag, 1981 (dtv 1706) (zuerst 1976).

Fleischmann, Lea: *Nichts ist so, wie es uns scheint. Jüdische Geschichten* (mit Aquarellen von Dudu Barnis), Hamburg/Zürich: Rasch und Röhring Verlag, 1985.

Frank, Anne: *Tagebuch.* Fassung von Otto H. Frank und Mirjam Pressler; S. Fischer Verlag, Frankfurt, 1991.

Frank, Anne: *Die Tagebücher der Anne Frank*, hrsg. von David Barnmur, übersetzt von Mirjam Pressler, Frankfurt: Fisch, 1988.

Frank, Anne: *Das Tagebuch der Anne Frank.* Aus dem Holländischen von Anneliese Schütz, Frankfurt a. M.: Fischer Taschenbuch Verlag, 1980 (Fischer Taschenbuch 77) (erstmals 1947, deutsch 1955).

Frank, Anne: *Geschichten und Ereignisse aus dem Hinterhaus.* Frankfurt a. M.: Fischer Taschenbuch Verlag, 1982 (Fischer Boot 7533).

Gehrig, Berit: *„Bist 'ne Jüdische? Haste den Stern?"* Erzählt im Gespräch mit Bruno Schonig. Berlin-Kreuzberg: Dirk Nischen Verlag, 1985 (Erzähltes Leben VI).

Gehrts, Barbara: *Nie wieder ein Wort davon?* München: Deutscher Taschenbuch Verlag, 1978 (dtv junior pocket 7813).

Gies, Miep: *Meine Zeit mit Anne Frank.* Aus dem Holländischen von Liselotte Julius. Bern/München/Wien: Scherz Verlag, 1987 (Berlin-DDR: Verlag Neues Leben, 1989).

Gromb-Gumpertz, Mirjam: *Helenes Schwesterchen.* Basel: Maccabi Verlag, 1982.

Hannam, Charles: *... und dann mußte ich gehen. Die Geschichte eines jüdischen Jungen von 1933–1940.* Würzburg: Arena Verlag, 1978.

Hemmendinger, Judith: *Die Kinder von Buchenwald.* Mit einem Vorwort von Elie Wiesel. Aus dem Französischen (1984) von Steffen Kaiser, Rastatt: Arthur Moewig Verlag, 1987.

Herzog, Ruth: *Shalom Naomi! Brief an ein Kind.* Frankfurt a. M.: Fischer Taschenbuch Verlag, 1982.

Hess, Robert: *Die Geschichte der Juden.* Ravensburg: Otto Maier Verlag, 1988.

Hetmann, Frederik: *Blues für Ari Loeb.* Ravensburg: Otto Maier Verlag, 1978.

Hillesum, Etty: *Das denkende Herz. Die Tagebücher von Etty Hillesum 1941–1943.* Hrsg. von J. G. Gaarlandt. Reinbek b. Hamburg: Rowohlt Verlag, 1983 (rororo 5575).

Holm, Anne: *Ich bin David.* Heidelberg: Ueberreuther Verlag, 1963 (auch dtv junior 7801, 1976).

Innocenti, Roberto: *Rosa Weiss.* Text: Christophe Gallaz; deutscher Text: Abraham Teuter. Frankfurt a. M.: Alibaba Verlag, 1986.

Karau, Gisela: *Janusz K. oder Viele Worte haben einen doppelten Sinn.* Frankfurt a. M.: Fischer Taschenbuch Verlag, 1982 (Fischer Boot 7522) (zuerst München: Weismann Verlag, 1974).

Karelin, Victor (= Nikolau v. Michaelowsky): *Damals in Budapest. Das Buch von Raoul Wallenberg.* Freiburg/Basel/Wien: Herder Verlag, 1982 (dtv junior pocket 7852, 1985).

Kerr, Judith: *Als Hitler das rosa Kaninchen stahl.* Aus dem Englischen übersetzt von Annemarie Böll. Ravensburg: Otto Maier Verlag, 1971 (Ravensburger Taschenbuch 600, 1973).

Kerr, Judith: *Eine Art Familientreffen.* Ravensburg: Otto Maier Verlag, 1979.

Kerr, Judith: *Warten bis der Frieden kommt.* Ravensburg: Otto Maier Verlag, 1975.

Koehn, Ilse: *Mischling zweiten Grades.* Aus dem Amerikanischen von Ulla Neckenauer. Reinbek b. Hamburg: Rowohlt Verlag, 1979 (rororo rotfuchs 226).

König, Joel: *Aufzeichnungen eines Überlebenden.* Frankfurt a. M.: Fischer Taschenbuch Verlag, 1979 (Fischer Taschenbuch 2196).

König, Joel: *David.* Frankfurt a. M.: Fischer Taschenbuch Verlag, 1979 (Fischer Taschenbuch 2196, zuerst 1967).

Kok, Bert: *Eine gute Adresse.* Aus dem Niederländischen. Reinbek bei Hamburg: Rowohlt Verlag, 1989 (Rowohlt rotfuchs 466, zuerst München: Weismann Verlag, 1986).

Levi, Primo: *Ist das ein Mensch? Erinnerungen an Auschwitz.* Frankfurt a. M.: Fischer Taschenbuch Verlag, 1961.

Levoy, Myron: *Der gelbe Vogel.* Aus dem Amerikanischen von Fred Schmitz. Zürich/Köln: Benziger Verlag, 1981 (Deutscher Taschenbuch Verlag, 1984; dtv junior pocket 7842).

Levy-Haas, Hanna: *Vielleicht war das alles erst der Anfang. Tagebuch aus dem KZ Bergen-Belsen 1944–1945.* Hrsg. von Eike Geisel, Berlin: rotbuch Verlag, 1979.

Loewenthal, Lise: *Shalom, Ruth, Shalom.* Aus dem Italienischen von Ragni Maria Gschwend. München: Schneider Verlag, 1982.

Morgenstern, Susie: *Hallo Sarah! Hier ist Salah.* Würzburg: Arena Verlag, 1987.

Nöstlinger, Christine: *Maikäfer flieg! Mein Vater, das Kriegsende, Cohn und ich.* München: Weinheim/Basel: Beltz Verlag, 1973 (Deutscher Taschenbuch Verlag, 1980; dtv junior pocket 7804).

Orgel, Doris: *Der Teufel in Wien oder Ein blauer und ein grüner Luftballon.* Aus den Amerikanischen von Inge M. Artl. München: Bertelsmann Verlag, 1980 (Reinbek b. Hamburg: Rowohlt Taschenbuchverlag, 1983; rororo rotfuchs 296).

Orlev, Uriel: *Der Mann von der anderen Seite.* Aus dem Hebräischen von Mirjam Pressler. Berlin: Elefanten press, 1990.

Orlev, Uriel: *Die Insel der Vogelstraße.* Aus dem Hebräischen von Beate Esther von Schwarze. Berlin: Elefanten press, 1986 (Ravensburg: Otto Maier Verlag, 1990; Ravensburger Taschenbücher 1770).

Ossowski, Leonie: *Stern ohne Himmel.* Weinheim und Basel: Beltz und Gelberg Verlag, 1978 (Frankfurt a. M.: Fischer Taschenbuch Verlag, 1980; Fischer Boot 7546).

Ossowski, Leonie: *Voll auf der Rolle.* München: Weismann Verlag u. Autorenagentur, 1984.

Pelgrom, Els: *Die Kinder vom Achten Wald.* Aus dem Niederländischen von Jutta und Theodor Knust. Recklinghausen: Bitter Verlag, 1977 (München: Deutscher Taschenbuch Verlag, 1986; dtv junior pocket 7865).

Püschel, Walter: *Kaddisch für Liebermann.* Frankfurt a. M.: Alibaba Verlag, 1988.

Reiss, Johanna: *Und im Fenster der Himmel.* Aus dem Amerikanischen von Inge M. Artl. München: Deutscher Taschenbuch Verlag, 1980 (dtv junior pocket 7807) (erstmals New York 1972).

Reuter, Elisabeth: *Judith und Lisa.* München: Ellermann Verlag, 1988.

Rhue, Morton: *Die Welle. Bericht über einen Unterrichtsversuch, der zu weit ging.* Ravensburg: Otto Maier Verlag, 1985 (Ravensburger Taschenbuch 1501).

Richter, Hans-Peter: *Damals war es Friedrich.* München: Deutscher Taschenbuch Verlag, 1974 (dtv junior pocket 7800; zuerst Nürnberg: Sebaldus Verlag, 1961).

Ross, Carlo: *... aber Steine reden nicht.* Recklinghausen: Edition Bitter, 1987.

Rubinowicz, Dawid: *Das Tagebuch des Dawid Rubinowicz,* hrsg. von Walther Petri, aus dem Polnischen neu übersetzt. Weinheim: Beltz & Gelberg Verlag, 1988 (deutsch zuerst 1960).

Schersenz, Jizchak: *Die versteckte Gruppe. Ein jüdischer Lehrer erinnert sich an Deutschland.* Berlin: Wichern Verlag, 1989.

Scheuer, Lisa: *Vom Tode, der nicht stattfand. Theresienstadt, Auschwitz, Freiberg, Mauthausen. Eine Frau überlebt.* Reinbek b. Hamburg: Rowohlt, 1983 (rororo aktuell 5239).

Schmuckler, Malka: *Gast im eigenen Land.* Frankfurt: Fischer Verlag (Fischer Boot 7564, zuerst Köln 1983).

Schnabel, Ernst: *Anne Frank. Spur eines Kindes.* Ein Bericht. Frankfurt a. M.: Fischer Verlag, 1958 (Fischer Taschenbuch 5089).

Schupack, Joseph: *Tote Jahre. Eine jüdische Leidensgeschichte.* Tübingen: Katzmann Verlag, 1984.

Schwarberg, Günther: *Der SS-Arzt und die Kinder. Bericht über den Mord vom Bullenhuser Damm.* Hamburg: Verlag Gruner und Jahr, 1979 (Goldmann Taschenbuch 11508).

Schwarz, Annelies: *Wir werden uns wiederfinden. Die Vertreibung einer Familie.* München: Deutscher Taschenbuch Verlag, 1981 (dtv 7820).

Sendak, Maurice: *In der Nachtküche.* Aus dem Amerikanischen von Hans Manz. Zürich: Diogenes Verlag, 1971.

Sherman, Hilde: *Zwischen Tag und Dunkel. Mädchenjahre im Ghetto.* Frankfurt/Berlin/Wien: Ullstein Verlag, 1984 (Ullstein Taschenbuch 20386).

Siegal, Aranka: *Weißt du nicht, daß du Jüdin bist? Eine Kindheit in Ungarn von 1939 bis 1944.* Aus dem Amerikanischen. Ravensburg: Otto Maier Verlag, 1985 (Ravensburger Taschenbuch 1705).

Spiegelman, Art: *Maus: Die Geschichte eines Überlebenden.* (Comic) Aus dem Amerikanischen von Christine Brinck und Josef Joffe. Reinbek b. Hamburg: Rowohlt Verlag, 1989.

Staden, Wendelgard von: *Nacht über dem Tal.* Düsseldorf/Köln: Diederichs Verlag, 1979 (München: Deutscher Taschenbuch Verlag, 1982; dtv 1738).

Stanic, Dorothea (Hrsg.): *Kinder im KZ. Mit Zeichnungen der Kinder und Maler von Theresienstadt.* Berlin: Elefanten press, 1979.

Suhl, Yuri: *Auf Leben und Tod.* Frankfurt a. M.: Alibaba Verlag, 1989.

Tellegen, Anton: *Ich war fünfzehn und zum Glück groß für mein Alter.* Aus dem Niederländischen. Hamburg: Dressler Verlag, 1987.

Tetzner, Lisa: *Die Kinder aus Nr. 67,* 9 Bde. Aarau/Frankfurt am Main/ Salzburg: Sauerländer Verlag, 1982 (zunächst unter Einzeltiteln 1933–1946; München: Deutscher Taschenbuch Verlag 1985–1990).

Toporski, Werner: *Mädchen mit Stern.* Reutlingen: Ensslin und Laiblin Verlag, 1980.

Vermehren, Isa: *Reise durch den letzten Akt. Ravensbrück, Buchenwald, Dachau: eine Frau berichtet.* Reinbek b. Hamburg: Rowohlt Taschenbuchverlag, 1979.

Vos, Ida: *Wer nicht weg ist, wird gesehen.* Aus dem Niederländischen. Aarau/Frankfurt a. M.: Sauerländer Verlag 1989.

Yolen, Jane: *Chaja heißt Leben.* Aus dem Amerikanischen. Wien: Ueberreuter Verlag, 1989.

Ziemian, Joseph: *Sag bloß nicht Mosche zu mir, ich heiße Stasiek!* Aus dem Amerikanischen. Berlin: Basis Verlag, 1979.

Zweig, Zacharias: *Mein Vater, was machst du hier? Zwischen Buchenwald und Auschwitz. Der Bericht des Zacharias Zweig.* Frankfurt a. M.: dipa Verlag, 1987 (edition Zeta, 1988).

**Anmerkungen**

1) Lernen durch Nachahmung und Identifikation; vgl. Rolf Oerter, *Moderne Entwicklungspsychologie.* Donauwörth: Auer, 1973, 12. A. S. 263 ff.
2) Auch in den neuesten geschichtlichen Darstellungen zur Kinder- und Jugendliteratur findet sich keine systematische Behandlung des Themas. Am ehesten fündig wird man noch bei R. Wild (Hrsg.): *Geschichte der deutschen Kinder- und Jugendliteratur.* Stuttgart: Metzler 1990, bes. S. 361 ff. Unverzichtbar der Sammelband: Malte Dahrendorf/Zohar Shavit (Hrsg.): *Die Darstellung des Dritten Reiches im Kinder- und Jugendbuch.* Frankfurt a. M.: dipa 1988. (Vgl. auch die Literaturhinweise in der in Anm. 15 genannten Bibliographie, S. 77 f.)
3) Vgl. dazu die Auswahlliste am Ende dieses Beitrages.
4) Herausgeber Julius Streicher. Vgl. dazu: Heinrich Pleticha (Hrsg.): *Das Bild des Juden in der Volks- und Jugendliteratur vom 18. Jahrhundert bis 1945.* Würzburg: Königshausen und Neumann, 1985. Katalog der Kinderbuchausstellungen der Universität Oldenburg, 1990, dort S. 269–284.
5) Klaus Doderer (Hrsg.), *Lexikon der Kinder- und Jugendliteratur I,* 1975, S. 396.
6) Wie die Neuausgaben der verschiedenen Tagebuchfassungen (1988 und 1991) zeigen, geht eine Reihe von Streichungen kritischer Stellen sowie von Harmonisierungen auf das Konto der ersten Übersetzerin Anneliese Schütz.
7) Die Stoßrichtung ist häufig die, durch Verschweigen zu einer Aufhebung der Schuld zu gelangen – anstatt durch nachdenkende und nacherlebende Erinnerung. Darauf hat schon Ernst Schnabel geantwortet. Die textkritische Ausgabe der Originaltagebücher des Niederländischen Staatlichen Instituts für Kriegsdokumentation 1986 (dt. 1988) sollte alle Gerüchte über angebliche Fälschungen endgültig verstummen lassen.
8) Heinar Kipphardt: *„Joel Brand. Die Geschichte eines Geschäfts“,* 1965, Peter Weiss: *„Die Ermittlung“,* 1965; *„Meine Ortschaft“,* 1965, Alfred Andersch: *„Efraim“,* 1967, u. a.
9) Ralf Caspary in: KLG zu Willi Fährmann.

10) Auch wenn das Buch nicht mit dem Film „Holocaust“, der Ende der 70er Jahre ins deutsche Fernsehen kam, vergleichbar ist, so wurde in dessen Umkreis die gleiche Frage erneut sehr heftig diskutiert. Vgl. Friedrich Knilli (Hrsg.): *Holocaust zur Unterhaltung: Anatomie eines internationalen Bestsellers.* Berlin Verlag für Ausbildung und Studium, 1982.

11) Vgl. Gundel Mattenklott, *Zauberkreide.* Stuttgart: Metzler, 1989, S. 25.

12) In ihrem Jugendtheaterstück „Voll auf der Rolle“ (1984) zeigt Leoni Ossowski zugleich die Modellhaftigkeit des Themas; während eine Spielgruppe „Stern ohne Himmel“ einstudiert, erweisen sich plötzlich die Diskriminierungen als höchst aktuell gegen Ausländer gerichtet.

13) z. B. die Bücher von Karin Gershon. Positiv hervorzuheben, wenn auch kein Jugendbuch, so doch auch für junge Leser gut geeignet, sind die Lebenserinnerungen von Charlotte Stein-Pick, die 1992 unter dem Titel „Meine verlorene Heimat“ in der Bayerischen Verlagsanstalt Bamberg erscheinen.

14) Hans A. Halbey: In der Nachtküche – zur Metasprache im Bilderbuch. In: Maurice Sendak: *Bilderbuchkünstler,* hrsg. von Reinhart Tabbert. Bonn: Bouvier, 1987, S. 61–68.

15) Auf die Bücher selbst führt neben den Verlagsverzeichnissen und der Auswahlliste im Anschluß an diesen Beitrag die Bibliographie Roter Elefant, Arbeitskreis Kinder-Bücher-Medien e. V. (Hrsg.): *Das Vergangene ist nicht tot! Kinder- und Jugendbücher zum Thema Faschismus/Nationalsozialismus.* Bad Homburg: Mensch & Leben Verlagsgesellschaft, Neubearbeitung 1991.

16) Norbert Groeben/Peter Vorderer: *Leserpsychologie: Lesemotivation – Lektürewirkung.* Münster: Aschendorff, 1988. Ralph Langner: *Psychologie der Literatur. Theorien, Methoden, Ergebnisse.* Weinheim: Psychologieverlagsunion, 1986. Michael Sahr: *Wirkung von Kinderliteratur. Lesen aus Kommunikations- und lerntheoretischer Sicht.* Baltmannsweiler: Schneider, 1981.

17) Vgl. dazu auch den Hinweis Piagets, der Erzieher solle nur „Mitarbeiter und kein Lehrmeister“ sein, in einem Kapital zur Frage einer Friedenserziehung durch Jugendliteratur zitiert, das zu lesen empfehlenswert ist: Edelgard Spaude-Schulze: *Macht das Maul auf. Kinder- und Jugendliteratur gegen den Krieg in der Weimarer Republik.* Würzburg: Königshausen & Neumann, 1990, hier S. 46ff.

18) Zitiert bei Ashley Montagu: Zum Kind reifen. Stuttgart: Klett-Cotta, 1984, S. 293. Vgl. auch Julius Bronowski: *Science and Human Values.* New York: Harper & Row, revised edition, 1972.

19) Gerd Ueding: „Was sich nie und nirgends hat begeben.“ Überlegungen zu einer Poetik der Kinder- und Jugendbuchliteratur. In: *Ästhetik der Kinderliteratur,* hrsg. von Klaus Doderer, Weinheim: Beltz, 1981, S. 32.

# Die Autoren

Dr. Ulf Abraham, Wissenschaftlicher Mitarbeiter am Lehrstuhl für Didaktik der deutschen Sprache und Literatur an der Universität Bamberg

Jurek Becker, Schriftsteller, Berlin

Dr. Ortwin Beisbart, Professor für Didaktik der deutschen Sprache und Literatur an der Universität Bamberg

Dr. Heinz Gockel, Professor für Neuere Deutsche Literaturwissenschaft an der Universität Bamberg

Peter Hanenberg, M. A., Wissenschaftlicher Mitarbeiter am Lehrstuhl für Neuere Deutsche Literaturwissenschaft an der Universität Bamberg

Dr. Michael Krejci, Privatdozent für Didaktik der deutschen Sprache und Literatur an der Universität Bamberg

Dr. Dr. h. c. Hans Mayer, Professor em. für Deutsche Literatur und Sprache, Tübingen

Dr. Lydia Schieth, Wissenschaftliche Lehrkraft für Neuere Deutsche Literaturwissenschaft an der Universität Bamberg

Dr. Wulf Segebrecht, Professor für Neuere Deutsche Literaturwissenschaft an der Universität Bamberg

Dr. Jürgen Wertheimer, Professor für Neuere Deutsche Literaturwissenschaft und Komparatistik an der Universität Tübingen